Illustrierte

ROSEN-ENZYKLOPÄDIE

Nico Vermeulen

Illustrierte ROSEN ENZYKLOPÄDIE

DÖRFLER
FAUNA & FLORA

Übertragung aus dem Englischen: Dr. Michael Meyer

1 2 3 4 5 9 8 7 6 5

Inhalt

Vorwort

Ein Buch über Rosen kann immer nur eine Momentaufnahme sein. Die Zusammensetzung des großen Sortenangebots wechselt so rasch, dass zum Zeitpunkt der Fertigstellung eines Buches vermutlich bereits neue Sorten auf dem Markt erschienen sind. Vereinfacht gesagt: 50% der in einem ca. 15 Jahre alten Buch aufgeführten Sorten sind heute schon nicht mehr im Handel erhältlich. Sie wurden im Laufe der Zeit durch andere Rosen ersetzt. Darüberhinaus werden die Texte solcher Bücher meist durch Archivbilder illustriert, die oft noch älter sind.

Die vorliegende Enzyklopädie verfolgt daher den Grundsatz, zu allen in ihr behandelten Sorten möglichst aktuelle Angaben zu machen. Das ist uns hoffentlich auch gelungen. Zunächst einmal umfasst unser Buch alle Sorten, die viele Jahre hindurch ihren Wert bewiesen haben und nach wie vor gefragt sind. Zweitens behandelt es auch neuere Sorten, die in vielen Gärten „getestet“ und für gut befunden wurden. Schließlich lieferten uns noch führende Rosenzüchter Europas Informationen über ihre neuesten und vielversprechendsten Kreationen.

Unser zweiter Grundsatz war es, in diese Enzyklopädie möglichst viele tatsächlich lieferbare Sorten aufzunehmen. Aufgrund der „internationalen“ Konzeption der „Rosen-Enzyklopädie“ kann es allerdings passieren, dass nicht jede Sorte in jedem Land zur Verfügung steht, in dem dieses Buch auch erhältlich ist. Wir haben uns jedoch nach Kräften bemüht, unserem Ziel nahe zu kommen, eine Enzyklopädie zu schaffen, bei der man schon beim Durchblättern die für den eigenen Garten geeignetsten Rosen findet.

Die über tausend Farbfotos geben einen ersten Eindruck von der Schönheit der Rosen und beim Studium der Beschreibungen kann man dann entscheiden, ob die betreffende Rose auch wirklich den eigenen Zuchtabsichten entspricht. Da diese Enzyklopädie für nichtprofessionelle Gartenfreunde bestimmt ist, wurden die Fachausdrücke auf ein Minimum beschränkt. Wo solche dennoch auftauchen, kann man das Glossar auf S. 15 zu Rate ziehen.

Kurz gesagt: Die „Rosen-Enzyklopädie“ ist ein überaus praktischer Leitfaden für alle, die mehr über die „Königin der Blumen“, die Rose, erfahren möchten und sie erfolgreich im eigenen Garten pflegen wollen.

Nico Vermeulen

Briant Hill®

1 Zeichenerklärungen

In dieser Enzyklopädie lassen wir der Beschreibung jeder einzelnen Sorte Symbole folgen. Diese informieren rasch und eindeutig über alle ihre wichtigen Eigenschaften.
Was aber bedeuten diese Zeichen? Und was bedeuten die Namen und Zahlen am Anfang jeder Beschreibung?
Dazu ein Beispiel:

Rosa Bingo *Meidiland*®

((MEIpotal) Meilland (1994)
Diese Rose vereint schön gefärbte Knospen mit hellrosa Blüten. Die Knospen öffnen sich zu Blüten mit weißem Boden und gelben Staubgefäßen. Der reich verzweigte Stock erreicht etwa Brusthöhe. Das dunkelgrüne, glänzende Laub ist den ganzen Sommer über eine Zierde, da die Bingo Meidiland® gegen Schwarzflecken und Mehltau sehr resistent ist.
❀ 80 cm ✿✿✿ ☁ ⊕ ADR TOP

Jede Beschreibung beginnt mit dem Sortennamen (in diesem Falle Bingo Meidiland®), gefolgt vom Patentnamen (hier MEIpotal), dem Züchternamen (Meilland) und dem Jahr der Markteinführung.

SORTENNAME

Dies ist die im Handel allgemein übliche Bezeichnung. In dieser Enzyklopädie gaben wir uns größte Mühe, den vom Züchter gewählten Namen anzuführen. Der Name der selben Sorte ist aber oft von Land zu Land verschieden. In solchen Fällen wurden die abweichenden Namen in Klammern angegeben.

PATENTNAME

Unter ihrem Patentnamen wird eine Sorte offiziell registriert. Dies kann auch für Privatgärtner bedeutsam sein, da manchmal unterschiedliche Sorten unter dem gleichen Sortennamen gehandelt werden.
Die ersten drei Buchstaben verweisen gewöhnlich auf den Züchter. Ein offizieller Züchtername sollte immer in einfachen Anführungszeichen stehen. Dies ist in unserer Enzyklopädie nicht der Fall, weil nicht immer Eindeutigkeit herrscht. Manchmal ist es der Sortenname, manchmal der Patentname. Wenn anstelle des Patentnamens ein Gedankenstrich steht, ist entweder kein solcher verfügbar, oder der Patentname ist mit dem Sortennamen identisch.

ZÜCHTER

Dies ist der Name des Züchters. Es kann auch ein Firmenname sein, da manchmal mehrere Personen an der Zucht neuer Rosen beteiligt sind.

JAHR DER MARKTEINFÜHRUNG

Die Jahreszahl bezeichnet das Jahr, in dem die Sorte auf den Markt kam. Die „Rosen-Enzyklopädie" stützt sich nach Möglichkeit auf Firmeninformationen. Andernfalls griffen wir auf das Jahr der Registrierung zurück (beide liegen zeitlich fast immer eng zusammen).

Unter der Beispielbeschreibung folgen die Kürzel ❀ 80 cm ✿✿✿ ☁ ⊕ ADR TOP. Diese stehen für: Rosengruppe (❀), Höhe (80 cm), Blütezeit (✿✿✿), Duft (☁), Resistenz (⊕), ADR-Preis „Top Rose" (TOP).

ROSENGRUPPE

Das erste Symbol verweist auf die Gruppenzugehörigkeit. Wer mit diesen Gruppen vertraut ist, weiß in etwa, wie solche Rosen aussehen. Rosenliebhaber können ihnen entnehmen, wann man sie schneiden sollte. Mehr dazu erfahren Sie im Kapitel „Rosenpflege" (s.a. „Detaillierte Erklärungen der Zeichen und ihrer Bedeutung").

HÖHE

Diese Zahl gibt die durchschnittliche Höhe in Zentimetern an. Die maximale Höhe einer Rose hängt aber von mehreren Faktoren ab, u.a. vom Bodentyp und vom Nährstoffgehalt des Bodens.

BLÜTEZEIT

Dieses Symbol gibt die Blütezeit an. Manche Rosen blühen nur einmal im Jahr, andere in Intervallen (so genannte Remontant-Rosen), wieder andere den ganzen Sommer hindurch (s.a. „Detaillierte Erklärungen der Zeichen und ihrer Bedeutung“).

DUFT

Die Bewertung des Duftes ist schwierig: Auf der einen Seite haben nicht alle Menschen gleich gute Nasen, auf der anderen kann sich der Duft einer Rose im Tagesverlauf ganz nach Wetterlage verändern. Selbst die Zusammensetzung der Duftkomponenten wechselt, sodass sie von einer Sekunde zur anderen unterschiedlich riechen (s.a. „Genaue Erklärung der Zeichen und ihrer Bedeutung“).

RESISTENZ

Dieses Symbol besagt, dass die Sorte für Pilzkrankheiten wie Mehltau, Rost und Rußtau wenig anfällig ist. Es erscheint nur bei Rosen, die entsprechende Tests bestanden haben. Da die Informationen zu diesem Punkt sehr unvollständig sind, heißt dies keineswegs, dass Rosen ohne dieses Symbol besonders leicht erkranken.

ADR

Die Anerkennung als ADR (Anerkannte Deutsche Rose) erfolgt aufgrund der ADR-Prüfung. Angesichts der strengen Kriterien genießt diese Prüfung einen guten Ruf. Die Rosen werden an wenigstens zehn Orten Deutschlands ohne Pestizideinsatz getestet. ADR-Rosen sind daher nahezu immer widerstandsfähig. Allerdings unterziehen nicht alle Unternehmen ihre Rosen solchen Tests.

TOP ROSE

„Top Roses“ sind die „Testsieger“ aus den niederländischen Rosentests. Erst in letzter Zeit werden einige Tests auch an Orten ohne Pestizideinsatz durchgeführt, sodass manche „Top Roses“ offenbar anfälliger für Krankheiten sind.

Zeichenerklärungen

❀	= botanische Rose/Wildrose
✿	= Alte (historische) Rose
✵	= großblütige Rose/Tee-Hybride
✵✵	= Floribunda-Rose/Sorte mit Blütenbüscheln (Trugdolden)
⚘GB	= Englische Rose
⊞	= Patio-Rose (einschl. Zwergformen)
⊕	= Park- oder Buschrose
↔	= Bodendeckerrose
⇗	= Kletterrose
_ cm	= Durchschnittshöhe in cm
⚘	= einmal blühend
⚘⚘	= öfter blühend/remontant
⚘⚘⚘	= kontinuierlich blühend
☁	= schwach duftend oder geruchlos
☁☁	= schwach duftend
☁☁☁	= duftend
☁☁☁☁	= sehr stark duftend
✚	= resistente Sorte
ADR	= Trägerin des deutschen ADR-Titels
TOP	= Trägerin des niederländischen Titels „Top Rose“.

Detaillierte Erklärung der Zeichen und ihrer Bedeutung

Symbol ❀: Botanische Rose. Botanische bzw. Wildrosen kommen als Wildpflanzen in der Natur vor. Sie sind die Vorfahren aller Kulturrosen.

Symbol ✿: „Alte“ Rosen. Alte bzw. historische Rosen zählen zu den ältesten Kulturrosen. Sie

Rosa glauca, eine botanische Rose

Rosa canina (Hundsrose), eine Wildrose

blühen nur ein- oder zweimal pro Saison. Die ständig blühenden Rosen aus China hatten noch keinen Einfluss auf ihre Entstehung (vgl. auch „Moderne Rosen“ im Glossar).

Rosa Primaballerina®, eine großblütige Rose

Rosa Ghislaine de Féligonde, eine Alte Rose

Rosa Rouge Meidiland®, eine großblütige Rose

Symbol ✻: Großblütige Rosen. Diese Sorten werden auch als Tee-Hybriden bezeichnet. Sie entstanden durch Kreuzung ständig blühender chinesischer Teerosen mit anderen Sorten. Ursprünglich trug jeder Stängel nur eine einzige große, wohlgeformte Blüte.
Mittlerweile haben sie ihre typischen Merkmale allmählich eingebüßt, da man sie mit Sorten aller möglichen Gruppen kreuzte, sodass großblütige Rosen nun zunehmend häufiger Trugdolden bilden.

Symbol ✻✻: Floribunda-Rosen. Diese Sorten entstanden durch Kreuzung von Polyantha- und großblütigen Rosen. Die allererste Floribunda-Rose – *Rosa* Rödhätte – brachte Dines Poulsen 1912 auf den Markt. Ihre Stöcke tragen an den Triebspitzen Trugdolden.

Rosa Milrose, eine Floribunda-Rose

Symbol ⚘GB: Englische Rosen. Der englische Züchter David Austin kreuzte alte Sorten mit neuen. Das erzielte Ergebnis nannte er „English Roses“, doch sind sie auch als „Austin Roses“ bekannt. Sie besitzen die Form und den wunderbaren Duft alter Rosensorten und blühen – wie moderne Sorten – den ganzen Sommer.

Rosa The Pilgrim, eine Englische Rose

Symbol ⊛: Patio-Rosen: Patio- und Zwergrosen sind hier in einer Gruppe zusammengefasst. Sie eignen sich besonders gut für kleine Gärten und Blumentröge, -schalen und -töpfe. Sie wachsen weniger stark als Bodendecker und werden meist nicht höher als 50 cm.

Rosa Lovely Fairy, eine Patio-Rose

Zwergrosen im Schlossgarten von Arcen (Niederlande)

Rosa White Fleurette, eine Park- oder Strauchrose

Rosa Austriana®, eine Bodendeckerrose

Symbol ◉ : Park- oder Strauchrosen. Diese Gruppe ist in den letzten Jahren zunehmend beliebter geworden (auch in Hausgärten). Die Büsche sind gewöhnlich hoch und breit und vor allem für Einfriedungen geeignet. Man sollte sie leicht schneiden. Da sie meist den ganzen Sommer und Herbst hindurch blühen, nennt man sie auch „immer blühende" Strauchrosen.
Als „niedrige" Strauchrosen bezeichnet man buschige, niedrig bleibende Kulturformen, die wenig Schnitt erfordern.

Symbol ↔: Bodendeckerrosen. Diese Sorten gehören eigentlich zu den Park- oder Strauchrosen. Sie treiben so stark aus, dass ihre Triebe und Blätter den Boden vollständig abdecken. Dies betrifft vor allem Sorten, deren Zweige am Boden aufliegen, während bei höheren die Meinungen geteilt sind: Manche Fachleute stufen sogar bestimmte über einen Meter hohe Buschrosen noch als Bodendecker ein …

Symbol ⇗: Kletterrosen. Es gibt zwei Grundtypen von Kletterrosen, kletternde und rankende. Echte Kletterrosen haben dicke, kräftige Stämme, die von rankenden sind lang und dünn. Sie brauchen je nach Unterlage oft Kletterhilfen. Oft

Rosa Salita, eine ständig blühende Rose

Rosa Seagull, eine Kletterrose

hilft Anbinden. Sobald sie oben an der Kletterhilfe angekommen sind, hängt der Stamm herab und die Blüten erscheinen gewöhnlich meist einmal im Jahr in dichten Büscheln.
Heute haben echte Kletterrosen oft viele ständig blühende Varianten, die man folglich „ständig blühende" Kletterrosen nennt.

Symbol _ cm: Diese Zahl gibt die Durchschnittshöhe in Zentimetern an. Die maximale Höhe hängt dabei von vielen verschiedenen Faktoren ab (Bodentyp, Nährstoffgehalt, Windschutz, Schnittverfahren).

Symbol ⚘: Einmal blühend. Bei solchen Rosensorten konzentriert sich die Blütenbildung auf eine eng begrenzte Periode. Ansonsten tragen sie keine Blüten.

Symbol ⚘⚘: Remontant-Rosen. So bezeichnet man wiederholt blühende Sorten, die mehrmals im Jahr, aber nicht ständig Blüten bilden. Sie sind folglich zeitweise völlig blütenlos.

Symbool ⚘⚘⚘: Kontinuierlich blühende Rosen. Solche Rosen bilden die ganze Saison hindurch Blüten (häufig schubartig und nicht immer gleichermaßen üppig, doch ist der Strauch nie ganz blütenlos.

Symbol ☁: Die Rose ist ganz geruchlos oder duftet so schwach, dass man praktisch von geruchlos sprechen kann.

Symbol ☁☁: Sorte mit schwachem Duft.

Symbol ☁☁☁: Stark duftende Rose. Der Duft ist deutlich wahrnehmbar, vor allem, wenn man an der Blüte selbst riecht.

Symbol ☁☁☁☁: Sehr stark duftende Rose. Dies bedeutet, dass man den Duft sogar aus größerer Entfernung riechen kann. Wer Rosenduft schätzt, sollte die mit den Symbolen ☁☁☁ oder ☁☁☁☁ gekennzeichneten Sorten wählen.

Symbol ⊕: Dieses Symbol kennzeichnet widerstandsfähige Rosen. Es wurde Rosen verliehen, die in Tests ihre Krankheitsresistenz erwiesen haben und deren Widerstandskraft von Züchtern bestätigt wurde. Allerdings bedeutet das Fehlen dieses Zeichens keineswegs, dass die betreffende Sorte besonders krankheitsanfällig ist, da viele Sorten einfach noch nicht getestet worden sind.

2 Glossar/Fachausdrücke

Dieses Buch bemüht sich, so weit wie möglich, Fachausdrücke zu vermeiden. Die dennoch auftretenden werden hier erklärt.

Aufrecht (Wuchsform)
Hier wachsen die Zweige in die Höhe, sodass der Strauch am Ende meist höher als breit gerät.

Beet (Rosenbeet)
Der Teil des Gartens in dem mehrere Rosensträucher (gewöhnlich der gleichen Sorte) gepflanzt worden sind.

Rosa Royal Bonica® in einer Pflanzenbordüre des Landschaftsgärtners Heikie Hoeksma

Bourbon-Rose
Eine Gruppe sehr alter Rosen von der Insel Réunion, die früher Île de Bourbon hieß. Es handelt sich um eine spontane Kreuzung der chinesischen „Old Blush" mit einer Damaszenerrose. Von der letzteren erbten die Bourbon-Rosen ihren Duft, von den Chinesen hingegen ihre Blühfähigkeit: Sie bilden zweimal im Jahr Blüten.

Büschelblütige Rose
Andere Bezeichnung für Floribunda-Rose.

Corolla
Innerer Kranz der Blütenblätter (Petale).

Dorn
Nebenblatt, Blatt oder Zweig, der zu einem har-

Die Englische Rose *Rosa* Mary Rose in Kombination mit der Clematis „Dorothy Walton"

ten, spitzen Fortsatz umgewandelt wurde. Streng genommen haben Rosen keine Dornen, sondern Stacheln. Da der Ausdruck „Dornen" jedoch umgangssprachlich ist, behalten wir ihn auch in unserem Buch bei.

Damaszenerrose
Eine der ältesten Rosensorten, auch als *Rosa* x *damascena* bekannt. Die Herkunft der Damaszenerrose ist ungewiss, doch halten manche sie für eine Kreuzung zwischen der Französischen und der Moschusrose. Damaszenerrosen zeichnen sich durch eine lockere, elegante Blütenform und einen sehr starken Duft aus.

Dolde
Blütenform, bei der die Stiele der Einzelblüten einem gemeinsamen Stängel entspringen. Obwohl nur wenige Blüten im strengen botanischen Sinne dolden- bzw. schirmrispenförmig sind, folgt unser Buch der Umgangssprache und bezeichnet alle verzweigten Blütenformen als Dolden.

Edelreis
Auf eine neue Unterlage gepfropfter Steckling.

Einfache Blüte
Blüte mit der natürlichen Zahl von Blättern (in der Regel fünf, gelegentlich bis zu zehn), die das offene „Herz" umrunden.

Floribunda-Rosen
Wichtige, auch als „Büschelrosen" bekannte Sor-

tengruppe. Sie entstanden durch Kreuzung von großblütigen Rosen und Polyantha-Rosen. Letztere stammen von den vielblütigen Rosen ab – das erklärt auch, warum die Blüten hier nicht einzeln, sondern in reichen Büscheln stehen. Von den großblütigen Rosen erbten sie die Fähigkeit, den ganzen Sommer hindurch zu blühen.

Gefüllte Blüten
Blüten mit über vierzig Blütenblättern.

Geviertelte Blüten
Spielart sehr stark gefüllter Blüten, deren Blätter in vier Teile gegliedert sind.

Halb gefüllte Blüte
Blüte mit mehr als zehn, aber weniger als zwanzig Blättern. Beim Öffnen der Blüte wird ihr „Auge" (das deutlich vom Rest abweichend gefärbte Zentrum) gewöhnlich gut sichtbar.

Hochstammrose
Rose, die auf einen sich weit oben verzweigenden Stamm gepfropft wurde. Die Zweige können zur Seite oder aufrecht wachsen. Doch wenn eine Sorte mit dünnen Zweigen möglichst hoch aufgepfropft wird, entsteht eine „Trauerrose".

Kelchblätter (Tepale)
Blätter, welche die Blüte umhüllen und den Kelch (Calyx) bilden, bei Rosen gewöhnlich grün.

Kombination
Rosen gibt es in allen Farben (außer blau). Deshalb lässt sich jede Sorte mit bestimmten Blumen kombinieren. Dabei pflanzt man die Rose entweder zu einer Art (z. B. einer Clematis) oder als Einfassung zusammen mit mehreren anderen Blumenarten.

Kopulation (Veredlung)
Vermehrungsmethode bei Rosen. Man trennt einen Teil (Edelreis) der schön blühenden Sorte ab und befestigt ihn an der neuen Unterlage. Diese lässt das Edelreis einwurzeln, sodass beide miteinander verwachsen.

Kronblätter (Petale)
Blütenblätter, die zusammen die Krone (Corolla) bilden.

Moderne Rosen
Sie stammen von den ständig blühenden Sorten ab, die man aus China (wo sie wegen ihres Duftes Tee-Rosen genannt wurden) nach Europa einführte, um sie dann zu kreuzen. Die erste moderne Rose entstand im Jahre 1867.

Moschus-Hybriden (auch Moschata-Hybriden)
Entfernte Verwandte von *Rosa moschata*. Von Moschus-Rosen gibt es keine Wildform. Vielleicht sind sie durch Kreuzung anderer Wildrosen entstanden. Das Resultat war eine recht variable Hybride, die als Moschusrose bekannt ist. Die heute als Moschus-Hybriden bezeichneten Rosen sind mit der Moschusrose nur entfernt verwandt. Sie bilden durchweg zahlreiche und ausdauernde Blüten, die schon früh im Jahr erscheinen. Sie bilden an der Basis später gekrümmte Triebe. Die ersten Büschel erscheinen an den Triebspitzen. Während der Blütezeit bilden sich weiter unten andere. So bilden Moschata-Hybriden von oben nach unten schwach duftende Blüten. Unbeschnittene Stöcke können bereits im Mai blühen.

Rosen, in öffentlichen Grünanlagen: Hier *Rosa* Bonica® im Herzen eines Rundbeetes.

Öffentliche Grünanlagen
Gesamtheit der vom Staat gepflanzten und gepflegten Gewächse. Dabei verwendet man oft pflegeleichte Rosensorten.

Rosa Katharina Zeimet, eine Polyantha-Rose

Das Rosarium in Winschoten (Niederlande)

Okulieren
Eine Pfropfmethode, bei der eine noch ungeöffnete Blattknospe an der Stängelseite abgetrennt und als Auge auf einen Wurzelstock gepfropft wird. Daher spricht man von Okulieren.

Polyantha-Rosen
Rosengruppe, die 1875 durch Kreuzung der Vielblütigen Rose (*Rosa multiflora*) mit einer ständig blühenden chinesischen Teerose entstand. Von den „Eltern" erbten die Polyantha-Rosen die Blütenbüschel (Trugdolden) sowie die Fähigkeit, kontinuierlich zu blühen.

Rosarium (Rosengarten)
Hauptsächlich mit Rosen bepflanzter Garten.

Rückmutation (Atavismus)
Die *Rosa* Pink La Sevillana® ist ein Beispiel für einen „Sport", eine spontan auftretende Mutation (s.a. „Sport"). Manchmal bekommen jedoch die alten Gene wieder die Oberhand (Rückmutation oder Atavismus). Dann findet man in einem Beet aus Pink La Sevillana® eine zinnoberrot blühende Rose, die exakt der Muttersorte *Rosa* La Sevillana® gleicht.

Rugosa-Hybriden
Nachfahren der Kartoffelrose (*Rosa rugosa*), einer botanischen Rose, die in weiten Teilen Europas wild vorkommt. Sie hat aufrechte, sehr stachlige Stämme und sehr stark duftende Einzelblüten, die zu großen Hagebutten werden. Auf den ersten Blütenschub im Frühsommer folgt den übrigen Sommer hindurch eine reduzierte Blütenbildung (auch „Japanische Rose", s.a. *Rosa rugosa*).

Schirmrispe (Trugdolde)
Art der Gruppierung von Blüten, bei der sich die einzelnen Blüten infolge verschieden langer Stiele in etwa auf einer Ebene befinden. Bei vielen Rosen spricht man von Trugdolden-Blüten mit Schirmrispen-Verzweigung.

Rosa Mambo®, eine Schnittblume

Schnittrose
Abgeschnittene und in eine Vase gestellte Rosenblüte. Unser Buch behandelt vor allem Gartenrosen, die sich teilweise als Schnittblumen eignen. Floristen bieten speziell gezüchtete Schnittrosen an. Diese wurden von Berufszüchtern auf einen optimalen Ertrag hin „entwickelt". Dabei kommt es auf die pro Hektar zu „erntenden" Rosen, Lebensdauer, Länge und Stärke des Stiels sowie Farbe, Form und Duft an, also lauter Punkte, die den Kunden zum Kauf eines Blumenstraußes bewegen. Weniger wichtig ist das Gedeihen dieser Sorten im Garten, denn schließlich werden Schnittrosen meist in Gewächshäusern gezogen. *Rosa* Mambo® (TANobmam) von Tantau ist eine Sorte, die man auch im Freiland ziehen kann. Die wunderschön geformten Blüten in diversen Schattierungen von gelb, kupferrot und orange sitzen an ca. 60 cm langen Stielen. In der Vase halten sie sich bis zu zwölf Tage lang.

Selbstreinigung
Das Ausmaß, in dem die Blütenblätter nach dem Verblühen abfallen. Bei einer schlecht selbstreinigenden Rose welken oder verpilzen sie an der Blüte.

Rosa Excelsa als Hochstammrose, hier mit *Rosa* Baby Carnaval

Solitär
Einzeln bzw. vereinzelt.

Sport (Mutation)
Spontane genetische Veränderung, die zu einer neuen Sorte führt. Ein Beispiel dafür ist *Rosa* La Sevillana®, eine zinnoberrot blühende Floribunda-Rose. Unter deren roten Blüten fand sich eine rosa Abart. Diese wurde vermehrt und erhielt den Namen Pink La Sevillana®. Nur die Blütenfarbe weicht ab, ansonst entsprechen alle erblichen Merkmale der La Sevillana®.

Stachel
Spitzer Auswuchs der Oberhaut (vgl. auch „Dorn").

Stark gefüllte Blüten
So nennt man Blüten mit mehr als vierzig Blättern.

Stecklinge
Eine Vermehrungsart bei Rosen. Dabei werden (meist im oberen Strauchteil) Triebe abgetrennt und zum Anwurzeln eingepflanzt. Früher war dies praktisch die einzige Methode zur Vermehrung von Wurzelstöcken. Heute verwendet man

Umkehrmutation der Pink La Sevillana

sie zunehmend für Rosensträucher in öffentlichen Parks, die blühen sollen.

Teehybridrosen
Alter Name für vielblütige Rosen.

Teerosen
Name einer Gruppe chinesischer Sorten, die den ganzen Sommer hindurch blühen. Dies empfanden europäische Liebhaber als sensationell, da es dort bis dahin nur ein- oder zweimal im Jahr blühende Sorten gab. Da Teerosen weder besonders stark im Wuchs noch ausreichend frosthart sind, kreuzte man sie mit robusteren Sorten, um alle guten Eigenschaften zu kombinieren. So entstanden die modernen Rosen.

Trauer- oder Kaskadenrose
Vgl. Hochstammrose

Unterlage
Rosenstock, auf den man eine andere Sorte gepfropft hat (vgl. auch „Pfropfen").

Veredelungspunkt (VP)
Verbindungspunkt von Unterlage und Edelreis, wo beide später miteinander verwachsen.

Zucht
Durch Zucht entstehen neue Varianten, gewöhnlich indem man verschiedene Sorten miteinander kreuzt. Dabei werden oft Hunderte von Setzlingen auf Testfeldern gepflanzt und genau überwacht. Der Rosenzüchter versucht herauszufinden, ob es unter diesen Pflanzen solche mit neuen Eigenschaften gibt. Diese werden gegebenenfalls durch Pfropfen, Okulieren (eine weitere Art des Pfropfens) oder Stecklinge vermehrt.

3 Die Pflege der Rosen

Der Schwerpunkt der „Rosen-Enzyklopädie“ liegt auf der Auswahl der richtigen Sorte. Da wir möglichst viele Sorten vorstellen wollen, beschränken wir unsere Bemerkungen zur Pflege und deren Eigenheiten auf das Wesentliche. Die Informationen in diesem Kapitel sollen sie befähigen, erfolgreich im eigenen Garten Rosen zu pflegen.

Standort

Der Standort ist bei Rosen bei weitem der wichtigste Wachstumsfaktor.
Obwohl Rosen in allen Teilen der Erde vorkommen, herrschen bei allen Arten im Wesentlichen sehr ähnliche Standortbedingungen.
Die typischen Standorte von Wildrosen weisen vier Eigenschaften auf:
A Sonnige Lage
B Gute Belüftung
C Fruchtbarer Boden
D Gute Drainage

A Sonnige Lage
Rosen lieben die Sonne. Am besten gedeihen und blühen sie bei optimalem Licht. Die meisten Sorten ertragen Halbschatten, manche sogar ziemlich gut. Stark beschattete Standorte sind indes für sie ungeeignet: Die Pflanzen werden dann anfälliger für alle möglichen Krankheiten und blühen auch schlechter.

B Gute Belüftung
In freier Natur sind Rosen oft „Pionierpflanzen“: Sie keimen in offenem Gelände und entwickeln sich rasch zu kräftigen Büschen, die längere Zeit ausdauern. Erst wenn zwischen ihnen alle möglichen anderen Arten aufschießen und die Rosen durch ihr Wachstum ersticken, beginnen die Rosen zu verkümmern, um am Ende Pilz- und anderen Krankheiten zu erliegen.
In offenem Gelände wehen immer Winde, welche die Rosen rasch trocknen lassen. Im Zuge ihrer Evolution haben Rosen daher nur ungenügende Abwehrkräfte gegen Pilze entwickelt, für die sie sehr anfällig sind. Deshalb sollte man Rosensträucher immer dort pflanzen, wo der Wind den Morgentau verdunsten lässt. Dies ist ein Hauptgrund dafür, dass man moderne Rosen alljährlich schneidet: Je weniger Holz es (vor allem im Herzen des Strauches) gibt, desto freier kann der Wind hindurchstreichen.
Pflanzen Sie Rosen aber nie an zugigen Stellen oder direkt im Wind: Bei kühlem Wind wachsen die Pflanzen schlechter und sind auch viel anfälliger für Blattläuse.

C Fruchtbarer Boden
Die exponierten Stellen, wo Rosen in freier Natur wachsen, haben häufig fruchtbare, mineralreiche Böden. Bevorzugt wird ein lockereres, lehmig bis kalkiges Substrat, doch sind auch andere Böden geeignet. Dies betrifft vor allem Hanglagen: Wenn der Boden durch Wind- oder Wassereinwirkung erodiert, werden Nährstoffe frei. Diese sind stickstoffarm. Am besten gedeihen Rosen auf Kalk-, Lehm-, Löss- und Sulfatböden, doch kommen auch fruchtbare, wasserhaltende Sandböden infrage.
Trockene und sumpfige Böden sind hingegen für die Rosenkultur absolut ungeeignet. Bei sandigen Böden muss Dünger zugesetzt werden (s. a. „Düngung von Rosen“).

D Gute Drainage
Die Wurzeln der Rosenstöcke sind an solche Böden angepasst, in denen sie auch in der Natur wurzeln. Deren Oberfläche trocknet unter der Sonne rasch aus. Auf der Suche nach Wasser und Nähstoffen dringen die Wurzeln tief in die Erde ein. An Hängen verdunstet das Wasser rasch bzw. läuft ab. Dort kommt es niemals zu Staunässe.
Im Garten ist die Vermeidung von Staunässe deshalb eine Grundvoraussetzung für gesunde Rosen. Durch Grundwasser sind die tief wurzelnden Rosen sehr anfällig für Fäulnis oder Frostschäden – letzteres vor allem bei hohem Grundwasserstand im Winter . Pflanzen Sie deshalb nur Rosen, wenn sich der Grundwasserpegel wenigstens 50 cm unter der Oberfläche befindet.

Wie man Rosen pflanzt

Die beste Zeit zum Pflanzen

Am besten setzt man Rosenstöcke (mit Wurzeln aber ohne Erde) im Herbst, wenn sie ihr Laub abgeworfen haben. Dann ist der Boden noch warm genug für die Wurzelbildung. Der kahle Strauch verliert nur über die grünen Zweige Wasser und der Boden trocknet nun nicht mehr aus. Frisch gepflanzte Rosen bilden im warmen, feuchten Substrat rasch neue Haarwurzeln, die im Winter den Flüssigkeitsverlust der Zweige ausgleichen. Nur in Gegenden mit schweren Frösten sollte man die Sträucher besser im Frühjahr pflanzen. Im Frühling kann man Rosen setzen, sobald keine Bodenfröste mehr zu befürchten sind und die Blätter zu sprießen beginnen. Allerdings hat das Frühjahr gegenüber dem Herbst zwei Nachteile: Der dann noch kühle Boden hemmt das Wurzelwachstum, und sobald die Blätter zu sprießen beginnen, verlieren sie Feuchtigkeit. Manchmal kann das unvollkommene Wurzelsystem den Flüssigkeitsverlust nicht kompensieren, sodass die Rose abstirbt.

Rosenhändler waren unzufrieden damit, dass man die Stöcke nur pflanzen konnte, wenn sie noch keine Blüten trugen. Sie vermissten den Kaufanreiz für ihre Kunden, die im Gartencenter wohl eher auf prächtige Blüten ansprechen. Aber die Züchter haben eine Lösung des Problems gefunden: Sie verkaufen die Pflanzen das ganze Jahr über in Töpfen. So kann der Kunde sofort blühende Rosen in seinen Garten pflanzen. Dank der Verwendung kompostierbarer Materialien setzt man die Rose samt Topf ins Erdreich. Das hilft auch, Schäden an den Wurzeln zu vermeiden.

Wie man Rosen pflanzt

Da Rosen lange Wurzeln haben, muss man ein tiefes Loch graben. Man kann sie ein wenig stutzen, doch muss der Rest der Wurzeln frei ins Pflanzloch herabhängen können. Wenn sie sich nämlich krümmen müssen, wird die Rose für einige Zeit schlechter wachsen.

Heute geht man mehr und mehr von der alten Praxis ab, die Pflanzgrube mit Mist anzufüllen, um den Boden anzureichern. Dabei wurden nämlich allzu oft die Wurzeln durch Kompostpilze infiziert. Man kann aber verschiedene Düngeprodukte oder speziellen Rosenkompost in Granulatform verwenden. Ich persönlich lasse die Rosen lieber von selbst Wurzeln bilden und füge erst nach der ersten Wachstumsperiode Kompost hinzu.

Die Tiefe, in der man den Strauch einpflanzt, ist sehr wichtig. Die meisten Rosenstöcke sind gepfropft worden: Dabei veredelt man eine raschwüchsige Unterlage mit einem Auge oder einem Stammsteckling. Die Stelle, an der dies geschieht, heißt Veredelungspunkt (VP).

Diese Stelle ist häufig stark verdickt und daher leicht zu erkennen. Da dies aber nicht immer der Fall ist, sollte man den VP dort vermuten, wo sich der Strauch zu verzweigen beginnt.

Beim Pflanzen sorgt ein Trick dafür, dass der VP genau in der richtigen Höhe zu liegen kommt: Lassen Sie die Wurzeln ins Loch hängen und füllen sie dieses mit der freien Hand, während die andere die Rose in Position hält. Drücken sie das Substrat um die Wurzeln an. Da die Rose dabei leicht einsinkt, sollten Sie diese dabei anheben. Sorgen Sie dafür, dass der VP genau in Höhe der Erdoberfläche liegt. Sobald das der Fall ist, stampfen Sie den Boden rund um den Strauch gut und sorgfältig fest. Dadurch sinkt der VP ein wenig unter die Oberfläche – die ideale Wachs-

tumshöhe. Bei trockenem Substrat gießen Sie einen Eimer Wasser über den Wurzelbereich und füllen den Schwund mit Erde auf.
Als letzte Maßnahme (vor allem, wenn man im Frühjahr pflanzt) muss der junge Strauch beschnitten werden – egal wie klein er ist. Das verringert das Risiko des Austrocknens. Im Herbst gepflanzte Rosen werden weniger stark beschnitten, doch sollte man es im folgenden Frühjahr nachholen, wenn die Frostgefahr abklingt.

Wie man Rosen düngt

Früher verwendete man zur Düngung ausschließlich Stallmist. Dieser wurde im Herbst um den Wurzelhals verteilt, sodass er die Pflanze auch gegen Frosteinwirkung schützte. Auf diese Weise war nämlich der VP abgedeckt. Diese Methode ist vor allem bei Sandböden noch heute sinnvoll. Der sich zersetzende Mist (mit Strohzusatz) erhöht den Humusgehalt des Substrats und sorgt dafür, dass der Sandboden die Feuchtigkeit besser hält. Der Winterregen wäscht die Nährstoffe dann zu den tiefer gelegenen Wurzeln.
Diese Methode hat indes auch einige Nachteile: Erstens kommt man heute immer schwerer an Stallmist, vor allem in städtischen Wohngegenden und zweitens ist der Stickstoffgehalt von Stallmist recht hoch und gerade diesen Nährstoff brauchen Rosen nur beschränkt. Zu guter Letzt gelangt der Stickstoff nicht nur zu den Wurzeln der Rose, sondern breitet sich – in lockeren Böden – allmählich aus, wobei er die Umwelt erheblich belastet und das Algenwachstum in Teichen und Gräben fördert. Heutzutage bieten Fachgeschäfte spezielle Rosendünger an. Diese sind arm an Stickstoff (N), aber besonders reich an Phosphaten (P) und Pottasche bzw. Kalium (K). Der Stickstoff fördert das Blätterwachstum, während die Phospate und das Kalium die Blüten- und Wurzelbildung anregen. Solche Spezialdünger werden gewöhnlich zweimal im Jahr verabreicht: Im März/April und im Juni/Juli.

Wie man Spezialdünger für Rosen anwendet

1 Füllen Sie die vorgeschlagene Menge in einen Becher und verstreuen Sie den Dünger gleichmäßig rund um den Wurzelhals.

2 Rechen Sie die Düngerkörner in die obere Substratschicht ein. Da Rosen Pfahlwurzeln haben, werden diese dabei nicht beschädigt.

3 Wässern Sie die mit Düngerkörnern behandelte Fläche gründlich. Dadurch werden die Körner feucht, sodass sie ihre Nährstoffe freigeben können, die zu den Wurzeln hinabsickern. Um die Wirkung zu beschleunigen, kann man auch die nötige Menge in Wasser auflösen und die Rose damit begießen.

Frostschutzmaßnahmen

Strenger Frost kann die Rose schädigen und obwohl manche Sorten empfindlicher als andere sind, wird die Frostresistenz von Rosen in unserem Buch nicht behandelt. Die aufgeführten Sorten sind widerstandsfähig genug, um in unserem Klima gesund und schön zu gedeihen. (Nur besonders frostempfindliche Sorten sind gekennzeichnet worden.) Außerdem rühren Winterschäden nicht nur von niedrigen Temperaturen her, sondern auch von der Feuchtigkeit, dem Beginn der Frostperiode und den Vorsorgemaßnahmen.

Im Binnenland sind Frostschäden nicht so gravierend wie bei niedrigen Temperaturen im Küstengebiet. Im kontinentalen Bereich ist die Luft trockener, die niedrigen Temperaturen kommen weniger plötzlich und das Holz kann im Sommer besser reifen. In Gegenden mit feuchten, milden Wintern ist plötzlicher Frost viel schädlicher: Dort ist der Boden im Sommer lange Zeit warm und feucht, sodass das Rosenholz viel mehr Wasser speichert. Holz mit einem hohen Wassergehalt ist aber weitaus anfälliger für Frostschäden, vor allem am Veredelungspunkt, wo die Rose auf die Unterlage gepfropft wurde (häufig durch Okulieren). Wenn dieser bei Frost zu stark anschwillt, kann der VP platzen, sodass das Oberteil abstirbt.

Das Abdecken des VP durch Anhäufeln von Erde verringert dieses Risiko. Man sollte dies im Herbst erledigen (wobei man auch heute noch gewöhnlich Stallmist verwendet). Häufeln Sie dazu rund um den Wurzelhals (einschließlich des VP) Substrat an und decken Sie das Ganze mit Stallmist ab. Lassen Sie diesen aber nicht bis zur Rose reichen: Sorgen Sie für eine dünne Trennschicht aus Erde.

Hochstammrosen sind besonders frostanfällig, da der VP dort hoch über dem Boden liegt und daher nicht mit Erde abgedeckt werden kann. Man kann aber Stroh und Tannenzweige um diese Partie wickeln oder ein Schutzdach über die Rose stellen, damit das Isolationsmaterial trocken bleibt. Verwenden Sie nie Plastikfolien, weil diese das Risiko von Fäulnis und Erfrierungen noch erhöhen.

Der VP ist auf diese Weise geschützt, aber die Triebspitzen können erfrieren. Das hört sich schlimm an, ist aber zumeist recht harmlos. Teilweise Erfrierungen sorgen nur bei den empfindlicheren Rosensorten für Probleme. Beim Frühjahrsschnitt werden die erfrorenen Partien abgetrennt. Zuerst erfrieren stets die grünen Zweigenden, die jüngsten Pflanzenteile. Diese sind noch nicht reif und enthalten deshalb relativ viel Feuchtigkeit, aber wenig Fasern.

Deshalb sollte man nach dem ersten Wachstumsschub im Frühjahr keinen Stickstoffdünger verwenden, bis das Laub abgefallen ist und das Wachstum aussetzt. Stickstoff (N, auf Packungen oft N+P+K) fördert ein rasches Wachstum mit großen, sukkulenten Zellen, welche bei Frost als erste erfrieren. Der im Juni/Juli verwendete Rosendünger ist deshalb relativ arm an Stickstoff und enthält dafür mehr Phosphat (P) und Pottasche bzw. Kalium (K). Das letztgenannte Element fördert vor allem die Bildung kräftigen Gewebes. Da Kompost nur als Kombination der drei genannten Bestandteile wirksam wird, wird auch der spezialisierteste Rosendünger ein wenig Stickstoff enthalten. Deshalb sollte man ab August nicht mehr düngen. Das Holz muss reifen und sollte ab September nicht mehr oder nur wenig wachsen.

Das Beschneiden der Rosen

Kaum ein Thema ist so umstritten wie der Schnitt der Rosen. Man muss die Grundregeln daher im richtigen Rahmen betrachten. Wir werden zeigen, wie man die einzelnen Rosentypen beschneiden sollte. Trotzdem spielt die persönliche Erfahrung des Züchters bei diesem Thema eine große Rolle. In der Praxis sollte man sich aber nicht zu sehr in den Details der einzelnen Methoden verlieren, weil Test ergeben haben, dass selbst die simpelsten Schnittmethoden gute Ergebnisse zeitigen können. Bei einem Test wurde ein Rosengarten mit den gleichen Rosensorten nach zwei verschiedenen Verfahren beschnitten:

1. Erfahrene Gärtner behandelten alle Stöcke auf „regelgerechte“ Weise.
2. Alle Stöcke wurden auf eine bestimmte Höhe zurückgeschnitten.

Die der zweiten Methode unterworfenen Rosen wuchsen und blühten allem Anschein nach besser. Dies waren Sorten, die theoretisch nach dem Verfahren „A“ (vgl. Schnittverfahren) in diesem Kapitel zu beschneiden wären. Dennoch sind die

Unterschiede zwischen den Methoden von Belang. Daher sollte man immer genau wissen, zu welchem Typ eine Rosensorte gehört.

Die Zehntausende von Rosensorten lassen sich auf verschiedene Art klassifizieren. Sie werden oft bis ins kleinste Detail gegliedert, was für professionelle Züchter nützlich sein kann. Der normale Liebhaber indes würde in diesem Meer von Details (die überdies nicht immer einheitlich sind) förmlich ertrinken. Vor allem die diversen Hybriden der verschiedenen Sorten sorgen für weitere Verwirrung. Unser Versuch einer Klassifikation aller Rosen beruht daher auf der Frage: „Wie sollte man eine ganz bestimmte Sorte beschneiden?" Vereinfacht ausgedrückt lassen sich Rosen in zwei Kategorien aufteilen:

- Rosen, die durch kräftiges Beschneiden besser wachsen und blühen.
- Rosen, die man eher zurückhaltend beschneiden sollte.

In dieser Enzyklopädie gehören zur ersten Kategorie die folgenden Gruppen:

- Großblütige (auch als Teehybridrosen bekannte Sorten bezeichnet mit dem Symbol ✻).
- Floribunda-Rosen (auch als büschelartig blühende Sorten bekannt, bezeichnet mit dem Symbol ✻✻).
- Patio- oder Zwergrosen (bezeichnet mit dem Symbol ▣).

Folgende Sorten gehören zur zweiten Kategorie:

- Botanische bzw. Wildrosen (bezeichnet mit dem Symbol ✿).
- Alte bzw. historische Rosen (bezeichnet mit dem Symbol ❁).
- Englische Rosen (bez. mit dem Symbol ⚘GB).
- Park- oder Strauchrosen (inkl. Polyantha-Rosen, bezeichnet mit dem Symbol ◉).
- Bodendeckerrosen (bez. mit dem Symbol ↔).
- Kletternde Sorten (inkl. echte Kletterrosen, bezeichnet mit dem Symbol ⚘).

Weiter unten lesen Sie, wie man die beiden Kategorien am besten beschneidet. Die Methoden A, B und C werden im folgenden Abschnitt erklärt.

✻ Großblütige Rosen oder Teehybridrosen

Bei diesen Sorten bilden sich die Blütenknospen an Neutrieben. Deshalb kann ein kräftiger Schnitt nötig sein, um die Bildung neuer Triebe zu fördern. Methode „A" wird im Rosengarten oft bei großblütigen Sorten angewandt. Wer diese lieber im Hintergrund einer Einfriedung pflanzen will, sollte die stärksten Triebe ruhig etwas länger belassen.

✻✻ Floribunda- oder büschelblütige Rosen

Der Schnitt erfolgt hier genau wie bei großblütigen Rosen. Floribunda-Rosen werden häufiger als großblütige Sorten in Rosenbeeten verwendet. Methode „A" sorgt daher hier für den gewünschten Rückschnitteffekt.

▣ Patio- und Zwergrosen

Zu dieser Gruppe gehören alle weniger als 20 cm hohen Rosensorten, mit Ausnahme der völlig anders zu beschneidenden Bodendeckerrosen. Patio-Rosen und die eigentlichen Zwergsorten sind in Wirklichkeit kleinwüchsige Varianten großblütiger bzw. Floribunda-Rosen und werden daher nach der Methode „A" beschnitten.

✿ Botanische Rosen bzw. Wildrosen

In der Natur wurden Rosen nur durch Verbiss „beschnitten". Daraufhin schützten sie sich mit Dornen gegen Pflanzenfresser. Sie bilden meist recht hohe und breite Büsche. Nur in Naturgärten, Parks und anderen öffentlichen Grünanlagen kann man diesen starken Wildwuchs hinnehmen und sich am wunderbaren Anblick voll entwickelter Büsche erfreuen, die nur einmal jährlich blühen und fast stets attraktive Hagebutten bilden. Manchmal muss man sie beschneiden, wenn der Busch zu groß wird oder Teile der Stämme absterben bzw. sich durch Aneinanderreiben schädigen. Hier ist Methode „B" angebracht. Schneiden Sie direkt nach der Blüte, damit sich der Busch den ganzen Sommer erholen kann und im nächsten Jahr wieder blüht. Bei mäßigem Schnitt bilden sich dennoch einige Hagebutten. Entfernen sie nur Totholz oder Zweige, die unter die oben erwähnten Kategorien fallen.

❁ Alte oder historische Rosen

Wahre Liebhaber geraten beim Beschreiben der romantischen, vollen Blüten und des schweren Duftes alter Rosensorten ins Schwärmen. Sie werden aber zugeben, dass diese Rosen nur ein- oder zweimal pro Saison blühen, oft recht groß werden und ziemlich krankheitsanfällig sind. Alte Rosen muss man nur wenig schneiden und in dieser Hinsicht gleichen sie den botanischen Sorten. Am besten schneidet man sie nach der Blüte. Die ständig blühenden Bourbon-, Remontant- und Kletterrosen erfordern gar keinen Schnitt oder sollten allenfalls nach Methode „B" behandelt werden, am besten nach der Blüte.

GB Englische Rosen

Englische Rosen entstanden durch Kreuzung moderner und alter Sorten. Sie bilden eine Übergangsgruppe und können daher nach der Methode „A" beschnitten werden. Dies führt zu Beetrosen mit wenigen, aber großen Blüten, die relativ niedrig bleiben.
Häufiger jedoch werden Englische Rosen, genau wie Park- oder Strauchrosen beschnitten (vgl. Methode „B").

Park- oder Strauchrosen

Der Zauber dieser ständig blühenden Strauchrosen liegt in ihrem robusten Erscheinungsbild. Die Stämme werden hoch und dick. Sie bilden vom Sommer bis tief in den Herbst hinein Blüten. Eine reiche Blüte im Folgejahr lässt sich nur durch Rückschnitt erzielen. Näheres dazu finden Sie unter Methode „B".
Im Falle der Polyantha-Rose erfolgt der Schnitt etwas anders: In der Wachstumsphase schneidet man (notfalls) nur die verblühten Dolden, um für weitere üppige Blüten zu sorgen. Wer im Herbst Wert auf Hagebutten legt, sollte im Spätsommer nicht mehr schneiden. Nach dem Winter entfernt man nur Dolden mit Hagebutten: Dann blüht der Strauch früh. Im Sommer beschränkt sich der Schnitt dann wieder auf das Entfernen verblühter Dolden. Allerdings muss man alle Zweige, die zwei Jahre in Folge geblüht haben, bis auf den Grund zurückschneiden. So schafft man Platz für Neutriebe.

↔ Bodendeckerrosen

Die Bodendeckerrosen gehören zur Gruppe der Park- oder Strauchrosen, sehen aber anders aus: Ihre Triebe wachsen seitwärts oder erst aufrecht, um sich dann zu neigen. Oft bilden sich über den alten lange Neutriebe. So entziehen sie den Boden nach und nach dem Blick. Man sieht sie oft in öffentlichen Parks, da sie pflegeleicht sind und das Unkraut kurz halten. Sie werden häufig großflächig mit einem Schnittbügel beschnitten, der die obersten Triebe abtrennt. Im Hausgarten schneidet man sie am besten gar nicht.

Kletternde Sorten

Alte, öfter blühende Kletterrosen braucht man nach der ersten Blüte nur wenig zu schneiden. Ansonsten kann man alle Kletterrosen nach der Schnittmethode „C" behandeln.

Beim Kauf von Rosen sollte man daher nicht nur den Namen, sondern auch die Gruppenzugehörigkeit beachten. Nur daran kann man die Höhe und das Schnittverfahren ablesen.

Schnittverfahren

Methode A (geeignet für die Mehrzahl der Sorten)

Moderne großblütige Rosen, Floribunda-, Patio- und Zwergrosen werden nach der Methode „A" beschnitten.

1 Zunächst wird der Busch von allem Totholz befreit. Schneiden Sie alle braunen Stämme so dicht wie möglich am Boden ab.

2 Am besten entfernt man auch kranke und erfrorene Stämme (zumindest bis dahin, wo es keine braunen Stellen mehr gibt). Manche Stämme können außen grün, innen aber braun sein.

***2a** Wenn Sie braune Stellen im Holz bemerken, schneiden Sie, bis der Querschnitt ganz weiß ist. Nehmen Sie erst dann den nächsten Ast in Angriff.*

3 Entfernen Sie alle ins Innere des Strauches wachsenden Triebe: Das verschafft der Pflanze im Sommer mehr Licht und Luft.

4 Dünne Triebe werden nie erstarken oder gut blühen. Schneiden Sie diese möglichst nah am Boden ab.

5 Entfernen Sie schwächere Triebe, die andere vom Stamm her kreuzen. So haben die stärksten Raum zur Entfaltung.

7 Verwenden Sie für dickes Altholz und verholzte Knoten Scheren mit langen Griffen.

6 Schneiden Sie auch alte, verholzte Triebe an der Basis ab.

8 Kürzen Sie die verbliebenen Triebe bis auf eine Handbreit über dem Boden.

9 Schneiden Sie alle Triebe etwa 3 cm oberhalb einer Knospe ab. Der Schnitt sollte schräg erfolgen, mit der höchsten Stelle auf der Knospeninnenseite.

9

10a

10 Das Resultat mag drastisch wirken, doch im Frühjahr wird die Rose gewiss kräftig austreiben, um dann im Sommer üppig zu blühen.

10

Normale und „ruhende" Knospen

An gesunden Triebspitzen entwickeln sich schon im Frühjahr Knospen. Man kann sie leicht erkennen. Beim Schnitt muss man auch auf die „ruhenden" Knospen weiter unten achten: Diese entwickeln sich erst später.

Hochstammrosen/Stammrosen

Beim Schnitt von Hochstammrosen kommt es auf die Kategorie an: So entwickeln sich auf Hochstämme gepfropfte Kletterrosen zu „Trauerkletterrosen", die man vorsichtig schneiden muss, um ihren Charakter zu wahren (siehe Methode „B"). Derartige Floribunda-Rosen werden im Frühjahr über dem VP bis auf kurze Stümpfe gekappt (s. Methode „A").

Methode B

Diese Methode eignet sich bestens für Park-, Strauch- oder Englische Rosen, aber auch für alte und botanische Sorten, sofern diese einen Rückschnitt erfordern.

1 Betrachten Sie den Strauch erst gut, um herauszufinden, welches die stärksten Triebe sind. Sie kommen erst später an die Reihe.

2 Entfernen Sie die dünnen, verflochtenen Triebe an der Buschbasis, um mehr Platz für ihr weiteresVorgehen zu erhalten.

3 Auch bei diesem Strauch werden die verholzten und die von Frost und Krankheiten geschädigten Triebe beseitigt.

4 Dünne, schwächliche Triebe sollte man radikal abschneiden. Tun Sie dies an der Basis, damit sie nicht nachwachsen.

5 Nun stehen noch drei bis sieben Triebe. Schneiden Sie die Hälfte dieser noch verbliebenen Triebe bis auf 50% zurück.

6 Entfernen Sie alle Seitentriebe und kürzen Sie die Haupttriebe unter der ersten Verzweigung.

7 Lassen Sie beim Schnitt der Seitentriebe kurze Stümpfe mit je mindestens zwei „ruhenden“ Augen stehen, die sich später entwickeln können.

8 So erhalten Sie am Ende verschieden lange Triebe. Der Strauch wird vom Juni bis zum Herbst üppig blühen und gedeihen.

Methode C (geeignet für Kletterrosen)

Kletterrosen lassen sich in zwei Gruppen aufteilen: Echte Kletterrosen und Climbing-Rosen. Man kann die beiden an der Stärke ihrer Triebe unterscheiden: Rosen mit kräftigen, aufrechten Stämmen, die stehen bleiben, wenn man sie an Kletterhilfen lehnt, heißen gewöhnlich Kletterrosen. Solche mit schwächeren Trieben, die ohne Hilfe nicht aufrecht stehen bleiben, nennt man Climbing-Rosen. Diese muss man anbinden. Der Reiz der schwächeren Triebe liegt darin, dass sie unter dem Gewicht wahrer Blütenkaskaden überhängen. Sie bilden meist sehr zahlreiche, aber kurzlebige Blüten. Bei Kletterrosen gibt es auch solche, die kontinuierlich blühen.

Man muss sich beim Beschneiden beider Typen zurückhalten, damit sich die Pflanzen optimal entwickeln können. Die einmal blühenden Climbing- und Kletterrosen müssen sofort nach dem Verblühen beschnitten werden, die kontinuierlich blühenden hingegen nach der ersten Blüte.

1 Lassen Sie die vertikalen Triebe (Haupttriebe) soweit wie möglich intakt, seien sie angebunden oder nicht. Kürzen Sie bei Bedarf nur ihre Enden. Schneiden Sie die Seitentriebe kräftig zurück. An diesen sollten allenfalls drei Augen erhalten bleiben.

2 Jeden Sommer bilden sich an der Basis des Strauches raschwüchsige Triebe. Dies sind nicht – wie manch ein Gärtner oft vorschnell annimmt – überflüssige Wildtriebe, die entfernt werden müssen. Ganz im Gegenteil: Man sollte ihr Wachstum fördern, da aus diesen vermeintlichen Wildtrieben die künftigen Haupttriebe hervorgehen.
Ältere Haupttriebe verholzen schließlich und bilden im Lauf der Zeit weniger Blüten. Man sollte diese Gebilde im nächsten Frühjahr komplett beseitigen. Dazu braucht man eine robuste Säge, da sie dick und fest sein können – Rosenscheren reichen hierfür nicht mehr aus.

3 Im Frühjahr zeigen sich am alten Stumpf frische Augen. Aus ihnen entwickeln sich neue Triebe. Wenn man mit dem Entfernen der alten zu lange wartet, verholzen diese und an der Basis kommt es nie mehr zu Neubildungen. Leiten Sie die Neutriebe vom vorigen Sommer dorthin, wo die alten verliefen. Wie viele man stehen lässt, hängt vom verfügbaren Platz ab. Sorgen Sie dafür, dass die Haupttriebe nicht zu dicht beieinander wachsen: Sie bilden Seitentriebe, die sich ineinander verflechten können, was die Pflanze krankheitsanfälliger macht und die Blüte negativ beeinflusst.

Rosenkrankheiten

Krankheiten gehören von Natur aus zum Leben von Pflanze, Tier und Mensch. Wer dies anerkennt, wird Schönheitsfehler oder Veränderungen nicht übermäßig fürchten – die Freude an Rosen braucht das nicht zu schmälern. Natürlich verhält es sich anders, wenn die Pflanze kaum wächst, spärlich blüht oder gar abstirbt. Dann liegt irgendetwas im Argen. Was muss man tun, damit die Rosen gesund bleiben?

1. Richtiger Standort: Kümmern Sie sich zunächst einmal um den richtigen Standort (s. „Standort"). Unter optimalen Bedingungen wird die Rose gut wachsen und weniger anfällig für Krankheiten und Schädlinge sein – egal, was und wie oft sie „sprühen".

2. Kompost: Eingedenk der Tatsache, dass optimales Wachstum für die Gesundheit einer Rose am wichtigsten ist, sollten Sie dieses durch Kompostgaben zur rechten Zeit fördern (s.a. „Wie man Rosen düngt").

3. Schnitt: Wenn Sie den Strauch Jahr für Jahr frei wachsen lassen, wird er zu einem Wirrwarr von Zweigen und Blättern. Die Blätter im Zentrum erhalten zu wenig Licht und Luft und am Ende erkrankt der Strauch. Nun verbreiten sich vor allem Pilzkrankheiten. Rechtzeitiger Schnitt erleichtert deren Bekämpfung. Sorgen Sie dafür, dass das Herz der Pflanze genug Licht und Luft erhält (s.a. „Das Beschneiden der Rosen").

4. Wählen Sie resistente Sorten: Wenn man die erwähnten Maßnahmen trifft und die Rosen dennoch erkranken, hat man wohl eine zu anfällige Sorte gewählt.
   In früheren Jahrzehnten schenkten Züchter (die Rosensorten kreuzten, um neue Varianten zu erhalten) Krankheiten wenig Beachtung. „Man braucht sie doch bloß wegspritzen", hieß es damals. Man konzentrierte sich ganz darauf, Sorten mit schön geformten Blüten, auffälligen Farben und angenehmem Duft zu erzielen. Diese sollten möglichst noch den ganzen Sommer über blühen. So kamen zahlreiche Sorten auf den Markt, die anfällig für Pilzkrankheiten waren. Solche Rosen wirkten in den Ausstellungs- und Rosengärten nur solange gesund, wie man sie regelmäßig mit Chemikalien besprühte. Wer dort allerdings Rosen für den eigenen Garten kaufte, sah sich bald ent-

täuscht: Kurz nach dem Einpflanzen erkrankten die Sträucher, da normale Gärtner ihren gesamten Garten gewöhnlich nicht mit Pestiziden behandeln.

Vor kurzem kam es – vor allem als Resultat von Maßnahmen der Regierung – zu einer Kurswende: Die Vorschriften für den (beschränkten) Einsatz von Pestiziden wurden immer strenger. Deshalb verschwinden krankheitsanfällige Sorten allmählich vom Markt.

Einige Züchter legen bereits seit längerer Zeit Wert auf Widerstandsfähigkeit. Die anderen werden sich anpassen müssen, da nur resistente Rosen eine Zukunft haben. Leider werden bisher nur wenige Tests auf Resistenz gegen Krankheiten durchgeführt. Diese bleiben oft ergebnislos, da beispielsweise recht widerstandsfähige Sorten nach einigen Jahrzehnten schwächer werden. Daher sollten sich potenzielle Käufer möglichst genau nach der Resistenz der Rosensorten erkundigen, die sie erwerben möchten. Die ersten Ergebnisse von Vergleichstests wurden bereits (sporadisch) in Fachblättern veröffentlicht. Im lexikalischen Teil unseres Buches steht das Symbol ⊕ bei jenen Sorten, welche die erwähnten Tests erfolgreich bestanden haben.

5. Verwenden Sie biologische Schädlingsbekämpfer. In Ergänzung zu Punkt 4. ist anzumerken, dass immer mehr Substanzen getestet werden, die weniger die Krankheit als solche bekämpfen, sondern vielmehr die Resistenz der Rose stärken.

Einige Substanzen helfen bei der Bekämpfung von Pilzkrankheiten: Ihre Wirkung beruht oft auf organischen Fettsäuren und Silikaten (Sand). Sie stärken die Oberhaut der Pflanze, sodass Pilze nicht so einfach in die Pflanze eindringen können.

Bei Mehltau gibt es ein einfaches Gegenmittel: Milch. Verwenden Sie eine Pflanzenspritze, um reine Milch über die jungen Blätter zu sprühen. Diese werden dadurch glänzend und weniger anfällig für Mehltau.

Pilzkrankheiten bei Rosen

Die wichtigsten Rosenkrankheiten gehen auf Pilzbefall zurück. Pilze gedeihen je nach Art unter bestimmten Bedingungen besonders gut. Im Allgemeinen werden sie durch feuchte Luft stärker begünstigt.

FALSCHER MEHLTAU

Bei Rosen wird dieser durch den Pilz *Peronospera sparsa* verursacht: An den Blattoberseiten zeigen sich purpurrote Flecken. Beim Blick unter die Blätter bemerkt man pelzartige Pilzfäden. Der Pilz durchdringt Blätter und Stängel und schädigt auf diese Weise die Pflanze. Obwohl die Krankheit auch bei Gartenrosen auftritt, bricht sie weit häufiger bei Treibhauspflanzen aus, da die Atmosphäre dort viel feuchter ist.

MEHLTAU

Diese wohl am weitesten verbreitete Rosenkrankheit bricht in der Regel mitten im Sommer aus. Das liegt daran, dass der „verantwortliche“

Mehltau

Pilz (*Shaerotheca pannosa* var. *rosae*) bei Temperaturen um 22 °C bei hoher Luftfeuchte gedeiht. Ein weißer Film überzieht die Pflanze, vor allem Neutriebe mit Laub und Knospen. Dies macht die Pflanze unansehnlich und hemmt die Photosynthese, ohne große Schäden zu verursachen.

Der Pilz dringt nicht ins Gewebe ein. Die Sporen werden vom Wind verbreitet. Gesunde Rosen wachsen weiter, sobald sich das Klima für den Pilz verschlechtert.

Rost

ROST

Rost kann Rosen vor allem in Südeuropa schwer schädigen oder gar umbringen. Auch er wird von einem Pilz verursacht, meist von *Phragmidium tuberculatum*. Im Anfangsstadium zeigen sich an den Blattunterseiten kleine orange Schwellungen. Diese werden später braun oder gar schwarz. Der Pilz kann sich auch auf die Stängel ausbreiten. Bei wiederholtem schwerem Befall fällt das Laub ab und wegen des unterbrochenen Saftflusses sterben die Triebe (evtl. sogar die ganze Rose). Durch Entfernen (und Vernichtung, bspw. Verbrennen) befallener Blätter lässt sich die Krankheit eindämmen.

RUSSTAU (SCHWARZFLECKENKRANKHEIT)

Rußtau gehört in Nordwesteuropa zu den gefürchtetsten Rosenkrankheiten. Die Sporen von *Diplocarpon rosae* werden über das Wasser (etwa vom Boden hochspritzende Tropfen oder an den Trieben rinnender Regen) verbreitet. Der Pilz vermehrt sich am schnellsten bei etwa 18 °C und kann daher bei hoher Luftfeuchtigkeit früh im Jahr auftreten. Geringere Chancen hat diese Krankheit in ausgelichteten, gut beschnittenen Sträuchern. Auch vorbeugendes Spritzen mit

Rußtau

Mumifizierung (Mumienbildung)

Mitteln, welche die Widerstandskraft der Blätter stärken, hilft bei der Eindämmung des Rußtaus. Unsere wichtigste „Waffe" ist jedoch die Auswahl von Rosensorten, die für die Krankheit weniger anfällig sind.

MUMIFIZIERUNG (MUMIENBILDUNG)

Die stark gefüllten Blüten bestimmter Rosensorten können besonders empfindlich gegen wechselhaftes Wetter sein. Dies ist weniger eine Krankheit als eine krankhafte Veränderung. Die äußeren Blätter solcher Rosen – abgebildet ist hier *Rosa* Octavia Hill – nehmen bei Regen Schaden und werden etwas schleimig. Wenn dann greller Sonnenschein folgt, trocknet die Außenschicht der Knospe aus und wird hart und braun. Die Blüte hat oft nicht genug Kraft, um später diese Hülle zu sprengen. Infolgedessen fault das ganze Gebilde und fällt schließlich ab. Man kann der Blüte helfen, indem man die äußeren Blätter beizeiten entfernt: Dann kann sie sich dennoch entfalten und aufblühen.

Schädlingsbefall

Rosen dienen allen möglichen Tieren als Nahrung. Diese verursachen gewöhnlich aber geringere Schäden als Pilzkrankheiten. Nehmen Sie hin, dass irgendetwas ständig an Ihren Rosen knabbert. Versuchen Sie nie, die Fauna Ihres Gartens zu dezimieren – ganz im Gegenteil! Je mehr Arten dort vorkommen, desto geringer ist die Gefahr, dass sich einige Schädlinge in gefährlichem Ausmaß vermehren. Vögel wie Meise, Laubsänger, Zilpzalp und Zaunkönig verzehren viele Rosenparasiten. Hängen Sie Nistkästen für Meisen auf, pflanzen Sie niedrige Büsche als Nistplätze für Laubsänger und Zilpzalp sowie eine dichte Hecke (oder Efeu) für den Zaunkönig – den Unterschied werden sie bemerken! Meiden Sie alle Insektizide: Diese töten auch Florfliegen, Marienkäfer und andere Nützlinge. Da sich Blattläuse schneller vom Einsatz der „chemischen Keule" erholen als ihre Feinde, begünstigt die Verwendung von Insektiziden letztlich ihre Vermehrung. Von „Befall" kann man sprechen, sobald Schädlinge in großer Zahl auftreten. In guten Gärten, wo ein biologisches Gleichgewicht herrscht, werden Rosen vielleicht etwas angenagt, aber nie wirklich „befallen" werden.

Rosenschädlinge

SCHAUMZIKADE

An der Basis von Blättern oder Knospen sieht man bisweilen Schaum: Dieser so genannte „Kuckucksspeichel" hat nichts mit dem Vogel zu tun, sondern wird von der gelblichgrünen Larve der Schaumzikade (*Philaenus* spp.) produziert, die sich durch ein schaumiges Sekret schützt

Diese saugt Pflanzensaft, ohne nennenswerte Schäden zu verursachen. Wer den Schaum nicht schätzt, sollte ihn mit dem Gartenschlauch weg-

Kuckucksspeichel

spülen, solange das Laub noch vom Regen oder Tau nass ist – so vermeidet man die unabsichtliche Förderung von Pilzbefall.

ROSENBLATTROLLWESPE

Im Frühjahr sieht man oft krause Blätter am Strauch hängen. Diese scheinen sich nach innen eingerollt zu haben. Schuld daran ist die Rosenblattrollwespe (*Blennocampa phyllocolpa*). Dieses Insekt wird im Frühjahr und Sommer an warmen Tagen aktiv, wenn sich die Blätter scheinbar wegen der Hitze einrollen. In Wirklichkeit hat jedoch die Wespe eine Flüssigkeit in das Gewebe rund um die Hauptader injiziert, die zum Einrollen führt. Anschließend durchbohrt sie das Blatt und legt an dessen Unterseite mehrere Eier ab.

Die schlüpfenden Larven sind in dieser Rolle recht gut vor Fressfeinden geschützt. Sie verzehren das Blattgewebe und fallen, sobald sie im Sommer erwachsen sind, zu Boden, wo sie sich verpuppen, um im nächsten Frühjahr als geflügelte Imago zu erscheinen. Beim Aufrollen eines derart befallenen Blattes sollte man im Inneren die Larven vorfinden.

Man könnte versucht sein, das Blatt zu entfernen und zu vernichten. Das würde die Pflanze aber noch mehr schädigen (geringere Photosynthese), als wenn man die Larven ihr Werk vollbringen lässt. Dieses Phänomen kehrt alljährlich wieder und verursacht nur wenig Schaden.

SCHWARZE ROSENBLATTWESPE

Die Larven der Art *Endelomyia aethiops*, einer Blattrollwespe, fressen offenbar die äußere Zellschicht (*Mesophyllum*) der Ober- oder Unterseite des Rosenblattes und schaffen so transparente Zonen. Leichter Befall führt nicht zu nennenswerten Schäden. Einige Larven werden von Vögeln vertilgt.

Larven der Rosenblattrollwespe

Larven der schwarzen Rosenblattwespe

ROSENZIKADE

An der Blattoberseite finden sich manchmal weiße Stellen. Das rührt daher, das diese Zellen von Rosenzikaden (*Edwardsiana rosae*) ausgesaugt wurden. Beim Wenden erblickt man längliche gelbweiße Insekten – etwa so lang wie erwachsene Blattläuse. Schlankere, erwachsene Exemplare können dagegen fliegen. Rosenzikaden befallen warme und geschützte (d. h. besonnte und windgeschützte) Rosen. Sie sind ein vorübergehendes Problem, das Wachstum und Blüte

Rosenzikaden

meist kaum beeinflusst. Bei schwerem Befall kann man die Unterseiten der Blätter mit dem Gartenschlauch besprühen, solange diese noch vom Regen oder Tau nass sind.
So werden die Insekten zwar nicht getötet, aber in ihrer Entwicklung gehemmt – vor allem die noch flugunfähigen Larvenstadien. Nur selten können sie auf die Rose zurückkriechen.

ROSENKÄFER

Wenn Blütenknospen welk am Stiel hängen, sind meist Insekten schuld, welche die Basis durch

Rosenkäfer

Fraß schädigen. In der Regel wurden die jungen Knospen von Käfern angenagt. Wenn dies nur die Oberhaut betrifft, entfaltet sich die Blüte dennoch. Bei stärkerem Fraß krümmen sich die Staubgefäße nach außen und die Blüte öffnet sich nicht. Da meist nur wenige Knospen betroffen sind, braucht man nicht einzugreifen. Hässliche Schäden werden abgeschnitten.

RAUPEN

Raupen bevorzugen die saftigsten Pflanzenteile. An Rosen findet man vor allem Nachtfalterraupen, die bevorzugt in der Nacht aktiv werden. Häufig fressen jene die Knospen völlig leer. Tagsüber sind diese Raupen nur schwer zu entdecken. Meist liegen sie, von Vögeln unbemerkt, parallel an den Stängeln.
Man kann den Vögeln behilflich sein, indem man die Raupen auf andere Pflanzen setzt – am besten auf andere Rosengewächse (beispielsweise Apfel- und Birnbäume oder Johannis- und Stachelbeersträucher).

Raupen

BLATTLÄUSE

Jedermann dürfte der Anblick von Blattläusen vertraut sein, die sich an den Spitzen und Blütenknospen frischer Triebe am Saft der Rosen gütlich tun. Allerdings werden die Pflanzen nur dann anhaltend von diesen Plagegeistern befallen, wenn sonst irgendetwas nicht in Ordnung ist.

Dann sollten Sie überprüfen: Steht die Rose an einem zugigen Standort oder an einem feucht-warmen? Haben Sie die Rose mit Chemikalien behandelt, die auch die natürlichen Feinde töten? Wenn die Rose am richtigen Ort steht und es im Garten genug Blattlausfresser gibt (etwa Vögel wie Zaunkönig, Laubsänger, Zilpzalp, Gartengasmücke, Kohl- und Blaumeise), treten die Insekten zwar zeitweilig im Frühjahr auf, doch verschwinden sie dann ganz oder bleiben so gering an Zahl, dass sie keinerlei Probleme verursachen. Wer sie ganz loswerden will, sollte sie mit einem starken Wasserstrahl von den jungen Trieben spülen. Sprühen Sie stets in Wuchsrichtung (von unten nach oben) – so werden die Pflanzen nicht beschädigt. Am besten tut man dies, wenn die Rosen vom Regen oder Tau noch nass sind, um das Pilzwachstum nicht zu fördern.

Blattläuse

Abspülen von Blattläusen

Penthouse

4 Rosen von A–Z

Rosa 21 Again

(MEInimo)
vgl. *Rosa* Regatta®

Rosa A Shropshire Lad

(AUSled) Austin (1996)

Die A Shropshire Lad ist eine ca. 1,5 m hohe englische Strauchrose mit verzweigten Ästen. Die stark gefüllten Blüten haben pfirsichfarbene Herzen, während die äußersten Blätter von zartestem Rosa sind. Ihr Duft ist angenehm fruchtig. Von dieser Rose gibt es eine kletternde Variante namens *Rosa* A Shropshire Lad Climbing, die ihr in jeder Hinsicht gleicht – bis auf die Tatsache, dass die Triebe aufgebunden etwa 2 m lang werden können. Nicht zu verwechseln mit *Rosa* Shropshire Lass, einer anderen Züchtung von David Austin sen.: Diese ist eine Alba-Hybride mit fast weißen, rosa angehauchten Einzelblüten.

GB 150 cm

Eine Rose der Sorte A Shropshire Lad

Rosa Aachener Dom

(MEIcapinal)
vgl. *Rosa* Pink Panther®

Abbaye de Cluny®

Rosa Abbaye de Cluny®

(MEIbrinpay) Meilland (1996)

Die sehr vollen, aprikosenfarbenen Blüten dieser großblütigen Sorte entsprechen voll und ganz der romantischen Sehnsucht nach altehrwürdiger Schönheit. Ihre Farbe passt gut zu vielen ausdauernden und einjährigen Randpflanzen. Dort kommt die über 80 cm hohe Rose am besten zur Geltung. Für eine großblütige Sorte sind die mittel- bis dunkelgrünen Blätter erstaunlich resistent. Dies ist eine der neuen Meilland-Rosensorten aus der 1996 registrierten „Fleur Romantica®"-Serie, die nach romantisch wirkenden Rosen – ähnlich den Englischen – mit hoher Krankheitsresistenz strebte. Dennoch bekam diese Abbaye de Cluny® viele Preise, darunter die Goldmedaille von Lyon (1994).

90 cm

Rosa Abendglut

(POUlcs001)
vgl. *Rosa* Valiant Heart™ Floribunda Poulsen®

Rosa Abigaile®

(TANelaigib) Tantau (1988)

Mit einer Maximalhöhe von ca. 45 cm ist dies eine niedrige Floribunda-Rose, die sich auch als Patio-Rose, vor allem jedoch für kleine Gärten, Pflanztröge und sogar Topfkulturen eignet.
Die wohl geformten Blüten entfalten sich aus

Abigaile®

karminrosa Knospen. Sie haben ein cremefarbenes Herz, das den Gesamteindruck der geöffneten Blüte prägt. Ihr milder Duft ist auf kurze Distanz besonders eindrucksvoll. Der kräftige, üppig verzweigte Strauch trägt rotweinfarbenes Laub.

50 cm

Rosa Abraham Darby™

(AUScot) Austin (1985)

Nicht alle Züchtungen David Austins gingen aus Kreuzungen von alten und modernen Rosen hervor.

Abraham Darby™

Die Abraham Darby ist die „Tochter" der modernen Climbing-Rose *Rosa* Aloha und der Floribunda-Rose *Rosa* Yellow Cushion. Das Ergebnis ist ein fast kugelrunder, ca. 1,5 m hoher und breiter Strauch, der gut zu Büschen oder – als Einfriedung – zu hohen Mehrjährigen passt.

Die üppig gefüllten Blüten bilden eng benachbarte Büschel. Ihre subtile Färbung ist rosa, aprikosenfarben und gelb angehaucht, der fruchtige Duft sehr intensiv. Sie zieren den ganzen Sommer hindurch den hohen Strauch, der große, eisiggrüne Blätter trägt. Das Laub ist sehr krankheitsanfällig.

GB 150 cm

Rosa Abrikoos Queen Elizabeth

vgl. *Rosa* Apricot Queen Elizabeth

Rosa Acapella®

(TANallepa) Tantau (1994)

Erst wenn sich die kirschroten Blüten voll entfalten, bemerkt man ihre zwei Farben. Die Außenseite ist silbrigweiß. Der wunderbare Duft und die kräftigen Stiele machen sie zur idealen Schnittrose. Die glänzend dunkelgrünen Blätter sind recht resistent gegen Pilzkrankheiten. Der aufrechte Strauch wächst gut.

80 cm

Acapella®

Rosa Adele Duttweiler

(POUltroi)

vgl. *Rosa* Troika™ Hybrid Tea Poulsen®

Rosa x *alba* – „Weiße Rose“

(-) botanische Rose/Wildrose (-)

Die genaue Herkunft dieser weißen Rose ist unbekannt. Möglicherweise kam es zu einer spontanen Kreuzung von *Rosa gallica* und *Rosa arvensis*, doch könnten auch *Rosa corymbfera*, *Rosa canina* oder *Rosa damascena* mitgewirkt haben. Auf jeden Fall entstand ein hoher Strauch mit matt graugrünem Laub. Die duftenden Blüten erscheinen im Frühsommer. Sie sind mäßig gefüllt und rein weiß, manchmal mit einem Hauch von Rosa. Im Frühjahr bilden sich rote Hagebutten. Eine typische Sorte für Naturgärten.

200 cm

Rosa x alba

Rosa alba Maxima

(-) Alte Rose (sicher vor 1500 entstanden)

Die Ursprünge der Jakobiten-Rose sind ungewiss. Sie entstand vor vielen Jahrhunderten, vielleicht als Kreuzung von Hunds- und Französischer oder Damaszenerrose. Das Resultat war ein kräftiger Strauch mit langen, dünnen Trieben. Dieser trägt neben krummen, rosaroten Dornen große, blaugrüne Blätter. Die Blüten sind groß, stark gefüllt und duften angenehm. Sie erscheinen im Frühsommer und sind elfenbeinweiß.

150–250 cm

Rosa alba Maxima

Rosa alba Meidiland®

(MEIflopan) Meilland (1987)

Einige bis vor kurzem nur in öffentlichen Parks gepflegte Strauchrosen sieht man neuerdings zunehmend auch in Privatgärten, denn *Rosa* alba Meidiland® ist auch für kleinere Gärten eine gute Wahl. Die Sträucher werden bis zu 80 cm hoch und gehen dank ihrer stark verzweigten Triebe sehr in die Breite. Ihr Laub ist glänzend mittelgrün. Die schneeweißen, geruchlosen Blüten sind nicht groß, aber zahlreich.

Nach einem üppigen ersten Schub werden noch eine Weile in geringerem Maße Blüten gebildet. Man pflanzt die Sorte oft flächendeckend in größeren Gruppen. In kleinen Gärten lässt sie

Rosa alba Meidiland®

sich gut mit mehrjährigen Pflanzen kombinieren. Diese Sorte eignet sich auch als „Trauerrose“. Die Sorte ist ein wenig anfällig für Ruß- aber nicht für Mehltau.

↔ 60 cm ❀❀ ☁ ⊕

Rosa alba Meillandécor

vgl. *Rosa* alba Meidiland

Rosa Albéric Barbier

(-) Barbier (1900)

Eine der beliebtesten „alten“ Kletterrosen. Die üppig gefüllten, cremefarbenen Blüten sind gelb angehaucht. Voll entfaltet wirken sie eher flach, wobei die Blätter eine kompakte Masse bilden. Ihr Nachteil liegt darin, dass sie nach dem Verblühen braun werden und vor allem bei Regenwetter haften bleiben. Ihr Duft ist leicht und frisch. Die Stiele sind dünn und biegsam. Am besten bindet man sie in der gewünschten Höhe auf, sodass sie unter der Blütenlast überhängen. Die Blüten erscheinen im Juni/Juli. Die schönen, zarten Blätter sind zunächst hell-, später hingegen dunkelgrün und sehr anfällig für Rußtau (Schwarzfleckenkrankheit).

⇗ 200–500 cm ❀ ☁☁

Albéric Barbier

Rosa Alcantara®

(NOAre) Noack (1999)

Eine Bodendeckerrose aus der berühmten Serie „Flower Carpet®“ des deutschen Züchters Noack. Die üppig verzweigten Triebe neigen sich

Alcantara®

unter der Last der reichen Blütendolden zur Erde. Die Herzen der einfachen, dunkelroten Blüten (Durchmesser etwa 4 cm) bergen erstaunliche Pollenmassen. Die Sorte blüht üppig den ganzen Sommer hindurch. Die Blätter bleiben sehr lange an der Pflanze und sind sehr resistent gegen Pilzerkrankungen.

↔ 60 cm ❀❀❀ ☁☁ ⊕

Rosa Alchemist

vgl. *Rosa* Alchymist

Rosa Alchymist

(-) Kordes (1956)

Die üppig gefüllten Blüten dieser Climbing-Rose sind anfangs gelb, werden aber später hellrosa.

Alchymist

Diese Rose blüht üppig, aber nur recht kurz. Die großen Blüten strömen einen intensiven Duft aus. Der Strauch selbst ist kräftig, mit anfangs glänzend bronzegrünem, später aber dunkelgrünem Laub. Er ist etwas anfällig für Mehltau. Die Alchymyst eignet sich auch für eher schattige Mauern.

200–400 cm

Rosa Alchymiste

vgl. *Rosa* Alchymist

Rosa Alden Biesen®

(-) Lens (1996)

Obwohl diese Moschata-Hybride (vgl. *Rosa moschata*) marzipanrosa Blüten hat, können sie zweimal verwendet werden: Nach der Blüte verwelken diese nicht, sondern werden grün wie die Blüten bestimmter Hortensien. Die üppigen Blütendolden sind als Schnittrosen heiß begehrt und halten sich auch getrocknet gut. Die Dolden sind lang und breit. Sie blühen den ganzen Sommer hindurch an bis zu 1,5 m langen Trieben.

120 cm

Alden Biesen®

Rosa Alec's Red

(COred) Cocker (1970)

Diese großblütige Sorte ist immer noch beliebt, vor allem dank ihres herrlichen Duftes. Er hat

Alec's Red

eine angenehm altmodische Note. Die 13 cm breiten, hell rosaroten Blüten sind üppig gefüllt. Sie sitzen einzeln oder in Dolden am aufrechten Strauch, der nur langsam wächst und daher nicht in ständigen Schüben blüht. Das Laub ist groß und dunkelgrün.

80 cm

Rosa Alexander

(HARlex) Harkness (1972)

Diese bereits etwas ältere großblütige Rose hat schon viele Preise gewonnen. Im Jahre 1974 erhielt sie den ADR-Preis – unmittelbar bevor die deutschen Prüfer in punkto Gesundheit sehr streng wurden. Bei den Tests der Jahre 1995 bis 1998 erweis sich die *Rosa* Alexander jedoch als eine der robustesten unter den großblütigen Ro-

Alexander

sensorten. Das glänzende, grüne Laub ist immer noch bemerkenswert pilzresistent.
Der Strauch hat kräftige, aufrechte, etwa 1,2 m lange Triebe, aber er wird kaum 45 cm breit. Um ein Beet zu füllen, sollte man diese Rosen daher stets in geringem Abstand (ca. 15 cm) pflanzen. Die Alexander eignet sich aber auch als Solitär- und Schnittrose. Die Blüte hat die charakteristische Form der Tee-Hybridrosen, wirkt voll entfaltet aber flacher. Sie ist zinnoberrot und verströmt einen schwachen Duft.
90 cm ADR

Rosa Alexandra

(POUldra)
vgl. *Rosa* Prinsess Alexandra™ Renaissance®

Rosa Alexandra Rose

(AUSday)
vgl. *Rosa* The Alexandra Rose

Rosa Alléluia®

(DELatur) Delbard (1980)
Alléluia® ist eine Rose, die allen die Schau stiehlt – so geschehen in Paris (Bagatelle) und Madrid, wo sie mehrere Preise gewann.
Die gefüllte Blüte entfaltet sich langsam aus einer länglichen Blüte, sodass Liebhaber lange die silbrigen Unterseiten der Hochblätter bewundern können. Innen sind diese samtartig und tiefrot gefärbt. Die Blüten sind nahezu geruchlos. Diese buschigen Rosen haben glänzendes dünkelgrünes Laub.
80 cm

Alléluia®

Rosa Alliance®

(MEIbleri) Meilland (1985)
Die Knospen der Alliance® entfalten sich zu mäßig gefüllten Blüten. Diese sind elfenbeinweiß mit einem Hauch von rosa. Sie duften nur schwach, bleiben aber lange frisch. Wegen der langen rötlichen Stiele eignen sie sich gut als Schnittrosen. Das Laub ist matt dunkelgrün. Der Strauch kann bis zu 90 cm hoch werden. Wie andere alte, großblütige Rosen ist die Alliance® anfällig für Rußtau (Schwarzfleckenkrankheit).
90 cm

Alliance®

Rosa Alpine Sunset

(-) Cants of Colchester (1973)
Nur wer in einem milden Klima lebt, wird sich an dieser großblütigen Rose erfreuen können, da die Sorte gegen strengen Frost recht empfindlich ist.

Alpine Sunset

Sie hat aufrechte Triebe, die im Frühsommer viele große, volle, angenehm duftende Blüten tragen. Diese zeigen subtile Abstufungen von Lachsrosa bis Pink, Apricot und Cremegelb. Die großen Blüten brauchen viel Energie, sodass sie in einzelnen Schüben erscheinen – es sei denn, die Rose wird gut gedüngt.

70 cm

Rosa Altissimo®

(DELmur) Delbard (1966)

Schlichtheit ist das Kennzeichen dieser ständig blühenden Climbing-Rose. Im Herzen der einfachen, rein roten Blüten sitzt ein Büschel gelber Staubgefäße. Sie zieren bis in den Herbst die dunkelgrün belaubten Sträucher. Besonders eignen sie sich zum Beranken von Mauern. Befestigen Sie die Triebe möglichst waagerecht, um dem starken Vertikaltrieb entgegenzuwirken und auch weiter unten die Blütenbildung zu fördern.

300 cm

Altissimo®

Rosa Ambassador®

(MEInuzeten) Meilland (1979)

Die Knospen und Blüten der Ambassador® sind außen gelb. Beim Öffnen kann man das orange Innere besser sehen. Am Ende der Blüteperiode sind sie lachsfarben bis rosa. Die Blüten sind bis zu 10 cm breit und sitzen auf langen, dunkelgrün belaubten Stielen (an Neutrieben ist das Laub rot). Die Ambassador® ist eine gute großblütige Schnittrose. Bei Seeklima ist sie jedoch anfällig für Mehltau.

110 cm

Ambassador®

Rosa Amber Queen®

(HARroony) Harkness (1984)

An dieser Rose fallen als erstes der robuste, üppig verzweigte Strauch und das schöne, glänzende Laub ins Auge: Dieses ist anfangs rötlich angehaucht, später oliv- und am Ende dunkelgrün. Die vollen, bernsteingelben Blüten behalten ihre Jugendform und entfalten sich erst spät ganz. Sie sind ca. 8 cm breit, becherförmig und kompakt. Dennoch leiden die Blätter kaum unter schlechtem Wetter und fallen gut ab. Ihr wundervoll würziger Duft ist aus großer Entfernung wahrnehmbar.

70 cm

Amber Queen®

Ambiance

Rosa Ambiance®

(-) Lens (1994)

Diese Moschata-Hybride bleibt bemerkenswert niedrig. Die weit verzweigten Triebe bilden schließlich einen im Durchschnitt etwa 45 cm breiten Strauch. Dieser bildet die ganze Saison hindurch große Dolden einfacher rosa Blüten. Diese haben ein helles, fast weißes Herz mit gelben Staubgefäßen.

50 cm

Rosa Ambridge Rose

(AUSwonder) Austin (1990)

Eine der niedrig bleibenden Englischen Rosen. Sie wächst ziemlich buschig und trägt zahlreiche mittelgroße, mattgrüne Blätter. Im Sommer bilden sich an langen, dünnen Stielen Einzelknospen. Die üppig gefüllten Blüten besitzen hellorange Hochblätter und ein aprikosenfarben bis

Ambridge Rose

Ambridge Rose

gelbes Herz. Sie sind anfangs becherförmig und oft geviertelt. Später öffnen sie sich stärker. Dann neigen sie sich unter ihrem Gewicht seitwärts. Sie duften stark nach Myrrhe.

GB 90 cm

Rosa American Pillar

(-) Van Fleet (1902)

Die kräftigen Triebe dieser Kletterrose können 6 m hoch wachsen. Man muss sie aber kaum anbinden, um ihr Stabilität zu geben. Im Juli bilden sich üppige Blütendolden. Die Blüten sind ca. 8 cm breit und zeigen, voll entfaltet, hellrote Hochblätter, die im Laufe der Saison verblassen. Sie haben ein elfenbeinweißes Herz mit üppigen goldgelben Staubgefäßen, die sie noch attraktiver

American Pillar

American Pillar

machen. Diese Rose macht sich hervorragend an hohen Mauer, Rosenpfeilern oder Pergolen. Der Duft ihrer Blüten ist leicht und würzig. Das glänzende graugrüne Laub ist anfällig für Mehltau.

300–600 cm

Rosa Amoretto

(KORpastato)

vgl. *Rosa* Sebastian KNEIPP®

Rosa Amstelveen®

(MEIpopul) Meilland (1994)

Die Amstelveen® gehört zu jenen robusten, modernen Strauchrosen, die auch ohne Chemie schön bleiben. Der Strauch wird ca. 90 cm hoch

Amstelveen®

Amstelveen®

und etwa ebenso breit. Er überzieht den Boden mit einer Decke aus Laub.

Diese Rose blüht erst später in der Saison. Die einfachen, offenen rosa Blüten haben hellere Herzen und Insekten können ungehindert an die gelben Staubgefäße gelangen. Perfekt geeignet für die Pflanzung in Gruppen (drei pro Quadratmeter), aber auch als Solitär zwischen mehrjährigen Pflanzen oder Sträuchern.

90 cm TOP

Rosa Amsterdam®

(HAVam) Verschuren (1972)

Die Amsterdam® zählt zu den Gewinnern der „Goldenen Rose" von Den Haag – und das mit Recht, denn sie ist wirklich schön. Das anfangs rötlichbraune Laub bleibt längere Zeit so, wodurch etwa die Hälfte der Blätter diesen Mahagoniton zeigt. Später werden sie matt dunkelgrün mit einem Hauch von braun. Hoch über das Laub ragen die wunderschön kontrastierenden orangen Blütendolden (Durchmesser ca. 6 cm).

Amsterdam®

Amsterdam®

Diese sind mäßig gefüllt, becherförmig und duften frisch. Verblühte Blätter fallen gut ab. Die Sträucher wachsen gut, kräftig und regelmäßig und verzweigen sich üppig. Frische Blütendolden bilden sich den ganzen Sommer über. Eine ausgezeichnete Rose für Beete, Einfriedungen und öffentliche Parks. Ihr einziger Nachteil ist die Anfälligkeit für Mehltau.

✲✲ 80 cm ✿✿✿ ☁☁☁

Rosa Amulett®

(TANtaluma) Tantau (1991)

Die rosenroten Blüten haben die Farbe und Gestalt Alter Rosen und sind becherförmig. Allerdings duften sie nicht und der Strauch wird nur 25 bis 50 cm hoch. Er verzweigt sich üppig, wächst in die Breite und trägt glänzende mittelgrüne Blätter. Da diese Variante kontinuierlich blüht, ist sie ideal für Gärten, Pflanztröge und große Töpfe geeignet.

▣/✲✲ 40 cm ✿✿✿ ☁

Amulett®

Angela®

Rosa Angela®

(KORday) Kordes (1984)

Die becherförmigen rosa Blüten erscheinen in solcher Fülle, dass der niedrige Strauch auf dem Höhepunkt der Saison völlig damit bedeckt ist. Die langen nach außen wachsenden Triebe biegen sich dann unter ihrem Gewicht. Das Herz der mäßig gefüllten Blüten ist von viel hellerem Rosa. Die Blüten sind fast geruchlos. Dank der hohen Krankheitsresistenz der Blätter wurde Angela® der ADR-Preis zuerkannt.

◉ 100 cm ✿✿✿ ☁ ✚ ADR

Rosa Angelica

(KORday)

vgl. *Rosa* Angela®

Rosa Anna Ford®

(HARpiccolo) Harkness (1980)

Im Herzen der rotorangen Blüte dieser etwas bejahrten Patio-Rose scheinen kleine Sterne zu

Anna Ford®

funkeln. Sie erregte seinerzeit großes Aufsehen und gewann auf internationalen Ausstellungen viele Preise. Die mäßig gefüllten Blüten erscheinen den ganzen Sommer hindurch und fallen in Büscheln über das glänzend mittelgrüne Laub. Der Strauch wird ca. 50 cm hoch und breit. Daher eignet er sich für bunte Beete und als Vordergrundpflanze in orangegelben Einfriedungen.
50 cm

Rosa Anna Livia

(KORmetter)
vgl. *Rosa* Trier 2000®

Rosa Anne Boleyn

(AUSecret) Austin (1999)
Eine der jüngeren Englischen Rosen. Der Strauch mit den krummen Stämmchen wird etwa 1 m hoch und breit. Die Rose bildet den ganzen Sommer über reiche Dolden aus üppig gefüllten Blüten. Diese sind hellrosa und duften mild.
GB 90 cm

Anne Boleyn

Rosa Anne Harkness®

(HARkaramel) Harkness (1980)
Diese Rose blüht ab Mittsommer üppig. Die mäßig gefüllten bernsteingelben bis aprikosenfarbenen Blüten erblühen gleichzeitig in großen Dolden an kräftigen Stielen. Zu besonders üppigen Schüben kommt es im August und September. Manchmal zählt eine Dolde bis zu dreißig Blüten, sodass man mit einem einzigen Schnitt

Anne Harkness®

einen ganzen Strauß erhält. Dieser duftet schwach, aber angenehm und hält sich lange in der Vase. Die becherförmigen Blüten sind auch im Garten sehr ausdauernd. Sie sitzen auf kräftigen, geraden Stielen. Der ganze Strauch wird sehr häufig über 1 m hoch und eignet sich daher für Einfassungen aus großen mehrjährigen Pflanzen, aber auch als Hecke.
110 cm

Rosa Anneke Doorenbos

(-) Doorenbos (1956)
Die auffällig üppigen Blütenschübe dieser Floribunda-Rose fallen sofort ins Auge. Sie zieren einen sehr kräftigen, aufrechten Strauch, der sich reich verzweigt. Den ganzen Sommer und Herbst hindurch bildet er mäßig gefüllte hellrosa Blütendolden. Diese sind ca. 6 cm breit und verblassen später zu einem cremigen Rosa. Diese Rose erträgt auch schlechtes Wetter, da die Blütenblätter gut abfallen. Sie duftet leicht fruchtig.

Anneke Doorenbos

Der Strauch hat rötliche Blätter, die allmählich olivgrün und schließlich glänzend mittelgrün werden.

110 cm

Rosa Annelies®

(LENplero) Lens (2000)

Dies ist die letzte Moschata-Hybride des 2001 verstorbenen Louis Lens. Die Pflanze trägt zahlreiche gefüllte, duftende Blüten. Beim Aufspringen sind diese hellrosa gefärbt. Wenn sie sich entfalten, werden sie immer weißer und am Ende hellrosa. Der Strauch wächst anfangs aufrecht, neigt sich aber später und trägt glänzend hellgrüne Blätter sowie lange, geteilte Dolden. Die langen Triebe lassen sich gut als niedrige „Kletterrose“ aufbinden.

/ 120–150 cm

Annelies®

Rosa Anthony Meilland®

(MEIbaltaz) Meilland (1990)

Die kanariengelben Blüten der Anthony Meilland® können über 8 cm breit sein und sind damit für Floribunda-Rosen sehr groß. Deshalb trägt jede einzelne Dolde nur wenige von ihnen. Üppige Blütenschübe wechseln mit schwächeren. Da diese niedrige Rose relativ große, leicht glänzende mittelgrüne Blätter trägt, wirkt sie auch mit einer geringeren Blütenzahl sehr schön.

60 cm

Anthony Meilland®

Rosa Antique Silk

(KORampa)

vgl. *Rosa* Champagner

Rosa Aotearoa-New Zealand

(MACgenev)

vgl. *Rosa* New Zealand

Rosa Apricot Bells®

(LENtrichin) Lens (1999)

In dieser Moschata-Hybride von Lens (s. a. *Rosa moschata*) ist der genetische Einfluss von *Rosa chinensis 'Mutabilis'* deutlich erkennbar. Die Farbe dieser chinesischen Rosensorte wechselt während der Blüte von gelborange über kupferrot zu lachsrosa und schließlich zu rosa. Ähnliches gilt für die mäßig gefüllten Blüten von Apricot Bells®. Die aprikosenfarbenen Knospen entfalten sich zu cremeweißen Blüten mit einem Hauch von Apricot. Später werden sie allmählich hellrosa. Die dünnen Laubblätter sind rotbraun gefärbt. Die Blüten sitzen auf Stielen, die etwa 1,5 m aufrecht wachsen und sich dann krümmen.

150 cm

Apricot Bells®

Apricot Queen®

Rosa Apricot Queen®

(INTertrico) Interplant (1998)

Apricot ist bei Strauchrosen eine auffällige Farbe. Die halb gefüllten Einzelblüten der Apricot Queen® gehen aus ebenso gefärbten Knospen hervor, die später zu Lachsrosa verblassen.

Vom Frühsommer bis zum Herbst bildet die kräftige *Rosa* Apricot Queen®, die 2000 bei der internationalen Rosenausstellung in Den Haag Gold in der Kategorie „Park- oder Strauchrose“ gewann, in jedem Jahr ständig neue, prächtig anzusehende Dolden.

120 cm

Apricot Queen®

Rosa Apricot Queen Elizabeth

(-) Verschuren (1980)

Apricot Queen Elizabeth

Eine hochgeschätzte, aber nur selten angebotene Rose. Bei Resistenztests hat die Sorte Spitzenplätze errungen. Sie wird kaum jemals von Krankheiten befallen. Das junge Laub ist rot angehaucht. Später wird es erst olivgrün und dann graubraun. Der Strauch verzweigt sich von der Basis an reichlich und bleibt bis in den Herbst belaubt. Der kräftigen Basis entsprießen etwa 1 m hohe Triebe. Diese tragen Dolden aus subtil gefärbten Blüten: Aprikosenfarben mit gelben Herzen und lachsrosa Säumen. Diese strömen einen herrlichen Duft aus und werfen die Blätter nach der Blüte sauber ab. Durch das kräftige Wachstum bilden sich an den sehr dornigen Trieben die ganze Saison hindurch Dolden.

100 cm TOP

Rosa Aprikola®

(KORorbe) Kordes (2000)

Die goldene Grundfarbe dieser neuen Sorte wird später aprikosenfarben oder rosa. Die gefüllten Blüten gehen doldenweise aus spitzen Knospen hervor.

Aprikola®

Diese duften mild-fruchtig. Die mittelgrünen Blätter färben sich im Lauf der Saison sehr dunkelgrün um. Sie glänzen sehr stark und sind sehr widerstandsfähig gegen Pilzkrankheiten, weshalb diese Sorte auch den ADR-Preis erhielt.

80 cm

Rosa Aquitaine

(POUlnoz)

vgl. *Rosa* Pink Cover™ Towne & Country®

Rosa Arielle Dombasie

vgl. *Rosa* Arielle Dombasle

Rosa Arielle Dombasle®

(MEIhourag) Meilland (1991)

Wegen ihrer auffällig orangeroten Blüten, die allmählich einen rosa Hauch annehmen, passt diese Kletterrose nicht für alle Mauern. Sorgen Sie also dafür, dass Wand- und Blütenfarbe harmonieren. Ideal wäre für diese ständig blühende, großblütige Sorte ein grüner oder brauner Hintergrund. Sie wird 2–3 m hoch.

250 cm

Arielle Dombasle®

Rosa Arioso®

(MEImucas) Meilland (1995)

Die Blüten der Arioso® können als das Idealbild einer Teerose gelten. Sie ist eine moderne Tee-Hybride oder großblütige Rose. Ihre Blüten zeigen ein schönes Hellrosa und strömen einen

Arioso®

überaus kräftigen, jedoch frischen, würzigen Duft aus.

80 cm

Rosa Armada®

(HARuseful) Harkness (1988)

Die Blütenform erinnert an jene der beliebten Sorte New Dawn, welche die „Mutter“ der Armada® ist. Allerdings zeigt jene ein viel dunkleres Rot. Ihre halb gefüllten Blüten bilden Dolden und werden später zu grünen Hagebutten. Das Entfernen verblühter Dolden regt erneute Blütenbildung an. Obwohl sich der Strauch reich verzweigt und in die Breite geht, kann er 1,5 m hoch werden. Die glänzend hellgrünen Blätter bleiben attraktiv und frei von Krankheiten.

130 cm ADR

Armada®

Arnoud Delbard®

Rosa Arnoud Delbard®

(DELtep) Delbard (1972)

Eine ältere Floribunda-Rose. Sie gewann in den USA viele Preise, wurde aber in Europa nie populär. Dennoch bringt die Arnoud Delbard® den ganzen Sommer über schön geformte Blüten hervor, deren Farbe von rosa bis orange variiert. Sie duften schwach nach Honig. Das hellgrüne Laub passt sehr gut zu den prächtig gefärbten Blüten. Der Strauch bildet reiche Verzweigungen und bleibt kompakt, eine ideale Beetrose.

60 cm

Rosa Art Deco®

(-) Lens (1993)

Diese Moschata-Hybride kann man als großen Strauch oder niedrige Kletterrose pflanzen. Die Dolden aus einfachen, roten Blüten sitzen auf ca. 1,5 m langen aufrechten Trieben. Wenn man die Rose durch Entfernen schwächerer Triebe unterstützt, wird sie sogar noch höher.

/ 150 cm

Art Deco®

Ashram®

Rosa Ashram®

(TANmarsa) Tantau (1998)

Aus der Entfernung wirkt die Farbe der gefüllten Blüten orangebraun. Bei näherem Hinsehen sind sie jedoch kupfergelb und braun gestreift bzw. gefleckt. Sie gehen aus langen Knospen hervor und ertragen Regen gut. Dank der langen Stiele und des milden, fruchtigen Dufts eignen sie sich auch als Schnittrosen. Die großen, kräftigen, olivgrünen Blätter sitzen an kräftigen vertikalen Stielen.

80 cm

Rosa Aspen

(POUlmulti)

vgl. *Rosa* Snow Cover™ Towne & Country®

Rosa Aspen

(POUlurt)

vgl. *Rosa* Sun Cover™ Towne & Country®

Rosa Aspirin

(TANiripsa)

vgl. *Rosa* Aspirin®-Rose

Rosa Aspirin®-Rose

(TANiripsa) Tantau (1997)

Die Blütenfarbe dieser strauchartigen Floribunda-Rose variiert mit dem Wetter. Bei Wärme und Sonne sind die relativ großen Blüten weiß, bei kühler Witterung blassrosa. Sie erscheinen den

Aspirin®-Rose

Aspirin®-Rose

ganzen Sommer hindurch – erst üppig, später in geringerer Zahl – über dem glänzend olivgrünen Laub. Sie duften nur schwach. Der bis zu 80 cm hohe und 50 cm breite Busch bildet Verzweigungen und wird manchmal auch als Bodendecker in öffentlichen Grünanlagen eingesetzt. Da die Rose sehr widerstandsfähig gegen Pilzkrankheiten ist, eignet sie sich auch für Privatgärten.
✲✲/↔ 70 cm ❀❀❀ ☁ ✚ ADR

Rosa Astrid Lindgren™ Floribunda Poulsen®

(POUluf) Poulsen (1990)
Die sehr lohnende Floribunda-Rose füllt mit ihren matt graugrünen Blättern und den wohlgeformten Blütendolden ganze Beete. Die halb gefüllten, fast 10 cm breiten Blüten verströmen einen milden, frischen Duft. Beim Aufblühen werden sie becherförmig bis flach. Sie werden gern von Bienen aufgesucht. Bei langfristig feuchter Witterung fallen sie schlecht ab, doch kommen sie mit Nässe gut zurecht. Die Astrid Lindgren™ ist recht resistent gegen Pilzkrankheiten und empfiehlt sich als Randpflanze in Privatgärten.
✲✲ 100 cm ❀❀❀ ☁☁ ✚ TOP

Astrid Lindgren™ Floribunda Poulsen®

Rosa Atlantic Star

(FRYworld) Fryer (1993)
Die wohlgeformten, gefüllten Blüten gehen aus orangen Knospen hervor. Sie sind aprikosenfarben bis lachsrosa und duften schwach, aber angenehm. Der aufrechte Strauch trägt glänzend dunkelgrünes Laub, von dem sich die Blüten schön abheben. Die Atlantic Star eignet sich als Beetrose und Randpflanze.
✲✲ 70 cm ❀❀❀ ☁☁

Atlantic Star

Rosa Atlantis™ Palace®

(POUlsiana) Poulsen (1998)
Obwohl keine echte Zwergrose, lässt sich diese niedrige Floribunda-Rose in kleinen Beeten oder großen Kübeln einsetzen. Sie wird als Solitär gepflanzt und etwa 50 cm hoch.

Atlantis™ Palace®

Bei guter Düngung und reichlichem Gießen bildet sie im ganzen Sommer und Herbst gelbe, halb gefüllte Blüten (Durchmesser ca. 5 cm).
⊡/✲✲ 50 cm ✿✿✿ ☁

Rosa Auckland Metro

(MACbucpal)
vgl. *Rosa* Metro

Rosa Audrey Hepburn

(TWOadore) Twomey (1991)
Die wohlgeformten, gefüllten Blüten gehen aus spitzen Knospen hervor. Jede Dolde zählt etwa sieben Blüten. Sie sind blassrosa mit etwas dunkler gefärbten Blattsäumen. Manchmal haben sie auch gelbe oder aprikosenfarbene Herzen. Sie verströmen einen leichten, fruchtigen Duft (mit einer unangenehmen Kampfernote). Der aufrechte Strauch verzweigt sich regelmäßig. Er trägt mahagonifarbenes Laub, das später olivgrün und zuletzt matt graugrün wird.
✲ 80 cm ✿✿✿ ☁☁

Audrey Hepburn

Rosa Augusta Luise®

(TANgust) Tantau (1999)
Augusta Luise® ist eine neue „nostalgische“ Rose des deutschen Züchters Tantau, die sich als Antwort auf die überaus beliebten Englischen Rosen versteht. Die gefüllten Blüten variieren farblich zwischen Apricot und Rosa mit reichlich Cremegelb. Sie duften angenehm fruchtig und süß und sind wohl geformt. Ihre langen Stiele machen sie zu idealen Schnittblumen. Das glänzend olivgrüne Laub ist sehr resistent gegen Pilzkrankheiten.
✲ 80 cm ✿✿✿ ☁☁☁ ✚

Augusta Luise®

Rosa Auguste Renoir®

(MEItoifar) Meilland (1994)
Der Impressionist Renoir war ein großer Rosenliebhaber, nach dem man noch zu Lebzeiten die *Rosa* Painter Renoir benannte. Es wird erzählt, Renoir habe die Fleischtöne von Rosen zum Vorbild genommen, wenn er kein menschliches Modell zur Hand hatte. Die Strauchrose *Rosa* Painter Renoir soll immer noch in seinem früheren Garten in der südfranzösischen Stadt Les Colettes wachsen. Die heutige Meilland-Rose Auguste Renoir® aus der Serie „Fleur Romantica®“ beschwört mit ihren kräftigen Rosatönen, romanti-

Auguste Renoir®

schen Formen und lieblichen Düften die Atmosphäre herauf, in der Renoir seine Meisterwerke schuf. Die großen Blüten sind derart üppig gefüllt, dass sie sich unter dem eigenen Gewicht neigen. Die Triebe sind sehr dornig.

80 cm

Rosa Austriana®

(TANanaistrua) Tantau (1996)

Diese moderne Strauchrose blüht üppig im Sommer und Herbst. Der horizontal verzweigte Strauch ist dann mit roten Blüten bedeckt. Diese sind halb gefüllt und zeigen bald ihr prall mit Staubgefäßen gefülltes Herz, aber sie duften nicht. Schlechtes Wetter macht der Pflanze kaum etwas aus: Verblühte Blätter fallen einfach ab. Die Blüten behalten selbst bei praller Sonne ihre Farbe. Der Strauch verzweigt sich stark und kann über 50 cm hoch und breit werden. Das

Austriana®

Austriana®

mittelgrüne Laub bleibt bis in den Herbst schön und gesund. Diese empfehlenswerte Rose gewann viele Preise, u. a. die höchste Auszeichnung für Park- und Strauchrosen auf der internationalen Rosenausstellung in Den Haag.

/↔ 60 cm

Rosa Azulabria

(RUIblun)

vgl. *Rosa* Bluenette

Rosa Baby Carnaval

(TANba)

vgl. *Rosa* Baby Maskerade®

Rosa Baby Carnival

(TANba)

vgl. *Rosa* Baby Maskerade®

Rosa Baby Mascarade

(TANba)

vgl. *Rosa* Baby Maskerade®

Rosa Baby Maskarade

(TANba)

vgl. *Rosa* Baby Maskerade®

Rosa Baby Maskerade®

(TANba) Tantau (1955)

Seit diese Rose 1955 auf den Markt kam, sind zahlreiche unterschiedliche Schreibweisen in

Baby Maskerade®

Gebrauch. Sie lauten alle in etwa „Baby Maskerade“ oder „Baby Carnaval“. Es sind durchweg Zwergrosen mit einzelnen, gefüllten, vielfarbigen Blüten, die kaum duften. Sie wirken rosarot, zeigen aber auch weitere Nuancen von Apricot und Cremegelb. Dank ihrer langen Blütezeit sind diese Zwergrosen sehr beliebt und vielerorts erhältlich. Die Sträucher wachsen aufrecht. Sie tragen glänzend dunkelgrünes Laub, das für eine recht alte Rose sehr krankheitsresistent ist.

40 cm

Rosa Baby Masquerade

(TANba)

vgl. *Rosa* Baby Maskerade®

Rosa Bad Birnbach®

(KORpancom) Kordes (1999)

Die lachsrosa bis rosa Blüten sind im Verhältnis zur geringen Höhe des Busches groß. Sie sind gefüllt, zeigen aber ein leicht gestreiftes Herz mit gelben Staubgefäßen. Die geruchlosen Blüten erscheinen in Dolden über dem glänzend dunkelgrünen Laub. Wegen ihrer geringen Höhe kann die Bad Birnbach auch als Patio-Rose gelten.

50 cm

Bad Birnbach®

Rosa Ballade®

(TANedallab) Tantau (1991)

Die gefüllten, rein rosa Blüten der Ballade® öffnen sich becherförmig. Jede Einzeldolde zählt mehrere von ihnen, doch leider duften sie nur sehr schwach. Dafür sind sie aber recht resistent gegen Pilzkrankheiten. Das ist ein Grund, warum man sie oft in öffentlichen Parks pflanzt. Das glänzend grasgrüne Laub ist sehr ausdauernd und kontrastiert wunderbar mit den hellen Blüten. Der kompakte Strauch verzweigt sich reichlich.

70 cm

Ballade®

Rosa Bantry Bay®

(-) McGredy (1967)

Dies ist zur Zeit eine der lohnendsten Kletterrosensorten. Die kräftigen Triebe werden bis zu 3 m lang, doch wenn man sie kurz hält, bleibt der Strauch niedriger und die Dolden der Vertikal-

Bantry Bay®

und Seitentriebe bedecken im Juli die ganze Pflanze.

Danach blüht sie weniger, aber kontinuierlich. Die becherförmigen, gefüllten rosa Blüten sind fast 10 cm breit. Am Ende der Blütezeit verblassen sie. In der prallen Sonne können sie elfenbeinweiß werden und die gelben Staubgefäße des „Herzens" zeigen. Sie duften schwach, aber angenehm nach Äpfeln. Das helle Laub wird später glänzend dunkelgrün. Es ist anfällig für Rußtau.

150–300 cm

Rosa Barbara Austin

(AUStop) Austin (1997)

Die buschige *Rosa* Barbara Austin wächst erst aufrecht, doch dann biegen sich die Triebe. Im Sommer erscheinen lila bis rosa Blüten. Sie sind

Barbara Austin

gefüllt, aber so locker wie die Alter Rosen. Das lässt sie romantisch wirken. Hinzu kommt der starke, aber angenehme Duft Alter Rosen.

GB 100 cm

Rosa Barkarole®

(TANelorak) Tantau (1988)

Die samtigen, roten Blüten gehen aus langen, fast schwarzen Knospen hervor. Die Barkarole® ist eine der rötesten Rosen und nicht zuletzt deshalb als Schnittblume so begehrt, zumal sie stark, aber nicht aufdringlich duftet.

Die Blüten erscheinen regelmäßig den ganzen Sommer hindurch. Regen erträgt die Rose gut und nach dem Verblühen reinigt sie sich schnell. Ihre großen, dunkelgrünen Blätter sind sehr resistent gegen die verschiedenartigsten Pilzkrankheiten.

Die Blüten sitzen an kräftig wachsenden Trieben, die manchmal bis zu 1,5 m hoch werden können, gewöhnlich aber nur etwa 1 m messen. Der Busch selbst wirkt immer ein wenig ungepflegt.

90 cm

Barkarole®

Rosa Barock®

(TANbak) TANtau (1999)

Unter der Bezeichnung „nostalgische" Rosen führte Tantau Sorten ein, die an Bauerngärten er-

Barock®

Bassino®

innern, üppige Blüten mit einem angenehmen Duft. Dies ist die Antwort deutscher Züchter auf die belieben Englischen Rosen. Die Barock® verströmt einen recht schwachen Duft. Die stark gefüllten Blüten zeigen diverse Gelb- und Apricottöne sowie einen Hauch von Lachsrosa. Sie bilden auch bei schlechtem Wetter reichlich Blüten. Der Strauch kann 1,5 m hoch werden. Die Barock® hat mittelgrünes, recht krankheitsresistentes Laub.

120–150 cm

Rosa Barry Fearn

(KORschwama)

vgl. *Rosa* Schwarze Madonna®

Rosa Bassino®

(KORmixel) Kordes (1988)

Die langen Triebe dieser Strauchrose biegen sich unter der Last von Laub und Blüten. Daher wachsen sie in die Breite und sind gleichermaßen buschig und bodendeckend. Die üppigen Dolden der einfachen, hellroten Blüten sind zu Sommeranfang am reichsten. Die späteren Schübe kommen spärlicher. Die gelben Staubgefäße der becherförmigen Blüten kontrastieren schön und ziehen Insekten an. Die Bassino® hat glänzend hellgrünes Laub, das leider anfällig für Rußtau ist.

↔ 30 cm

Rosa Bavaria

(KORmun)

vgl. *Rosa* Gruss an Bayern®

Rosa Bavaria München

(POUlkalm)

vgl. *Rosa* Kalmar™ Castle®

Rosa Bayerngold®

(TANyab) Tantau (1990)

Gelbe Rosen sind oft anfällig für Krankheiten. Die Bayerngold® bildet da eine Ausnahme. Das

Bayerngold®

mittelgrüne Laub ist sehr resistent gegen Pilzkrankheiten und bleibt lange schön. Die Blüten sitzen auf etwa 50 cm hohen Sträuchern. Ihre kanariengelben Blüten zieren diese Rose den ganzen Sommer hindurch bis in den Herbst hinein. Sie sind wohlgeformt, aber leider geruchlos.
❊❊ 50 cm ✿✿✿ ☁ ✚

Rosa Bayernland Cover™ Towne & Country®

(POUlrijk) Poulsen (1996)

Die dunkelgrünen Blätter entziehen den Boden dem Blick. Der Strauch verzweigt sich im Wachstum gut und wird etwa 50 cm hoch, doch können manche Blütentriebe durchaus 1 m lang werden. Sie tragen Dolden aus halb gefüllten rosa Blüten, die etwa 6 cm breit sind und einen milden, fruchtigen Duft verströmen.
◉ 60 cm ✿✿✿ ☁☁

Bayernland Cover™ Towne & Country®

Rosa Beaulieu

(TANzahde)

vgl. *Rosa* Red Haze®

Rosa Bella Rosa®

(KORwonder) Kordes (1981)

Kennzeichnend für Bella Rosa® sind die extrem üppigen Schübe gefüllter rosa Blüten, deren gelbe Staubgefäße sichtbar bleiben. Sie haben den milden Duft wilder Rosenarten. Die kom-

Bella Rosa®

pakte Wuchsform des Strauchs und die lange Blütezeit machen sie zu einer idealen Beetrose. Die erst olivgrünen und später dunkelgrünen Blätter fallen sehr ins Auge.
❊❊ 60 cm ✿✿✿ ☁☁

Rosa Bella™ Castle®

(POUljill) Poulsen (1997)

Der Strauch verzweigt sich regelmäßig. Er wird ungefähr 80 cm hoch, kann aber nach Poulsen sogar eine Höhe von 1,5 m erreichen.

Über das glänzend dunkelgrüne Laub erheben sich Dolden von halb gefüllten hellgelben Blü-

Bella™ Castle®

ten, die etwa 8 cm breit sind. Geöffnete Blüten sind becherförmig und ihre Blätter fallen anschließend nur schwer ab. Diese eher langweilige Rose ist fast geruchlos.

✲✲ 80 cm ⚘⚘⚘ ☁

Rosa Belle de Londres

vgl. *Rosa* Compassion

Rosa Benjamin Britten

(AUSencart) Austin (2001)

Die gefüllten Blüten dieser neueren Englischen Rose ähneln Pfingstrosen. Sie öffnen sich allmählich zur weiten Becherform und sind auffällig ziegelrot (mit Anflügen von Orange). Ihr Duft ist stark und fruchtig. Die Blüten dieser nach dem englischen Komponisten Benjamin Britten benannten Rose stehen in kleinen Dolden auf dem mittelgroßen kompakten Strauch, der viele mittelgrüne Blätter trägt.

⚘GB 120 cm ⚘⚘⚘ ☁☁☁

Benjamin Britten

Rosa Berendina

(DELdog)

vgl. *Rosa* Pimprenelle®

Rosa Bering™ Renaissance®

(POUlberin) Poulsen (1998)

Wie die malvenfarbenen Blüten dieser Sorte zeigen, sind bisher alle Versuche gescheitert, blaue Rosen zu züchten. Ihr Duft ist stark und süß. Die

Bering™ Renaissance®

ca. 1 cm breiten Blüten sind anfangs rundlich. Nach dem Öffnen suchen Insekten die gelben Staubgefäße und den roten Stempel auf. Leider sind sie empfindlich gegen Regen und reinigen sich schlecht.

❀ 100 cm ⚘⚘⚘ ☁☁☁☁

Rosa Berkshire

(KORpinka)

vgl. *Rosa* Sommermärchen®

Rosa Berleburg™ Castle®

(POUlbella) Poulsen (1996)

Die Dolden gefüllter roter Blüten dieser Rose stehen becherförmig über dem glänzend dunkelgrünen Laub. Sie zeigen einen Anflug von Mahagoni. Für eine Patio-Rose wird der Strauch in der Regel etwas zu groß, doch eignet er sich für

Berleburg™ Castle®

Kleingärten, vielleicht auch für Pflanztröge oder große Töpfe.
60 cm

Rosa Bernhard Dänike

(TANweieke)
vgl. *Rosa* Ingrid Weibull®

Rosa Bernina®

(-) De Ruiter (1979)
Schön geformte Schnittrose, die sich auch für Beete und Bordüren eignet. Die Sträucher verzweigen sich nur schwach. Da sie nach oben wachsen, wirken sie eher schmal. Die beinahe 10 cm breiten Blüten sind wohlgeformt. Ihre Farbe ist cremeweiß und im Herzen junger Blüten zeigt sich ein Anflug von Apricot. Sie sind empfindlich gegen Regen, reinigen sich aber gut. Ihr Duft ist leicht, frisch und fruchtig. Die mittelgroßen Blätter sind nach dem Entfalten hell graugrün und werden mit zunehmendem Alter matt graugrün.
80 cm

Bernina®

Rosa Bernstein-Rose®

(TANeitber) Tantau (1987)
Das gelbliche Orange dieser Floribunda-Rose erinnerte den deutschen Rosenzüchter Tantau lebhaft an Bernstein. Die großen, becherförmigen

Bernstein-Rose®

Blüten sind stark gefüllt, duften angenehm würzig und erscheinen den ganzen Sommer hindurch. Sie haben die Gestalt alter Englischer Rosen. Tantau spricht lieber von „nostalgischen" Rosen und zu dieser Kategorie gehört die Bernstein-Rose®. Der niedrige Strauch trägt dunkelgrünes Laub, das sehr resistent gegen Mehl- und Rußtau ist.
60 cm

Rosa Berolina®

(KORpriwa) Kordes (1986)
Großblütige gelbe Rosen sind nicht in Mode, wenn der Strauch sehr aufrecht wächst. Diese ADR-Rose hat den großen Vorteil, problemlos zu

Berolina®

wachsen und nicht anfällig für Pilzbefall zu sein. Man pflanzt sie im Hintergrund einer Einfassung oder als Beetfüllung, um gute Schnittrosen zu bekommen. Die Blüten duften schwach süß.
100–200 cm ADR

Rosa Berries 'n Cream

(POUlclimb)
vgl. *Rosa* Calypso™ Courtyard®

Rosa Best of Friends

(POUldunk)
vgl. *Rosa* Kaj Munk™ Paramount®

Rosa Betty Harkness

(HARette) Harkness (1998)
Üppig blühende Floribunda-Rose mit orangerosa bis lachsrosa Blüten. An der Basis vieler Blütenblätter finden sich auch gelbe Bereiche. Die Knospen erscheinen in reichen Dolden, die sich schirmartig ausbreiten.
Die 8 cm breiten Blüten verströmen einen angenehmen süßlich fruchtigen Duft. Wegen ihrer großen Anzahl ist er weit zu riechen. Im Jahr 2000 gewann die Betty Harkness den Duftpreis auf der internationalen Rosenausstellung in Den Haag.
Der Strauch wird bis zu 80 cm hoch, verzweigt sich reich und trägt zahlreiche glänzend dunkelgrüne Blätter, die sehr kräftig wirken.
80 cm

Betty Harkness

Betty Harkness

Rosa Betty Prior

(-) Prior (1935)
In voller Blüte wirkt diese Floribunda alten Stils sehr eindrucksvoll. Die einfachen Blüten sind flach. Anfangs kirschrot, färben sie sich später außen rosarot und innen hellrosa, sodass sie zweifarbig wirken. Sie verströmen einen leicht muffig bis fruchtigen Duft.
Die neuen Dolden bilden sich an erstaunlich dünnen Stielen, welche die Blüten dennoch erfolgreich über das üppige Laub emporheben. Dieses ist anfangs hellgrün mit rosa Blattsäumen und -stielen, doch mit zunehmendem Alter wird es graugrün.
80 cm

Betty Prior

Rosa Bewitched

(POUlbella)
vgl. *Rosa* Berleburg™ Castle®

Rosa Bijou d'Or

(TANledolg)
vgl. *Rosa* Goldjuwel®

Rosa Bingo Meidiland®

(MEIpotal) Meilland (1994)
Die Kombination von intensiv farbigen Knospen und hellrosa Blüten ist ungewöhnlich. Beim Öffnen zeigen sich die weißen Herzen und gelben Staubgefäße der einfachen Blüten. Der Strauch verzweigt sich in Brusthöhe reichlich. Das glänzend dunkelgrüne Laub bleibt den ganzen Sommer schön, da die Bingo Meidiland® resistent gegen Ruß- und Mehltau ist.
80 cm ✿✿✿ ADR TOP

Bingo Meidiland®

Rosa Bingo Meillandecor

vgl. *Rosa* Bingo Meidiland

Rosa Bischofsstadt Paderborn®

(-) Kordes (1964)
Die dunkelroten, halb gefüllten Blüten dieser Strauchrose wirken auch aus der Entfernung beeindruckend. Dieser Effekt beruht bei näherer Betrachtung teilweise auf dem hellen Herzen der voll entfalteten Blüte. Diese zieren den starkwüchsigen Strauch (Höhe max. 1,5 m) den ganzen Sommer und Herbst hindurch. Das matt olivgrüne Laub ist recht krankheitsresistent.

Bischofsstadt Paderborn®

Dank des starken Wachstums ist der Strauch auch spät noch üppig belaubt. Diese Sorte dient bisweilen als Kletter-, öfter jedoch als Heckenrose.
100–150 cm ✿✿✿ ADR

Rosa Black Madonna

(KORschwama)
vgl. *Rosa* Schwarze Madonna®

Rosa Blenheim

(TANmurse)
vgl. *Rosa* Schneesturm®

Rosa Blessings

(-) Gregory (1967)
Die rotbraunen jungen Blätter passen gut zum sanften, aber dennoch auffälligen Korallenrot

Links vorn *Rosa* Blessings, dahinter *Rosa* Dame de Coeur und *Rosa* Maria Mathilde

Blessings

oder Lachsrosa der gefüllten Blüten. Diese duften angenehm und geben gute Schnittrosen ab. Der Strauch wächst gerade aufwärts und wirkt robust.

✲ 70 cm ✿✿✿ ☁☁☁

Rosa Blue Bajou®

(KORkultop) Kordes (1993)

Blau ist die einzige bei Rosen nicht vertretene Blütenfarbe. Mit der Blue Bajou® ist eine solche dem Rosenzüchter Kordes nicht ganz gelungen, doch schuf er eine schöne, niedrig wachsende Floribunda-Rose mit grauviolett gefärbten Blüten. Diese gehen aus kegelförmigen Knospen hervor, deren Blätter sich allmählich entfalten und später Herz und Staubgefäße freigeben. In diesem Stadium sind sie breit und schalenförmig. Sie kontrastieren schön mit dem glänzend dunkelgrünen Laub. Zum Gedeihen brauchen sie einen guten Standort und reichlich Dünger.

✲✲ 60 cm ✿✿✿ ☁☁

Blue Bajou®

Rosa Blue Monday

(TANnacht)

vgl. *Rosa* Mainzer Fastnacht

Rosa Blue Moon

(TANnacht)

vgl. *Rosa* Mainzer Fastnacht

Rosa Blue Nile

(DELnible)

vgl. *Rosa* Nil Bleu®

Rosa Blue Parfum®

(TANfifum) Tantau (1978)

Gönnen Sie dieser Rose optimale Pflege, dann werden Sie mit schönen blauvioletten Blüten belohnt. Ihr Duft ist intensiv und sie eignet sich gut als Schnittblume. Die wohlgeformten, gefüllten Blüten erscheinen meist im Frühsommer. Sie sind empfindlich gegen schlechtes Wetter. Daher brauchen sie einen für Rosen optimalen Standort: Sonnig, luftig (nicht zugig!) und mit reichem, lockerem Substrat. Der buschige Strauch wird ca. 60 cm hoch.

✲✲ 60 cm ✿✿✿ ☁☁☁☁

Blue Parfum®

Rosa Blue Perfume

(TANfifum)

vgl. *Rosa* Blue Parfum®

Rosa Blue Peter

(RUIblun)
vgl. *Rosa* Bluenette

Rosa Blue Rambler

(Schmidt)
vgl. *Rosa* Veilchenblau

Rosa Blue River®

(KORsicht) Kordes (1984)
Die großen, gefüllten Blüten ragen einzeln oder in kleinen Gruppen aus dem aufrechten, aber gut verzweigten Strauch empor. Die Blüten zeigen eine schöne Farbkombination: Ihre lila Blätter haben oft magentarote Säume und werden zum Zentrum hin grauweiß. Ihr Duft ist wundervoll. Das Laub der Blue River® ist dunkelgrün. Diese Rose ist ideal für Gegenden mit heißen Sommern (Kontinentalklima).
70 cm

Blue River®

Rosa Blue Rosalie

(Schmidt)
vgl. *Rosa* Veilchenblau

Rosa Bluenette

(RUIblun) De Ruiter (1983)
Zahlreiche lila Blüten zieren den niedrigen Strauch, der sich auch als Patio-Rose für Kübel oder zum Pfropfen auf einen Stamm eignet. Der kompakte Wuchs lässt die Rose ihre Form wahren. Die halb gefüllten, mild duftenden Blüten

Bluenette

Bluenette

sind schalenförmig und geben so die gelben Staubgefäße frei. Sie reagieren empfindlich auf schlechtes Wetter und wirken nach dem Regen schmuddelig. Der Strauch trägt schönes, hellgrünes Laub.
40 cm

Rosa Bluesette®

(LENmau) Lens (1984)
Entfaltet zeigen die gefüllten Blüten ihre eigentümliche Form. Die malvenfarbenen Blätter sind nach außen gebogen und überlappen einander dachziegelartig und in einer Spirale, sodass im Herzen die goldgelben Staubgefäße sichtbar werden. Sie sind fast 5 cm breit. Die Bluesette® duftet schwach. Die Blüten stehen in Dolden auf dem niedrigen, reich verzweigten Strauch.
30 cm

Bluesette®

Rosa Blühwunder®

(KORedan) Kordes (1995)

Ein einziger Stiel dieser üppig blühenden Floribunda-Rose kann bis zu fünfzig Blüten tragen. Auf dem Höhepunkt der Blütezeit bedeckt sich der Strauch mit halb gefüllten, lachsrosa Blüten, die leicht nach Äpfeln duften. Auf den üppigen ersten Schub folgt ein weiterer, der Monate andauert. Die Blühwunder® wächst aufrecht und reich verzweigt. Die dunkelgrünen Blätter sind nicht anfällig. In Frankreich ist die Blühwunder® als „Ponderosa" bekannt. Man darf sie nicht mit der orangeroten Kordes-Rose Ponderosa (KORpon) verwechseln, die nicht mehr gehandelt wird, aber in einigen Gärten noch vorkommt. Passen Sie auf, wenn Ihnen der Name „Flower Power" begegnet: Er bezeichnet nicht nur diese Sorte, sondern auch eine Strauchrose von Fryer.

✲✲ 70–90 cm ✿✿✿ ☁☁ ✚ ADR

Rosa Blythe Spirit

(AUSchool) Austin (1999)

Üppige Dolden blassgelber Blüten zieren diesen

Blühwunder®

Blythe Spirit

reich verzweigten Strauch, der ebenso breit wie hoch wird. Sie erscheinen den ganzen Sommer hindurch über dem graugrünen Laub. Sie duften leicht nach Moschus. Bis vor kurzem stufte David Austin die Blythe Spirit als ständig blühende Strauchrose ein. Das hat keine Bedeutung für die Pflegemaßnahmen. Wie bei Park- oder Strauchrosen empfiehlt sich leichter Rückschnitt.

✿GB/❀ 120 cm ✿✿✿ ☁☁

Rosa Bobbie James

(-) Sunningdale Nursery (1961)

Die prächtige Blüte im Frühsommer macht die

Bobbie James

Bobbie James (midden)

Bobbie James zu einer guten Kletterrose. Die dünnen, hellgrünen Triebe müssen gestützt oder aufgebunden werden, können dann aber gut 5 m lang werden. Ihr schönes Laub ist so hellgrün wie der Apfel „Granny Smith“. Der helle Gesamteindruck wird durch die 5 cm breiten halb gefüllten Blüten unterstrichen. Sie duften schwach und zeigen ihre gelben Staubgefäße. Diese erinnern mit den ebenfalls gelben Fäden an einen Brautstrauß und der frische, fruchtige Duft verstärkt diese Wirkung. Ideal zum Beranken von Bäumen oder hohen Torbögen.

300–500 cm

Rosa Bolchoi®

(MEIzuzes) Meilland (1996)

Unter dem Namen Parfums de Provence® züchtet die Familie Meilland stark duftende Rosen. Meilland beschreibt deren Duft als „Mischung aus Zitrone, Obst und Rosenparfüm“. Die Blüten sind deutlich zweifarbig, gefüllt und großblütig.

Bolchoi®

Ihre Blätter haben cremegelbe Außen- und rosenrote Innenseiten. Sie erscheinen den ganzen Sommer über und wirken in der Vase sehr schön.

80 cm

Rosa Bolero™ Courtyard®

(POUlbota) Poulsen (2000)

Die über 8 cm breiten einfachen Blüten passen gut zu den erst rötlichen, später graugrünen Blättern. Die Blüten sind cremeweiß, mit einem Hauch von rosa. Sie duften schwach. Der Strauch verzweigt sich stark, doch vor allem nach oben, sodass er meist als Kletterrose verwendet wird.

250 cm

Bolero™ Courtyard®

Rosa Bonanza®

(KORmarie) Kordes (1983)

Beim Öffnen zeigen die Blüten der *Rosa* Bonanza® schöne goldgelbe Blütenblätter mit rosenro-

Bonanza®

ten Säumen. Sie sind bei näherer Betrachtung also zweifarbig.
Die Farben verblassen später leider etwas. Das Herz der halb gefüllten Blüte ist deutlich sichtbar. Die Blüten des unter günstigen Umständen bis zu 2 m hohen Busches stehen in Büscheln. Das glänzend dunkelgrüne Laub ist recht resistent gegen allerlei Krankheiten, was der Rose den ADR-Preis einbrachte.

150–200 cm ADR

Rosa Bonbon™ Hit®

(POUlbon) Poulsen (1996)

Die goldgelbe Blütenfarbe dieser Patio-Rose kontrastiert wunderbar mit den vor allem an den Blattsäumen orangen bis roten Akzenten der Blütenblätter.
Die halb gefüllten Blüten sind etwa 5 cm breit und erheben sich in Büscheln über das glänzend dunkelgrüne Laub.

40 cm

Bonbon™ Hit®

Rosa Bonica®82

(MEIdomonac) Meilland (1985)

Diese Strauchrose wurde mit Preisen überhäuft, u.a. dem deutschen ADR-Preis und dem niederländischen Titel „Top Rose“. Kein Wunder, hat diese Sorte doch viel zu bieten: Lange Blüte bis weit in den Herbst hinein, hellrosa Blüten und eine lockere Wuchsform, die den Boden ver-

Bonica®82

Bonica®82

deckt. Obwohl sie als robust gilt, ist sie doch etwas anfällig für Rußtau (Schwarzfleckenkrankheit). Insekten können bis ins Herz der gefüllten Blüten eindringen, sodass der hüfthohe Busch nach schönen Sommern Hagebutten trägt.

60 cm ADR TOP

Rosa Bony Meilove®

(MEIboniov) Meilland (1999)

Patio-Rosen sind ideal für kleine Gärten, da sie nicht groß werden, aber üppig blühen. Die Bony Meilove® hat gefüllte, schalenförmige rosa Blüten.

Bony Meilove®

Im Boden kann der Strauch bis zu 50 cm hoch werden. Doch gedeiht er auch in großen Töpfen.
50 cm

Rosa Bordure Camaïeu®

(DELcapo) Delbard (2001)
Dies ist die neueste Variante der beliebten „Bordure"-Serie der französischen Züchterdynastie Delbard. Die halb gefüllten, becherförmigen Blüten sind vielfarbig. Sie öffnen sich aus orangeroten Knospen, blühen gelb bis aprikosenfarben und werden am Ende rosa. Da gleichzeitig Blüten verschiedenen Alters blühen, ergibt sich ein Mehrfarbeffekt. Der Strauch verzweigt sich reich und stark in die Breite. Sein Laub ist glänzend olivgrün.
50 cm

Bordure Camaïeu®

Rosa Bordure d'Or®

(DELbojaun) Delbard (1985)
Die goldgelben Blüten dieser Rose zieren einen aufrechten Strauch, der 40 cm bis 80 cm (ausnahmsweise sogar 100 cm) hoch wird. Dieser Rosenbusch wächst gut und trägt die ganze Saison über zahlreiche Blüten. Diese sind becherförmig, 8 cm breit und verströmen einen milden, frischen Duft. Das junge Laub ist hellgrün und färbt sich später matt graugrün.
60 cm

Bordure d'Or®

Rosa Bordure de Nacrée

(DELcrouf)
vgl. *Rosa* Bordure Nacrée®

Rosa Bordure Nacrée®

(DELcrouf) Delbard (1973)
Das kräftige Farbspektrum der gefüllten, aber leider nicht duftenden Blüten reicht von Gelb bis zu einem blassen Rosa. Sie ragen in Dolden über den niedrigen, reich verzweigten und etwa 50 cm hohen Busch empor.
50 cm

Bordure Nacrée®

Rosa Bordure Rose®

(DELcoussi) Delbard (1993)
Dies ist die Nachfolgerin einer älteren Bordure Rose, welche den Züchternamen DELbara trug. Während jene cremefarbene Blüten besaß, hat die neue Bordure Rose® blassrosa Blüten mit etwas intensiver gefärbten, gefüllten Herzen.
Die Rose ist geruchlos, doch blüht der reich ver-

Bordure Rose®

zweigte Strauch mit dem glänzend dunkelgrünen Laub den ganzen Sommer über.

✲✲ 70 cm

Rosa Bordure Vermillon®

(DELbover) Delbard (1990)

Der Reiz dieser Zwergrose liegt in ihren zweifarbigen gefüllten Blüten. Ihre Innenseite ist leuchtend rot, die Außenseite ist jedoch cremegelb angehaucht. Sie duften leider nicht, stehen dafür aber in üppigen Dolden auf dem niedrigen, hängenden Busch.

40 cm

Bordure Vermillon®

Rosa Bordure Vive®

(DELboviv) Delbard (1985)

Dieser weit verzweigte Busch mit relativ großen mittelgrünen Blättern bleibt sehr niedrig. Er trägt

Bordure Vive®

geruchlose karmesinrote Blüten.

40 cm

Rosa Bossa Nova

(POUloma)

vgl. *Rosa* Meine Oma™

Rosa Bouquet Parfait®

(-) Lens (1989)

Jede Dolde dieser aufrechten Rose bildet sozusagen einen Strauß, sodass die geöffneten Blüten dicht beieinander stehen. Sie entstehen aus rundlichen Knospen, die an Pfingstrosen erinnern, aber viel kleiner sind (Durchmesser ca. 5 cm). Die Farbe variiert von Blüte zur Blüte. Meist ist sie cremeweiß mit rosa Akzenten an den Säumen. Es bilden sich aber, besonders bei kühler Witterung, auch hellrosa Blüten. Der leichte Moschusduft trägt zu ihrer Beliebtheit als Schnittblume bei. In der Vase passen sie gut zu vielen anderen Blumen. Der aufrechte Strauch trägt frischgrüne Blätter.

120 cm

Bouquet Parfait®

Bouquet Vanille®

Rosa Bouquet Vanille®

(DELblatine) Delbard (1993)

Die schönen, spitzen Knospen sind lachsrosa, doch bei geöffneten Blüten verblasst der Ton schnell zu Vanilleweiß. Überdies verströmen die Blüten einen leichten Vanilleduft. Diese schöne Floribunda-Rose bildet aufrechte, reich verzweigte Sträucher mit ausdauernden Blütenschüben. Die Bouquet Vanille® trägt viele große, dunkelgrüne Blätter. Sehr empfehlenswert!

90 cm

Rosa Bournonville™ Courtyard®

(Poulyc001) Poulsen (2000)

Zur „Courtyard®"-Serie des dänischen Züchters Poulsen gehören mehrere Kletterrosen von auffällig kräftig verzweigtem Wuchs, bei denen die Basis der Pflanzen gut mit Blättern bedeckt ist. Die Bournonville™ wird nicht sonderlich hoch und trägt halb gefüllte, blassrosa Blüten mit offenen Herzen. Diese duften nicht.

200 cm

Bournonville™ Courtyard®

Rosa Braithwaite

(AUScrim)

vgl. *Rosa* L.D. Braithwaite

Rosa Breath of Life

(HARquanne) Harkness (1982)

Die aprikosenfarbenen Blüten der Breath of Life sind für eine Kletterrose groß, erscheinen aber leider nur in geringer Anzahl. Jedes Büschel besteht lediglich aus drei dieser gefüllten Blüten. Sie verströmen einen milden, doch angenehmen Duft. Die Triebe können bei ausreichender Pflege und Unterstützung 3 m hoch werden und tragen glänzend dunkelgrünes Laub.

250 cm

Breath of Life

Rosa Bremer Stadtmusikanten®

(KORterschi) Kordes (2000)

Die cremeweißen bis blassrosa Blüten gehen aus cremegelben Knospen hervor. Sie sind gefüllt, von halbkugeliger Form und duften schwach.

Bremer Stadtmusikanten®

Jeder Stiel des aufrechten Busches mit glänzend dunkelgrünem Laub trägt mehrere Blüten. Diese vielversprechende Sorte aus der Kordes-Gruppe wird über 1 m hoch.

120 cm

Rosa Brian Rix

(HARflipper) Harkness (1999)

Mit 1,5 m Höhe und 1 m Breite eignet sich dieser Strauch – in Reihen gepflanzt – gut als Heckenrose. Die violetten Blüten erscheinen in Dolden den ganzen Sommer hindurch. Sie sind halb gefüllt und gehen aus hübschen, spitzen Knospen hervor. Voll entfaltet verströmen sie ihren angenehmen Duft. Die Brian Rix eignet sich auch als Solitärpflanze.

150 cm

Brian Rix

Rosa Briant Hill®

(-) Poulsen (1994)

Die Blüten dieser Zwergrose sind nur etwa 6 cm breit, aber wohl geformt. Sie sind halb gefüllt und von heller orangeroter Farbe, aber nahezu geruchlos. Der Busch wächst aufrecht und etwas unregelmäßig, sodass er für Beete nicht in Frage kommt. Die dekorativen Blätter sind glänzend dunkelgrün. Dieser Strauch eignet sich hervorragend als Hochstammrose.

50 cm

Briant Hill®

Rosa Bride's Dream

(KORoyness)

vgl. *Rosa* Märchenkönigin®

Rosa Bridge of Sighs

(HARglow) Harkness (2000)

Im Frühherbst ist diese Kletterrose eine wahre Augenweide. Dann trägt sie viele orange Blütendolden, die bei näherem Hinsehen subtilere Töne zeigen: Sie sind innen rein orange, an den Säumen hingegen hellorange oder bernsteingelb. Geöffnet zeigen die becherförmigen, halb gefüllten Blüten aprikosenfarbene Herzen mit gelben Staubgefäßen. Ihr Duft ist angenehm.

Bei guter Düngung und günstigem Standort wächst die Rose gut und blüht wiederholt üppig. Die Einzelblüten sind zwar kurzlebig, reinigen sich aber gut. Diese Kletterrose wird bis zu 3 m hoch.

300 cm

Bridge of Sighs

Rosa Brilliant™ Hit®

(POUlbril) Poulsen (-)

Diese Zwergrose wird als Zimmerpflanze verkauft, gedeiht aber besser draußen in Kübeln oder Töpfen.

Brilliant™ Hit®

Die gefüllten orangeroten Blüten sind perfekte Miniaturausgaben großblütiger Rosen. Der Strauch wird etwa 25 bis 40 cm hoch.

35 cm

Rosa Brite Lites®

(HARtanna)

vgl. *Rosa* Princess Alice

Rosa Broadlands

(TANmirsch)

vgl. *Rosa* Sonnenschirm®

Rosa Brother Cadfael™

(AUSglobe) Austin (1990)

Diese Englische Rose mit den riesigen Blüten ist nach der beliebten, fiktiven Romanfigur Brother Cadfael, einem mittelalterlichen Mönch und Detektiv, benannt. Die Blüten ähneln denen gefüllter Pfingstrosen. In voller Blüte überlappen die blassrosa Hochblätter einander und geben dabei das Herz der Blüte frei, die intensiv wie die einer Alten Rose duftet.

Brother Cadfael™

GB 120 cm

Rosa Bruocsella

(LENbru) Lens (1980)

Die *Rosa* Bruocsella ist eine großblütige Rose mit herrlichem Duft. Die gefüllten gelben Blüten gehen aus spitzen Knospen hervor und sind breit, offen und kugelig.

Der regelmäßig geformte Busch mit graugrünem Laub wächst konstant und ist daher im Sommer nur selten ohne Blüten. Die Blüten eignen sich auch gut als Schnittblumen.

60 cm

Bruocsella

Rosa Bryce Canyon

(POUldrik)

vgl. *Rosa* Frederiksborg™ Castle®

Rosa Buck's Fizz

(POUlgav)

vgl. *Rosa* Gavnø™ Hybrid Tea Poulsen®

Rosa Buff Beauty

(-) Bentall (1939)

Bei dieser Moschus-Hybride hat der Rosenfreund die Wahl, sie hoch und breit als Hecke wachsen zu lassen oder als Kletterrose zu ziehen. Sie bildet im Hochsommer nur ein einziges Mal eine große Zahl üppig gefüllter Blüten. Sie gehen

Buff Beauty

aus ockergelben Knospen hervor und behalten anfangs diese Farbe. Mit zunehmendem Alter werden sie cremegelb. Sie strömen den typischen Moschusduft aus, nach dem diese Gruppe benannt ist. Die Buff Beauty ist immer noch sehr empfehlenswert.
130–200 cm

Rosa Buffalo Gal

(UHLwa)
vgl. *Rosa rugosa* Foxi®

Rosa Bukavu®

(-) Lens (1998)
Diese Rose wurde nach der Stadt Bukavu (bzw. der Region) im Kongo benannt. Der Verkaufserlös der Bukavu® aus den ersten beiden Jahren floss den lokalen Gesundheitsbehörden zu. Diese Rose ist eng mit der beliebten *Rosa* Rush des gleichen Züchters verwandt. Die Bukavu® hat Dolden aus einfachen, karminroten Blüten mit weißem Herzen. Diese vertragen schlechtes Wetter gut. Obgleich eigentlich eine Floribunda-Rose, eignet sich die Bukavu® sehr gut als Hecke.
120 cm

Bukavu®

Burghausen®

Rosa Burghausen®

(KORonto) Kordes (1991)
Dieser Strauch wächst so stark, dass er in wenigen Jahren mannshoch wird. Manchmal bringt er es sogar auf 2,4 m. Die Triebe sind dick und kräftig. Der Strauch wächst vornehmlich aufrecht, kann aber bis zu 1,5 m breit werden. Daher eignet er sich ideal als Hecke, für die man nur eine Pflanze pro Quadratmeter braucht. Im Frühsommer ist die Burghausen® mit halb gefüllten hellroten Blüten übersät. Diese sind tellerförmig und zeigen ein helleres Herz mit gelben Staubgefäßen. Die mittelgrünen, glänzenden Blätter sind überaus resistent gegen Pilzerkrankungen.
200 cm ADR

Rosa Buttercup™

(AUSband) Austin (1998)
Becherförmige buttergelbe Blüten sind das Kennzeichen der Buttercup™. Sie sitzen in üppigen Büscheln an langen, aufrechten Trieben. Beim Entfalten werden die Blüten dunkler, ja aprikosenfarben, doch verblassen sie später.
Die Triebe beginnen sich unter ihrer Last zu bie-

Buttercup™

gen und bilden einen niedrigen Busch, der gut mit anderen Sträuchern oder Mehrjährigen in eine romantische Bordüre passt. Die halb gefüllten Blüten duften mild und frisch.

GB/ 140 cm

Rosa Butterflies Cover™ Towne & Country®

(POUlbut) Poulsen (1998)

Die einfachen Blüten mit ihren beachtlichen Pollenmassen ziehen oft Bienen und andere Insekten an. Sie sind etwa 4 cm breit und blassrosa gefärbt. Leider duften sie kaum. Jedes Büschel besteht aus Dutzenden von Knospen, die nur wenig über das mattgrüne Laub emporragen. Auf einen üppigen ersten Schub im Frühsommer folgen mehrere geringere. Die üppig verzweigten Triebe decken auch den Boden ab.

/↔ 50 cm

Butterflies Cover™ Towne & Country®

Rosa Calypso™ Courtyard®

(POUlclimb) Poulsen (1998)

Die 8 cm breiten halb gefüllten Blüten dieser Kletterrose sind dank ihrer Farbkombination ein Blickfang. Der cremegelbe Grundton zeigt Anflüge von rosa. Den ganzen Sommer über bilden sich neue Dolden, die schwach nach Äpfeln duften. Die Laubblätter haben mahagonibraune Ränder und werden im Alter glänzend dunkelgrün.

300 cm

Calypso™ Courtyard®

Rosa Cambridge

(POUlrust)

vgl. *Rosa* Lavender Cover™ Towne & Country®

Rosa Camille Pisarro®

(DELstricol) Delbard (1996)

Diese schöne Rose trägt den Namen des Impressionisten Camille Pissarro® und gehört zu einer Reihe vielfarbiger Rosensorten, die nach Malern benannt wurden. Ihre mild duftenden Blüten zeigen alle denkbaren Nuancen von Rot, Rosa und Gelb, mit einigen weißen Flecken und Streifen auf den Blütenblättern.

80 cm

Camille Pisarro®

Rosa Canary®

(TANcary) Tantau (1976)

Die großen, gefüllten Blüten sind nur im Herzen kanariengelb, ihre äußeren Blätter hingegen orangerot. Dank der schönen Form, des angenehmen Dufts und der langen Stiele eignen sie sich sehr gut als Schnittblumen. Die Canary® ist wetterbeständig und passt daher auch gut in den Garten. Der aufrechte Strauch wird ca. 80 cm

Canary®

hoch und trägt große olivgrüne Blätter, die sehr resistent gegen Pilzkrankheiten sind. Obwohl die Rose als ständig blühend bekannt ist, kommt es manchmal zu Unterbrechungen der Blüte.

80 cm

Rosa Candide

(POUlgav)

vgl. *Rosa* Gavnø™ Hybrid Tea Poulsen®

Rosa Candy Cover™ Towne & Country®

(POUlbico) Poulsen (1993)

Die Grundfarbe der halb gefüllten, 5 cm breiten Blüten ist ziegelrot, mit rosa und weißen Streifen bzw. Flecken. Die becherförmigen Blüten zeigen gelbe Staubgefäße, welche Insekten anlocken. Die Candy Cover™ duftet schwach. Der Strauch blüht vom Sommer bis in den Herbst.

60 cm

Candy Cover™ Towne & Country®

Rosa Candy Sunblaze™

(MEIdanclar)

vgl. Romantic Meillandina®

Rosa Canicule

(TANmirsch)

vgl. *Rosa* Sonnenschirm®

Rosa canina – Hundsrose

(-) botanische Rose/Wildrose (-)

Die Hundsrose kommt in ganz Europa und den angrenzenden Teilen Asiens und Afrikas vor. Sie ist hier die häufigste Wildrose. Im Frühsommer bilden sich an den hängenden Trieben einfache Blüten.

Die hängende Wuchsform unterscheidet die Hundsrose von anderen Wildarten. Die Farbe der Blüten variiert von Pflanze zu Pflanze: Hundsrosen können ganz weiß oder rosa sein, sind aber auch oft weiß mit rosa Flecken an den Säumen. Sie duften schwach.

Nach der frühsommerlichen Blüte bilden sich lange, orangerote Hagebutten, die im Winter von Vögeln gefressen werden. Eine gute Rose für Naturgärten.

200 cm

Rosa canina

Rosa Cantabrigiensis

(-) botanische Hybridrose (1931)

Dieser Strauch gelangte durch puren Zufall in einen botanischen Garten in Cambridge, wohl als Hybride aus *Rosa xanthina* f. *hugonis* und *Rosa sericea*. Die einfachen, gelben Blüten erscheinen bereits im Mai. Sie durften recht angenehm. Nach dem Verblühen bilden sich im Herbst runde, orangerote Hagebutten, die fast im dichten Laub verschwinden. Die anfangs aufrechten Triebe krümmen sich später nach außen.

200 cm

Cantabrigiensis

Rosa Canyonlands

(POUlmax)

vgl. *Rosa* Fredensborg™ Castle®

Rosa Cappa Magna®

(DELsap) Delbard (1965)

Wenn man eine robuste, aufrechte Rose mit großen, scharlachroten Blüten sucht, ist die Cappa Magna® die beste Wahl. Ihre glänzend dunkelgrünen Blätter werden selten von Rosenkrankheiten befallen. Sie sitzen an bis zu 1,5 m langen Trieben, die sich unter der Last der Blütenbüschel krümmen. Die fast geruchlosen Blüten sitzen in Gruppen von bis zu 20 oder gar 30 am reich verzweigten Strauch. Es handelt sich um einfache, becherförmige Blüten mit krausen Blättern, die bis zu 10 cm breit sind. Ihre Herzen bergen große Bündel gelber Staubgefäße. Die kräftigen, anfangs mahagonibraunen Blätter werden später glänzend dunkelgrün.

120 cm TOP

Cappa Magna®

Rosa Caprice de Meilland®

(MEIsionver) Meilland (1998)

Die bonbonrosa Blüten duften intensiv fruchtig. Deshalb ordnete die Züchterfamilie Meilland diese großblütige Rose in ihre Gruppe „Parfums de Provence®“ ein. Trotz ihres südeuropäischen Namens sind diese Rosen regen- und windbeständig. Auch in der Vase sind sie sehr ausdauernd.

90 cm

Caprice de Meilland®

Rosa Cardinal Hume®

(HARregale) Harkness (1984)

Wenn sich die Knospen färben, scheinen die Blüten schwarz zu werden. Nach dem Öffnen zeigen sie jedoch ein dunkles Purpurrot (wie bei Kardinalshüten). Die Herzen bergen gelbe Staubgefäße und zeigen oft weiße Streifen.

Cardinal Hume®

Blüten- und Wuchsform der Cardinal Hume® erinnern an Alte Rosen. Diese von Harkness 1984 eingeführte Sorte ist eine ständig blühende Strauchrose. Ihre 8 cm breiten Blüten verströmen einen leichten Moschusduft. Sie zieren den ganzen Sommer über den reich verzweigten Strauch, der unter der Last der Blütenbüschel in die Breite wächst. Er könnte fast als Bodendecker gelten.

Die Cardinal Hume® gedeiht am besten als Solitär, bevorzugt zusammen mit anderen Mehrjährigen, da ihr dunkelgrünes Laub anfällig für Rußtau ist.

110 cm

Rosa Carefree Delight™

vgl. *Rosa* Bingo Meidiland

Rosa Carefree Wonder™

(MEIpitac)

vgl. *Rosa* Dynastie®

Rosa Carefully Wonder

(MEIpitac)

vgl. *Rosa* Dynastie®

Rosa Caribia®

(Harry Wheatcroft) Wheatcroft (1973)

Dies ist fast eine Laune der Natur: Die Rose, von welcher die Caribia® abstammt (*Rosa* Piccadilly), hat außen goldgelbe und innen orangerote Blütenblätter. Das streifige Muster der Variante Caribia® bildete sich spontan heraus. Die gefüllten

Caribia®

Blüten stehen einzeln auf einem aufrechten Strauch, der niedrig bleibt und mittelgrünes Laub trägt. Die Blätter sind ein wenig anfällig für Rußtau, wirken aber noch im Herbst kräftig. Der Strauch blüht den ganzen Sommer und Herbst hindurch.

70 cm

Rosa Carl Philip Kristian IV

(KORpeahn)

vgl. *Rosa* Mariandel®

Rosa Carrot Top

(POUltop)

vgl. *Rosa* Top™ Hit®

Rosa Cascade

(POUlskab)

vgl. *Rosa* Nordina™ Courtyard®

Rosa Casque d'Or®

(DELcascor) Delbard (1979)

Die Casque d'Or® wird manchmal zu den großblütigen Rosen gerechnet und sie kann in der Tat unter günstigen Bedingungen 10 cm breite Blüten bilden.

Ihr Züchter Delbard stuft sie zu Recht als Floribunda-Rose ein: Die gefüllten gelben Blüten, die in Dolden den aufrechten Busch zieren, ähneln solchen in der Tat. Sie sind geruchlos, erscheinen

Casque d'Or®

aber den ganzen Sommer hindurch über dem mittelgrünen Laub des starkwüchsigen Strauchs.

90 cm

Rosa Castella®

(TANallet) Tantau (1984)

Diese ständig blühende Strauchrose kann bis zu 1,5 m hoch werden und eignet sich deshalb für niedrige Hecken. Die aufrechten Sträucher tragen große, glänzend dunkelgrüne Blätter. Diese sind recht resistent gegen Rosenkrankheiten und noch im Herbst attraktiv. Die roten, gefüllten Blüten erscheinen anfangs in großer Zahl. Später werden es weniger, doch hält die Blüte vom Sommer bis zum Herbst an.

150 cm

Castella®

Rosa Castle Howard

(TANtasch)

vgl. *Rosa* Goldschatz®

Rosa Cathedral City

(KORtanken)

vgl. *Rosa* Domstadt Fulda®

Rosa Catherine Deneuve®

(MEIpraserpi) Meilland (1981)

Die Blütenfarbe dieser großblütigen Sorte variiert zwischen aprikosenfarben und korallenrosa. Die wohl geformten Gebilde duften mild.

Die Catherine Deneuve® blüht praktisch ohne Unterbrechung den ganzen Sommer hindurch. Der robuste Strauch wird gewöhnlich mit anderen in Beete gepflanzt.

90 cm /

Catherine Deneuve®

Rosa Cécile Brünner

(-) Pernet-Ducher (1881)

Der lockere Aufbau der Blütendolden ist für eine Polyantha-Rose ungewöhnlich. Ihre 4 cm breiten Blüten scheinen von allein in der Luft zu schweben. Sie sind halb gefüllt und wirken wie Miniaturausgaben schöner großblütiger Rosen. Anfangs blassrosa, werden sie später weiß. Ihr Duft ist mild, fruchtig und süß. Der schwach bedornte Strauch trägt spärliches, mittelgrünes Laub, sodass die glatten Triebe gut sichtbar sind.

40 cm

Cécile Brünner

Rosa Celeste

vgl. *Rosa* Celestial

Rosa Celestial

(-) unbekannt (spätes 18. Jh.)

Der Ursprung dieser Alten Rose ist ungewiss, doch entstand sie vermutlich in Holland. Die Celestial gehört zu den Alba-Hybriden, wie man deutlich an den großen blaugrünen Blättern erkennt. Der Strauch wird bis zu 2 m hoch und fast ebenso breit. Die Rose blüht nur, wenn sie genug Platz hat. Kräftiger Rückschnitt führt zu einer Fülle neuer Triebe, die aber kaum Blüten bilden. Die Blüten sind halb gefüllt, silbrig bis rosa mit gelben Staubgefäßen im Herzen und verströmen einen angenehmen Duft.

180 cm

Celestial

Rosa Celina®

(NOAson) Noack (1997)

Die einfachen bis halb gefüllten gelben Blüten erscheinen schon im Mai. Sie sitzen in Büscheln am aufrechten Strauch, wobei sich ältere Triebe so biegen, dass sie den Boden abdecken. Das Laub bleibt lange hängen und der Strauch ist sehr resistent gegen Rosenkrankheiten.

↔ 70 cm ADR

Celina®

Rosa Céline Delbard®

(DELcéli) Delbard (1983)

Geöffnet sind die gefüllten Blüten der Céline Delbard® von wunderschöner Form. Später werden sie schalenförmig und lassen einen kleinen Busch Staubgefäße sehen. Sie sind geruchlos. Es

Céline Delbard®

werden den ganzen Sommer und Herbst hindurch Blüten gebildet (etwa 5 bis 10 pro Büschel). Der Strauch mit dem glänzend dunkelgrünen Laub wirkt sehr robust.
❄❄ 90 cm ⚘⚘⚘ ☁

Rosa Centenaire de Lourdes

(DELge)
vgl. *Rosa* Centenaire de Lourdes® Rose

Rosa Centenaire de Lourdes® Rouge

(DELflor) Delbard (1992)
Die 8 cm breiten Blüten dieser Floribunda-Rose sind karminrot, oft mit weißen Streifen. Sie sind halb gefüllt und voll geöffnet becherförmig. Ihre reichen Büschel können recht ausdauernd sein. Ihr Duft ist nur mild. Die üppigen Blütendolden sitzen an dicken Stielen.
Das junge Laub ist hellgrün (mit einem Hauch von rot) und wird später glänzend dunkelgrün. Es bleibt sehr robust und wegen seines starken Wachstums eignet sich der Strauch sehr gut für Beete und Einfassungen.
❄❄ 100 cm ⚘⚘⚘ ☁ ✚

Centenaire de Lourdes® Rouge

Rosa Centenaire de Lourdes® Rose

(DELge) Delbard (1958)
Diese Rose hieß anfangs schlicht Centenaire de Lourdes®. Das „Rose“ kam hinzu, als ihr Züchter Delbard auch eine rot blühende Variante entwickelte. Die leuchtend rosa Floribunda-Rose fällt durch ihre reichen Blütenbüschel auf, deren gefüllte, fast geruchlose Blüten bis tief in den Herbst hinein erscheinen. Diese Rose ist auffallend robust, deshalb sieht man sie oft in öffentlichen Anlagen.
❄❄ 100 cm ⚘⚘⚘ ☁ ✚

Centenaire de Lourdes® Rose

Rosa Centenary

(KOReledas)
vgl. *Rosa* NDR1 Radio Niedersachsen®

Rosa x *centifolia* Muscosa

(Moosrose) unbekannter Züchter (ca. 1796)
Der Name „Moosrose“ rührt von dem moosartigen Belag der Hüllblätter her. Ihre stark gefüllten Blüten sind hellrosa und duften angenehm. Die Sommerblüte endet nach wenigen Wochen. Dann sollte man die Triebe am besten um ein Drittel kürzen, damit sie im nächsten Sommer erneut blühen. Die *Rosa* x *centiflora* Muscosa wird bis zu 1,5 m hoch.

Rosa x *centifolia* Muscosa

Ihre Triebe tragen olivgrünes Laub und zahlreiche Dornen.
100–150 cm

Rosa CentrO® Rose

(TANoronez) Tantau (2000)

Dies ist eine der so genannten „Stecktii®"-Rosen, die durch Stecklinge vermehrt werden. Derartige Nachkommen entwickeln sich erst langsam, aber im zweiten Jahr beschleunigt sich das Wachstum und sie blühen so gut wie gepfropfte Rosen. Sie werden so hoch wie breit und tragen dichtes Laub. Allerdings deckt dieses den Boden nicht so gut. Man findet sie wegen ihrer Resistenz gegen Pilze oft in öffentlichen Anlagen. Das Laub ist anfangs bronze-, später jedoch dunkelgrün. Der Strauch wirkt bis in den Herbst hinein schön. Die Dolden mit ihren halb gefüllten scharlachroten Blüten sind praktisch geruchlos und erscheinen im Frühsommer. Sie blühen den ganzen Sommer und Herbst hindurch.
50 cm

CentrO® Rose

Rosa Century Sunset

(TANsaras)

vgl. *Rosa* Herz Ass®

Rosa Cerise Bouquet

(-) Kordes (1958)

Die hängenden Triebe dieser 2 m hohen Rose bilden einen eleganten Strauch, der ideal in Natur- oder romantische Gärten passt. Jeden Sommer überzieht er sich mit kirschroten Blüten. Die nur mäßig gefüllten Blüten sind flach und verströmen einen angenehmen Duft. Die Cerise Bouquet blüht nur einmal und hat hellgrünes Laub.
200 cm

Cerise Bouquet

Rosa Cesar®

(MEIsardan) Meilland (1993)

Eine wie Zierkohl aussehende Rose mutet schon seltsam an. Genauso verhält es sich mit der Cesar®: Ihre 40–60 krausen Blütenblätter sind überwiegend cremerosa, im Herzen eher lachrosa. Die Triebe dieser schwersten aller Englischen Rosen biegen sich unter ihrer Last. Die Serie „Fleur Romantica®" darf als Antwort des Züchters Meilland auf die bei der Käuferschaft äußerst beliebten Englischen Rosen von David Austin gelten.

Cesar®

Am besten pflanzt man auch sie zusammen mit Mehrjährigen, welche die Rose ein wenig „unterstützen".
80 cm

Rosa Cevennes

(KORlirus)
vgl. *Rosa* Heidesommer®

Rosa Champagner

(KORampa) Kordes (1983)
Obwohl ihre Blüten wie die typischer großblütiger Sorten geformt sind, ist dies eine Floribunda-Rose, die man vor allem in Treibhäusern als Schnittblume züchtet. Ins Freie sollte sie nur in sehr warmen Sommern gepflanzt werden. Die spitzen Knospen werden zu duftenden, sternförmigen Blüten, die auch in der Vase lange schön bleiben. Sie sind elfenbeinweiß mit einem Hauch von Rosa und erscheinen den Sommer hindurch in kleinen Büscheln.
Die Triebe tragen wenige Dornen, aber üppiges matt dunkelgrünes Laub. Der aufrechte Strauch verzweigt sich gut.
60 cm

Champagner

Rosa Champagnerperle

(KORampa)
vgl. *Rosa* Champagner

Rosa Champs Elysees

(MEIcarl) Meilland (1957)
Diese bekannte Sorte kommt langsam aus der Mode. Die Rose bildet die ganze Saison hindurch große, tiefrote Blüten mit ziemlich zarten Stielen, welche leicht unter der Blütenlast abknicken. Sie sind nahezu geruchlos. Die kräftigen Laubblätter sind dunkelgrün.
60 cm

Champs Elysees

Rosa Chantoli

(FRYxotic)
vgl. *Rosa* Warm Wishes

Rosa Charentes™

vgl. *Rosa* Astrid Lindgren™ Floribunda Poulsen®

Rosa Charity™

(AUSchar) Austin (1997)
Der Name bezieht sich auf die typisch englische Praxis, Gärten nach dem National Garden Scheme zu Wohltätigkeitszwecken dem Publikum zu öffnen.
Diese Sorte ähnelt einer Alten Rose: Sie ist gefüllt und flach becherförmig. Die Charity™ hat eine sehr moderne Farbe, nämlich aprikosenfarben bis gelb, aber trotzdem den reichen Duft Alter Rosen.
GB 120 cm

Charity™

Rosa Charles Austin®

(AUSfather) Austin (1973)

Diese schon etwas ältere Englische Rose ist immer noch bei vielen Käufern beliebt. Die hohen, aufrechten Triebe des verzweigten Strauchs tragen aprikosenfarbene Dolden, die später zu Lachsrosa verblassen. Sie sind stark gefüllt und haben den wunderbaren Duft Alter Rosen. Die großen Blätter sind matt mittel- bis dunkelgrün.

🌹GB 100 cm 🌹🌹🌹 ☁☁☁☁

Charles Austin®

Rosa Charles de Gaulle®

(MEIlanein) Meilland (1974)

Zwar gibt es keine wirklich blauen Rosen, doch die Charles de Gaulle® der Familie Meilland kommt dieser Farbe schon recht nahe. Die duftenden Blüten sind schön lila gefärbt (etwas mehr rosa als auf dem Foto). Die Form entspricht klassischen Tee-Hybriden, die man heute eher großblütige Rosen nennt. Der robuste Strauch gedeiht am besten an warmen Standorten, weniger in kühlen und feuchten Klimaten.

✲ 80 cm 🌹🌹🌹 ☁☁☁

Charles de Gaulle®

Rosa Charles Rennie Mackintosh

(AUSren) Austin (1988)

Die gefüllten Blüten sind anfangs kugelrund und öffnen sich später zu tiefen Bechern. Ihre lila Färbung tendiert je nach Wetterlage eher gegen rosa oder lila. Im Herzen sitzen kleinere, krause Blütenblätter. Die Einzelblüten verströmen einen milden, angenehmen Duft und sitzen an den Spitzen schlanker Stiele.

Die Triebe biegen sich etwas unter der Last der schweren Blüten, doch eignet sich die Rose als

Charles Rennie Mackintosh

Schnittblume. Sie hat sehr spitze Dornen und eher dunkelgrünes Laub.
🌹GB/🐚 140 cm 🌹🌹🌹 ☁☁

Rosa Charlotte

(AUSpoly) Austin (1993)

Die Charlotte beginnt im Frühsommer zu blühen und tut dies bis Herbstanfang. Der Strauch trägt gefüllte Blüten mit blassgelben Herzen und cremeweißen Außenseiten. Sie duften so angenehm wie Teerosen.

Der aufrechte Strauch bleibt kompakt und wird fast so breit wie hoch. Die bronzegrünen Blätter werden später dunkelgrün.
🌹GB 90 cm 🌹🌹 ☁☁

Charlotte

Rosa Charmant®

(KORpeligo) Kordes (1999)

Charmant®

Die zugespitzten bis runden Knospen dieser Zwergrose lassen ihren reichen Inhalt erahnen: Becherförmige, gefüllte Blüten mit rosa Blättern, die zum Herzen hin gelblich weiß werden (mit merklich helleren Rückseiten). Die Blüten sind fast geruchlos. Im Frühsommer sind die kompakten Sträucher bedeckt damit. Später in der Saison folgt ein mäßiger zweiter Schub. Die kleinen Blätter sind dunkelgrün und glänzen stark.
▣ 40 cm 🌹🌹 ☁

Rosa Charming Cover™ Towne & Country®

(POUlharmu) Poulsen (2000)

Der niedrige Strauch trägt halb gefüllte, becherförmige, leuchtend rote Blüten. Sie duften kaum. Diese Rose hat glänzendes, mittelgrünes Laub.
🐚 60 cm 🌹🌹🌹 ☁

Charming Cover™ Towne & Country®

Rosa Charming Decumba®

(HANchade) Hanekamp (1999)

Dies ist in erster Linie eine Bodendeckerrose, deren schlanke Triebe in alle Richtungen „kriechen". Sie tragen Dornen, welche die Kletterpflanze auch kleinste Unebenheiten nutzen lässt. Die gewöhnlich siebenteiligen Blätter sind jung hellgrün und werden später grasgrün. Eine der robusten Rosen aus der „Stecktii®"-Serie, die hauptsächlich in öffentlichen Anlagen Verwendung findet. Die elfenbeinweißen Blüten werden

Charming Decumba®

bis zu 4 cm breit. Sie blühen im Frühsommer, gelegentlich auch in späteren Schüben.

↔ 40 cm

Rosa Chartreuse de Parme®

(DELviola) Delbard (1996)

Im Jahr der Markteinführung erhielt diese Rose in Paris den Duftpreis. Ihre gefüllten, karminrosa Blüten gehen aus runden Knospen hervor. Sie sind gute Schnittblumen, aber empfindlich gegen schlechtes Wetter. Der Strauch wird ca. 75 cm hoch.

70 cm

Chartreuse de Parme®

Rosa Château de Versailles®

(DELricos) Delbard (1986)

Verwechseln Sie diese Rose nicht mit der *Rosa* Versailles (DELset), denn diese großblütige blassrosa Rose des gleichen Züchters kam schon 1967 in den Handel. Die Château de Versailles® bildet stark gefüllte, becherförmige Blüten auf Einzelstielen. Ihr Zauber beruht auf der Zweifarbigkeit: Die Blütenblätter sind innen leuchtend rot, außen aber weiß. Obwohl sie keinen Duft verströmt, eignet sich die Rose sehr gut als Schnittblume.

80 cm

Château de Versailles®

Rosa Chateau Pavie

(POUlduce)

vgl. Rosa Tivoli 150™ Hybrid Tea Poulsen®

Rosa Chatsworth

(TANotax)

vgl. *Rosa* Mirato®

Rosa Chaucer®

(AUScon) Austin (1970)

Die Chaucer® ist die Ahnherrin zahlreicher Englischer Rosen. Wegen ihrer Anfälligkeit für Mehltau wird sie aber nicht einmal mehr von David

Chaucer®

Austin favorisiert. Heute gibt es bessere Zuchtformen als diesen „Oldie“ von 1970. Dennoch wirkt der Strauch mit seinen matt hell- bis mittelgrünen Blättern und den gelben Blüten schön. Die hellrosa, stark gefüllten und tief becherförmigen Blüten stehen in Büscheln. Ihr Duft ist mild. Der Busch wächst aufrecht und trägt sehr spitze rote Dornen.

GB 100 cm

Rosa Cherry Brandy® ’85

(TANryrandy) Tantau (1985)

Die wunderschön geformten Blüten sind kupferorange. Sie sitzen einzeln oder in kleinen Gruppen auf langen Stielen. Das macht sie – ebenso wie der für Teerosen typische wundervolle Duft – zu sehr guten Schnittblumen. Durch das kräftige Wachstum des aufrechten Busches bilden sich den ganzen Sommer und Herbst hindurch neue Blüten. Die Blätter sind anfangs burgunderrot, später oliv- und endlich dunkelgrün. Die Sorte ist sehr resistent gegen Pilzkrankheiten.

90 cm

Cherry Brandy® ’85

Rosa Cherry Cover™ Towne & Country®

(POUlerry) Poulsen (2000)

Diese Schwester der *Rosa* Charming Cover™ blüht rosa statt rot und die Blüten sind etwas

Cherry Cover™ Towne & Country®

größer. Sonst gibt es keine großen Unterschiede: Halb gefüllte, fast geruchlose Blüten und glänzend dunkelgrünes Laub.

60 cm

Rosa Cherry Meidiland®

(MEIrumour) Meilland (1995)

Die Blüten dieser Strauchrose sind leider geruchlos, ziehen aber trotzdem im Sommer Insekten an. Im offenen weißen Herzen sieht man deutlich die Staubgefäße.

Die Blattsäume sind kirschrot. Die Blüten sitzen in dichten Büscheln an den Enden der Triebe. Das glänzend dunkelgrüne Laub ist recht resistent gegen Mehltau, wird aber manchmal von Rußtau befallen.

70 cm

Cherry Meidiland®

Rosa Cherry Meilandecor

vgl. *Rosa* Cherry Meidiland

Rosa Chianti

(AUSwine) Austin (1967)

Als man Alte Rosen mit moderneren, aber ähnlichen Rosen kreuzte, hat sich die Chianti viel von den „Alten" bewahrt: Das Karminrot der Blüten (das später purpurn wird), den wunderbaren Duft, aber leider auch den einzigen Blütenschub. Blüten bildet diese Sorte nur im Hochsommer, dann allerdings in großer Zahl. Sie zieren gewöhnlich in Büscheln (manchmal auch einzeln) einen kräftig wachsenden Strauch, der etwa so breit wie hoch wird. Sie ist vor allem für große Gärten geeignet. Das Laub ist matt dunkelgrün. Eine Vorläuferin der Englischen Rosen.

150 cm

Chianti

Rosa Chicago Peace®

(JOHnago) Johnston (1962)

Die ungemein große Beliebtheit der *Rosa* Peace sorgte dafür, dass die Züchter alle Varianten studierten. Im Allgemeinen können so genannte Sports (Mutationen mit anderen Merkmalen) spontan auftreten. Bei der Peace gibt es (inkl. der Chicago Peace®) deren neunzehn. Die Blüten der Chicago Peace® sind etwas intensiver gefärbt: Lachsrosa, Apricot mit Tendenz zu Orangegelb und bei der Chicago-Variante ein etwas kräftigeres Gelb. Ein günstiger Standort erhält den Strauch gesund.

80 cm

Chicago Peace®

Rosa Child of Achievement™

vgl. *Rosa* Bella™ Castle®

Rosa Chimo®

(INTercher) Interplant (1988)

Die leuchtend roten einfachen Blüten tragen reiche Staubgefäße mit gut sichtbaren goldgelben Pollen. Die Blüten erscheinen den ganzen Sommer über in Dolden zwischen den langen Trieben dieses Bodendeckers, der sich auch als Trauer- bzw. Kaskadenrose eignet. Das junge Laub ist leuchtend hellgrün. Es ist anfällig für Rußtau, doch bereitet dieser der robusten Pflanze kaum Probleme.

↔ 60 cm

Chimo®

Rosa Chitina

(Poulmulti)

vgl. *Rosa* Snow Cover™ Towne & Country®

Rosa Chitina

(POUlurt)

vgl. *Rosa* Sun Cover™ Towne & Country®

Rosa Christopher Columbus

(POUlbico)
vgl. *Rosa* Candy Cover™ Towne & Country®

Rosa Cinderella

(-) De Vink (1953)
Die Cinderella hat alle Eigenschaften einer guten Topfpflanze: Sie bietet kompakten Wuchs, reiches Laub, dornenlose Triebe und gut über die Saison verteilte Schübe kleiner, schwach duftender Blüten. Diese sind elfenbeinweiß mit rosa oder kirschroten Flecken an den Spitzen der Außenseiten. Neue Büschel bilden sich den ganzen Sommer über.
Diese schöne und beliebte Zwergrose trägt viele attraktive hellgrüne Blätter und lässt sich gut zu anderen Arten pflanzen.
30 cm

Cinderella

Rosa City Livery®

(HARhero) Harkness (2000)
Eine der jüngsten Floribunda-Rosen des britischen Züchters Harkness. Er gab dieser Rose jenen offiziellen Züchternamen, den er früher für die Strauchrose *Rosa* Marjorie Fair gebrauchte. Diese Rose mit rosa Blüten und weißen Augen heißt auch *Rosa* Red Ballerina oder *Rosa* Red Yesterday. Verwechseln Sie die beiden nicht! Die Livery® hat gefüllte, zitronengelbe Blüten mit frischem Duft. Ihre Dolden zieren einen 80 cm hohen Strauch.
80 cm

City Livery®

Rosa City of Birmingham

(KORholst)
vgl. *Rosa* Holstein 87®

Rosa City of London®

(HARukfore) Harkness (1988)
Die hellrosa Blüten verströmen einen süßen, angenehmen Duft. Sie erscheinen den ganzen Sommer und Herbst hindurch in vollen Büscheln, sind halb gefüllt und zeigen rosa Staubfäden mit ockergelben Gefäßen. Am Ende verblasst ihre Farbe zu cremegelb. Leider bleiben die welken Blätter an der Blüte hängen (geringe Selbstreinigungskraft). Die City of London® wächst aufrecht. Sie verzweigt sich gut und regelmäßig. Das kräftige Wachstum führt zu immer neuen Blütenbüscheln. Die olivgrünen Blätter glänzen schön.
90 cm

City of London®

Rosa Clair Matin®

(MEImont) Meilland(1960)
Eine schöne, üppig blühende Kletterrose mit halb gefüllten blassrosa Blüten. Diese gehen in

Clair Matin®

reichen Dolden aus spitzen leuchtend rosa gefärbten Knospen hervor. Die Rose blüht den ganzen Sommer und Herbst hindurch. Die Blüten verströmen einen mäßigen süßlich fruchtigen Duft. Junge Triebe und Blätter sind braunrot, alte dunkelgrün. Mehltau sollte an günstigen Standorten kein Problem sein. Sorgen Sie für ausreichende Nährstoffe, da das starke Wachstum viel Energie verbraucht. Diese Kletterrose kann je nach Unterlage 2 bis 4 m hoch werden. Obwohl Insekten leicht an die gelben Staubgefäße und den Stempel gelangen, bildet sie keine Hagebutten.

200–300 cm

Rosa Clair™ Renaissance®

(POUlsyng) Poulsen (1997)

Auf einen üppigen ersten Blütenschub folgen weitere mäßige. Es lohnt sich, auf die Blüten zu warten: Sie sind becherförmig mit offenen Herzen voller roter Staubfäden und gelber Gefäße. Frisch geöffnete Blüten sind hellrosa mit etwas Apricot. Sie duften bezaubernd frisch. Die Dolden des aufrechten Strauches erheben sich über das glänzend graugrüne Laubwerk.

Clair™ Renaissance®

80 cm

Rosa Claude Monet®

(JACdesa) Jackson & Perkins/Delbard (1992)

Die auffälligen Blüten der großblütigen Rose zeigen gelbe, rosa und cremeweiße Flecken und Streifen. Sie duften schwach und sind trotz der lockeren Becherform als Schnittblumen beliebt. Ihr Nachteil ist, dass der Strauch nur wenig wächst und daher nur kurz blüht.

70 cm

Claude Monet®

Rosa Clementine®

(TANogrew) Tantau (1997)

Verwechseln Sie diese Sorte nicht mit der gleichnamigen rosa Sorte vom *Rubiginosa*-Typ, die auch als *Rosa* Janet's Pride bekannt ist.

Clementine®

Die Clementine® von Tantau ist eine Zwergrose mit stark gefüllten, geruchlosen Blüten im beliebten aprikosenfarbenen Ton. Sie werden zu den Blattsäumen hin schwefelgelb. Der Strauch blüht üppig und ständig, wenn man sein Wachstum fördert. Das Laub ist mittelgrün.

40 cm

Rosa Climbing Gites de France

vgl. *Rosa* Gites de France®

Rosa Climbing Gold Badge

(MEIgronurisar)

vgl. *Rosa* Climbing Gold Bunny

Rosa Climbing Gold Bunny®

(MEIgronurisar) Meilland (1991)

Die über 8 cm breiten, zitronengelben Blüten können ganze Mauern überziehen. Wählen sie aber eine warme Wand, damit die Pflanze besser vor Krankheiten wie Rußtau geschützt ist. Diese Rose stammt von der nichtkletternden Bynny® ab, welche die gleichen farbfesten Blüten trägt, aber nur bis zu 80 cm hoch wird. Die kletternde Schwester bringt es auf ca. 2 m Höhe.

200 cm

Climbing Gold Bunny®

Rosa Climbing Iceberg

(-) Cant (1968)

Climbing Iceberg

Abgesehen davon, dass diese Rose gewöhnlich höher als die Schneewittchen® wird, gibt es kaum Unterschiede zu jener beliebten Kordes-Rose. Die dunkelgrünen Blätter sind anfällig für Rußtau. Einige Exemplare der Climbing Iceberg waren wegen Schnitt- oder Pfropffehlern schlechte Kletterer. Die Intervalle zwischen den Blütenschüben lassen sich durch Düngen (bis August) und Entfernen welker Blüten verkürzen.

200–500 cm

Rosa Clos Fleuri® Bicolore

(DELrula) Delbard (1992)

Die zweifarbigen, wohlgeformten Blüten verdienen durchaus Erwähnung. Ihre Blätter sind innen rosarot und außen cremegelb, manchmal mit einem Hauch von Gelb.

100 cm

Clos Fleuri® Bicolore

Rosa Clos Fleuri® Blanc

(DELblan) Delbard (1989)

Die Clos Fleuri® Blanc wächst so rasch, dass man sie sowohl als Hecken- als auch als Kletterrose verwendet. An niedrige Pfeiler oder Bögen angelehnt, wird sie 1,5 m hoch. Im Sommer bildet die Clos Fleuri® Blanc stark gefüllte weiße Blüten mit buttergelben Herzen. Diese duften schwach. Das Entfernen alter Blüten fördert die Bildung von neuen. Diese Sorte hat leuchtend grünes Laub

110–150 cm

Clos Fleuri® Blanc

Rosa Clos Fleuri® Jaune

(DELjaune) Delbard (1989)

Diese Floribunda-Rose aus der Serie „Clos Fleuri®" ähnelt von der Wuchsform her der Rosa Clos Fleuri® Blanc. Die Blüten der Clos Fleuri® Jaune sind aber nur halb gefüllt und anders gefärbt.

Clos Fleuri® Jaune

Beim Öffnen ockergelb, werden sie später bernsteingelb (häufig mit karminroten Säumen). Der Strauch ist manchmal nur spärlich belaubt.

100–150 cm

Rosa Clos Fleuri® Rose

(DELodive) Delbard (1994)

Diese Rose ist auch als *Rosa* Clos Fleuri® Rose No. 2 bekannt, da Delbard 1989 schon eine gleichnamige Sorte mit dem Züchternamen DELpomp auf den Markt brachte. Die ältere Sorte findet man ab und zu noch in Gärtnereien. Die jüngere Sorte blüht im Sommer und Herbst in zwei üppigen Schüben stark gefüllter becherförmiger Blüten. Diese werden bis zu 8 cm breit und sind leuchtend rosa, doch verblassen sie später. Ihr Duft ist süß und würzig. Es handelt sich um eine von Delbards besten Floribunda-Rosen. Der reich verzweigte Strauch trägt viele glänzend dunkelgrüne Blätter. Die alte Clos Fleuri®-Rose (DELpomp) von 1989 eignete sich für Gegenden mit warmen Sommern (schlechte Selbstreinigung).

90 cm

Clos Fleuri® Rose

Rosa Clyde Meilove®

(MEIclydov) Meilland (1999)

Die stark gefüllten weißen Blüten der Patio-Rose Clyde Meilove® ragen weit über das bronzefarbene Laub empor. Der Busch bleibt so klein, dass

Clyde Meilove®

man ihn im Topf auf der Terrasse pflegen kann. Auch in kleinen Gärten sehr attraktiv!
50 cm

Rosa Colbert®

(DELcolb) Delbard (1989)

Die ungewöhnliche Farbe der großen, gefüllten Blüten der Colbert® zieht den Blick auf sich. Sie wirken anfangs leuchtend rosa, doch beschränkt sich das bei näherem Hinsehen auf die Säume. Grundfarbe ist ein silbriges Weiß, das die Pflanzen in allen Bordüren und Beeten hervorhebt. Das Laub der aufrechten Sträucher ist glänzend dunkelgrün.
90 cm

Colbert®

Rosa Colette®

(MEIroupis) Meilland (1996)

Die äußerst stark gefüllten, duftenden Blüten haben manchmal bis zu 135 Blätter, kein Wunder, dass sich die Triebe biegen. Verstärkt wird dieser Effekt durch das lockere Breitenwachstum des Strauches. Wegen der Einzelblüten kann die Colette® als großblütige Rose gelten. Schneiden Sie diese aber wie Park- oder Strauchrosen! Der lockere Wuchs und die zarten lachsrosa Blüten passen gut zu mehrjährigen Pflanzen. Der Züchter ordnete die Colette® in seine Serie „Fleur Romantica®" ein. Zusammengebunden wirken die langen Stiele wie eine niedrige Kletterrose.
/ 100 cm

Colette®

Rosa Colour Wonder

(KORbico)

vgl. *Rosa* Königin der Rosen®

Rosa Commonwealth Glory

(HARclue) Harkness (1999)

Die Knospen entfalten sich – wie zu erwarten – zu perfekten großblütigen Rosen. Geöffnet sind

Commonwealth Glory

die großen, gefüllten Gebilde im Zentrum aprikosenfarben, oft lachsrosa angehaucht. Die Außenseiten verblassen rasch zu elfenbeinweiß mit einem Hauch von Rosa – eine bezaubernde Kombination. Die Blüten duften süß. Der aufrechte Strauch trägt glänzend dunkelgrünes Laub.

90 cm

Rosa Compactila®

(HANcomp) Hanekamp (1990)

Auch außerhalb der Blüte bietet dieser Bodendecker einen schönen Anblick. Das liegt am zarten, spitzen, blaugrünen Laub der sehr dornigen Triebe.

Im April/Mai bildet sie üppige Schübe kleiner cremegelber Blüten von der Form wilder Rosen. Eine schöne und sehr robuste Rose für öffentliche Anlagen und große Flächen in Naturgärten. Sie wird durch Stecklinge vermehrt.

↔ 60 cm

Compactila®

Rosa Compassion®

(-) Harkness (1973)

Die Compassion® zählt zu den beliebtesten ständig blühenden Kletterrosen und hat bereits viele Preise errungen. Ihre Blüten zieren die recht dünnen Triebe den ganzen Sommer über. Sie sind gefüllt und ganz verschieden gefärbt: Bei aprikosenfarbenem Grundton sind sie zu den Säumen hin lachsrosa. Je nach Wuchssituation herrscht eine Farbe vor, meist lachsrosa. Die Blüten verströmen einen angenehm süßen Duft.

Compassion®

Durch Biegen der roten, dornigen Triebe kann man mit der Compassion niedrige Hecken beranken. Sie wird gewöhnlich 2 bis 3,5 m hoch. Die großen, robusten, dunkelgrünen Blätter bilden einen schönen Hintergrund für die Blüten.

300 cm ADR TOP

Rosa Comtesse de Segur®

(DELtendre) Delbard (1994)

Die stark gefüllten rosa Blüten duften nach Obst und Rosen. Sie zieren den kräftigen Strauch den ganzen Sommer über.

90 cm

Comtesse de Segur®

Rosa Concerto®94

(MEIhaitoil) Meilland (1994)

Die stark gefüllten Blüten der Concerto®94 (Achtung: Es gibt auch eine rot blühende Rose dieses Namens!) zeigen viele Farben: Blassgelb, Lachs-

Concerto®94

rosa und Apricot bis Orangerot. Die Farbe der einzelnen Blüten wechselt mit deren fortschreitendem Alter. Sie stehen in dichten Büscheln auf dem breiten, aufrechten Busch, der bis zu 1 m hoch wird. Sein Laub ist matt dunkelgrün.
Die Concerto®94 passt in Gärten und Parks ausgezeichnet zu Mehrjährigen. Sie ist überaus resistent gegen Mehltau, aber leider anfällig für Rußtau.
/ 100 cm

Rosa Conquest

(HARbrill) Harkness (1994)

Bald nach dem Öffnen zeigen die aus spitzen Knospen hervorgehenden Blüten ihre gelben Pollen. Sie duften leicht und angenehm fruchtig. Nach der Blüte wirken sie wegen mangelnder Selbstreinigung dagegen weniger schön. Pflanzen Sie diese Rose nicht zuletzt deshalb an einer warmen, sonnigen Stelle. Der mittelgroße Busch hat große, glänzend dunkelgrüne Blätter.
80 cm

Conquest

Rosa Constance Finn

(HAReden) Harkness (1997)

Jede Dolde der blassrosa Blüten der Constance Finn bildet eigentlich schon einen kompletten Strauß für sich, denn die Blüten öffnen sich gleichzeitig und verströmen einen angenehmen Duft. Sie sind stark gefüllt und blassrosa, werden später aber elfenbeinweiß mit rosa Säumen.Für eine Floribunda-Rose wäschst der Strauch gut. Die dunkelgrünen Blätter wirken robust und sind einigermaßen krankheitsresistent.
100 cm

Constance Finn

Rosa Constance Spry®

(AUSfirst) Austin (1969)

Unter dem Patentnamen AUSfirst war die Constance Spry® die erste als „englisch" bezeichnete Rose, obwohl sie nicht alle charakteristischen Merkmale dieser heute so beliebten Rosengruppe aufweist, die manchmal auch nach ihrem Züchter „Austin Roses" benannt wird. Diese kräftige Rose blüht beispielsweise nur ein einziges Mal im Sommer.
Dennoch ist sie wegen ihrer riesigen blassrosa Blüten, unter deren Last sich die Triebe graziös nach außen neigen, ungemein beliebt bei Gärtnern. Sie sind stark gefüllt und duften sehr intensiv nach Myrrhe. Man sollte die zarten Trieb dieser Rose anbinden, da sie sonst leicht unter der Last der Stiele und Blüten umknicken könnten.
300 cm

Constance Spry®

Rosa Constanze Spry

(AUSfirst)

vgl. *Rosa* Constance Spry®

Rosa Coral Border™ Towne & Country®

(POUlalo) Poulsen (1998)

Die leuchtend roten gefüllten Blüten stehen in Büscheln. Sie sind 8 cm breit und verströmen einen leichten fruchtigen Duft. Ihre Farbe kontrastiert wunderbar mit dem Hellgrün der jungen Blätter neuer Triebe. Das Laub wird später glänzend mittelgrün. Die Coral Border™ ist ein niedriger, reich verzweigter Strauch, dessen Triebe sich unter der Blütenlast so neigen, dass er mehr oder minder zum Bodendecker wird.

80 cm

Coral Border™ Towne & Country®

Rosa Coral Gables

(POUlalo)

vgl. *Rosa* Coral Border™ Towne & Country®

Rosa Coral Palace

(POUldron)

vgl. *Rosa* Schackenborg™ Castle®

Rosa Cornelia

(-) Pemberton (1925)

Der englische Geistliche Pemberton züchtete zahlreiche Moschus-Hybriden (vgl. auch *Rosa moschata*), deren Blüten den ganzen Sommer über in Dolden erscheinen und nach Moschus duften. Auch die Cornelia ist ständig blühend. Den hohen, breiten Strauch zieren locker gefüllte Blüten. Ihre Farbe variiert je nach Bodenart und Jahreszeit von zartem Apricot bis rosa (mit allen denkbaren Zwischentönen). Die Cornelia duftet angenehm und eignet sich auch als Schnittblume, passt aber am besten zu Mehrjährigen.

110–150 cm

Cornelia

Rosa Cottage Rose

(AUSglisten) Austin (1991)

Die gefüllten Blüten der Cottage Rose sind geöffnet und becherförmig. Sie wirken unordentlich, aber bezaubernd. Ihr mit rosa Blättern gefülltes Herz ist oft geviertelt. Die schwach duftenden Blüten stehen in Dolden. Der Strauch bleibt für eine Englische Rose recht niedrig und wächst

Cottage Rose

ziemlich buschig, mit kräftig bedornten Trieben. Diese Rose blüht den ganzen Sommer hindurch.
GB 90 cm

Rosa Countess Celeste

(POUldron)
vgl. *Rosa* Schackenborg™ Castle®

Rosa Country Touch

(KORpinka)
vgl. *Rosa* Sommermärchen®

Rosa Countryman

(AUSman)
vgl. *Rosa* The Countryman®

Rosa Courage™ Paramount®

(POUlduf) Poulsen (1998)
Diese gefüllte, dunkelrote Rose gehört zur „Paramount®"-Serie, die niedrige, großblütige Sorten umfasst. Ihre Blüten duften angenehm. Sie zieren den ganzen Sommer hindurch den buschigen, etwa 60 bis 100 cm hohen Strauch
80 cm

Courage™ Paramount®

Rosa Courtoisie®

(DELcourt) Delbard (1984)
Die weiten, gefüllten Blüten gehen aus elegant geformten Knospen hervor. Sie duften schwach, aber angenehm und sind blassorange, außen mit einem Hauch von Gelb. Sie blühen in warmen Klimaten bei guter Düngung den ganzen Sommer über. Der Strauch verzweigt sich reichlich und wächst aufwärts. Sein Laub ist mittelgrün.
100 cm

Courtoisie®

Rosa Cream Abundance

(HARflax) Harkness (1999)
Die stark gefüllten Blüten der Cream Abundance sind besonders intensiv cremefarben, lässt das

Cream Abundance

Cremegelb doch etwas Hellgelb oder gar Hellrosa erahnen. Den reich verzweigten und dunkelgrün belaubten Strauch zieren den ganzen Sommer schwach duftende Blüten.

90 cm

Rosa Crêpe de Chine®

(DELtop) Delbard (1970)

Die großen, leuchtend rosa Blüten der Crêpe de Chine® sitzen auf hohen, kräftig wachsenden Trieben: Manchmal erheben sich die halb gefüllten, becherförmigen Gebilde 1,5 m über den Boden. Es sind gewöhnlich Einzelblüten, die bis zu 18 cm breit werden. Sie duften leicht, fruchtig und etwas nach Rosenöl. Der aufrechte Strauch wird 1 bis 1,5 m hoch und trägt große dunkelgrüne Blätter. Manchmal muss man sich damit abfinden, dass zwischen den Blütenschüben Pausen auftreten können. Die Sorte eignet sich am besten als Schnitt- oder Beetrose, da ihr leuchtendes Rosa schlecht zu anderen Farben passt.

120 cm

Crêpe de Chine®

Rosa Crimson Glory

(-) Kordes (1935)

Dies ist eine der berühmten, nach wie vor beliebten „Golden Oldies" – vor allem wegen des Duftes nach Damaszenerrosen, aber auch, weil sich die Blütenschübe über den ganzen Sommer und Frühherbst hinziehen. Bei großblütigen Rosen ist das keine Selbstverständlichkeit.

Auch ihre Einzelblüten sind perfekt: Gefüllt, samtig, scharlachrot und graziös auf dem Stiel wippend. Das dunkelgrüne Laub kontrastiert

Crimson Glory

schön, ist aber spärlich und anfällig für Mehltau, was die Beliebtheit dieser Rose etwas beeinträchtigt. Der Strauch ist buschig und kompakt.

80 cm

Rosa Crimson Meidiland®

(MElouscki) Meilland (1996)

Eine der neuen, kräftigen Strauchrosen. Diese blühen üppig und lange, selbst unter wenig günstigen Bedingungen. Die Blüten (rosenrot mit leichten weißen Akzenten) der Crimson Meidiland® sind halb gefüllt und zieren massenweise den reich verzweigten Strauch, der fast so breit wie hoch wird.

Die mittelgrünen Blätter werden kaum je von Mehl- oder Rußtau befallen, was ihr den ADR-Preis eingebracht hat. Wegen ihrer Widerstandskraft macht sie dem Gartenfreund wenig Ärger.

70 cm ADR

Crimson Meidiland®

Rosa Crimson Meillandecor

vgl. *Rosa* Crimson Meidiland

Rosa Crown Princess Margareta

(AUSwinter) Austin (1999)

Wegen ihrer stattlichen Größe ist diese Englische Rose mehrfach verwendbar: Als Einfassung (mit anderen Sträuchern oder Mehrjährigen) oder als Kletterrose. Die stark gefüllten becherförmigen Blüten stehen in Dolden. Sie sind aprikosenfarben, doch mit einem Anteil von Orange und ein wenig Gelb. Ihr Duft ist wunderbar fruchtig.

❦GB/⟋ 150–250 cm ❦❦❦ ◌◌◌

Crown Princess Margareta

Rosa Crystal™ Palace®

(POUlrek) Poulsen (1996)

Eine niedrige Floribunda-Rose, die in Beeten gepflanzt 50 cm breit und hoch werden kann. Als Topf- oder Kübelpflanze braucht sie viel Wasser und Dünger, um ständig zu blühen. Ihre Blüten sind bis zu 8 cm breit und von sehr heller cremerosa Farbe.

⊠/✲✲ 50 cm ❦❦❦ ◌

Crystal™ Palace®

Rosa Cyclamen Meillandecor

(MEIpelta)

vgl. *Rosa* Fuchsia Meidiland

Rosa Cymbaline

(AUSlean)

vgl. *Rosa* Cymbeline

Rosa Cymbeline

(AUSlean) Austin (1982)

Diese Englische Rose wird breiter als hoch. Ihre Triebe sind so dünn, dass sie sich unter der Last der Blütendolden und des dunkelgrünen Laubes neigen und so oft auf dem Boden liegen. Die Rose kann ihr Gewicht nicht selbst tragen und gehört zwischen andere Gewächse. Hier liegt auch ihre Stärke: Die gefüllten Blüten sind silbrig bis blassrosa und lassen sich daher mit fast allen anderen Blumen kombinieren. Sie duften stark nach Myrrhe.

Die Blüten sind empfindlich gegen Regen, die Blätter anfällig für Rußtau. Vermutlich wegen dieses kleinen Schönheitsfehlers wird die Sorte

Cymbeline

von David Austin zwar noch verkauft, aber nicht mehr beworben.

GB 120 cm

Rosa Dagmar Hastrup

(-) Hastrup (1914)

Die Dagmar Hastrup ist eine mit der Ramanas-Rose verwandte Rugosa-Hybride und hat daher sehr dornige Triebe und raues, graugrünes Laub. Sie wird nicht sehr hoch (80 cm), bildet zahlreiche Seitentriebe und ist üppig belaubt. Die Einzelblüten sind 8 cm breit, hellrosa und verströmen einen angenehm süßen Duft. Obwohl sich nach dem ersten Blütenschub große Hagebutten bilden, blüht der Strauch weiter.

70 cm

Dagmar Hastrup

Rosa Dama di Cuori

(Lens)

vgl. *Rosa* Dame de Coeur

Rosa x *damascena* – Damaszenerrose

(-) botanische Rose/Wildrose (-)

Die Griechen gewannen Jahrhunderte lang aus den Blütenblättern der Damaszenerrose Rosenöl. Später ließen die Römer diese Sorte in großem Maßstab als Schmuck für ihre Gastmähler in Ägypten anbauen: Bei solchen Anlässen wurden so viele Rosenblätter über die Gäste geschüttet, dass diese fast erstickten. Die Damaszenerrose ist wohl eine Hybride der Französischen und der

Rosa x *damascena*

Moschusrose. Ihr Blütenfarbe variiert stark, von intensivem bis zu hellem, fast weißem Rosa. Der fast 2 m hohe und breite Strauch blüht ein- oder zweimal pro Saison. Seine Blüten duften wundervoll.

200 cm

Rosa Dame de Coeur

(-) Lens (1958)

Großblütige Rosen werden schon seit Jahrhunderten auf Form und Farbe ihrer Blüten hin gezüchtet. Seit einigen Jahrzehnten widmet man sich auch wieder ihrem Duft. Der Krankheitsresistenz hingegen wurde kaum Beachtung geschenkt. Indes gibt es heute schon Ausnahmen wie die Dame de Cœur. Ihre gefüllten kirschroten Blüten stehen in Dolden dicht beieinander. Den ganzen Sommer über erscheinen neue

Dame de Coeur

schwach, aber angenehm duftende Blüten, die den aufrechten, etwa 80 cm hohen Busch zieren. Bei den ADR-Tests großblütiger Rosen auf Resistenz (1995 bis 1998) war die Dame de Cœur eine der wenigen Sorten, die sich als widerstandsfähig erwies.

80 cm TOP

Rosa Dapple Dawn

(AUSdapple) Austin (1983)

Diese ständig blühende Strauchrose von David Austin trägt den ganzen Sommer und Herbst hindurch reiche Dolden. Die Blüten sind schalenförmig und wunderbar gefärbt: Sie sind blassrosa, mit Anflügen von aprikosenfarben oder lachsrosa sowie helleren, blass- bis cremegelben Herzen. Die Blüten duften leicht nach Moschus. Von der Farbe abgesehen gleicht die Sorte der *Rosa* Red Coat. Die Dapple Dawn kennzeichnet aufrechter Wuchs und dunkelgrünes Laub.

150 cm

Dapple Dawn

Rosa Dark Lady

(AUSbloom)

vgl. *Rosa* The Dark Lady

Rosa Day Light

(INTerlight)

vgl. *Rosa* Daylight®

Rosa Daylight®

(INTerlight) Interplant (1990)

Das dunkle Laub des reich verzweigten Strauches kontrastiert wundervoll mit den 8 cm breiten Blüten. Diese sind halb gefüllt und vorwiegend cremegelb mit Anflügen von Rosa. Aus den bernsteingelben Knospen gehen sofort becherförmige Blüten mit Herzen voll gelber Pollen hervor. Ihr Duft ist unangenehm, doch glücklicherweise schwach. Die Rose eignet sich sehr gut für Beete und Einfassungen, auch wegen des schönen rotbraunen Laubs.

70 cm

Daylight®

Rosa Delbir®

(DELbir) Delbard-Chabert (1965)

Die leuchtend rosa Blüten kontrastieren schön mit dem glänzenden, hellgrünen Laub. Sie sind gefüllt, 8 cm breit und sitzen in Dolden auf den recht schlanken, biegsamen Trieben. Daher kann man sie als „romantische“ Einfassung ideal mit Mehrjährigen kombinieren. Die Rose hat viele Preise errungen, besitzt aber nur geringe Selbstreinigungskraft. Deshalb muss man nach Regenperioden welke Blüten entfernen.

70 cm

Delbir®

Rosa Della Balfour

(HARblend) Harkness (1994)

Die Blüten dieser Kletterrose zeigen subtile Rosa- und Orangetöne. Sie sind gefüllt und duften angenehm frisch nach Zitrone, blühen aber weder lang noch üppig. Die kräftige, aufrecht wachsende Pflanze wird etwa 3 m hoch.

300 cm

Della Balfour

Rosa Denise Grey

(MEIxetal)

vgl. *Rosa* Make Up®

Rosa Dentelle de Bruges®

(-) Lens (1991)

Im Frühsommer liegen die Blüten wie ein Schleier über den Zweigen der Dentelle de Bruges®. Sie sind einfach bis halb gefüllt. Aus rosa Knospen gehen schalenförmige, schwach duftende Blüten hervor, deren Herz voll gelber Pollen Insekten

Dentelle de Bruges®

anzieht. Der Strauch eignet sich auch als niedrige Kletterrose. Sein kräftiges mittelgrünes Laub besteht aus langen Blättchen.

/ 150 cm

Rosa Dentelle de Bruxelles®

(-) Lens (1988)

Dies ist das dunkelrosa Gegenstück zur *Rosa* Dentelle de Malines®, welche dieser Sorte in mancher Hinsicht ähnelt. Beide eignen sich als niedrige Kletterrosen. Um den Rest zu stärken, entfernt man dünnere Triebe. Im Frühsommer bildet der Strauch üppige Büschel von halb gefüllten rosa Blüten mit weißen Herzen. Die Triebe und das junge Laub sind burgunderrot, sorgen also für einen rosenroten Gesamteindruck.

/ 180 cm

Dentelle de Bruxelles®

Rosa Dentelle de Malines®

(-) Lens (1986)

Die Mutterpflanze dieses Strauchs war die *Rosa filipes*, was auch das kräftige Wachstum erklärt. Die Sorte kann ohne Stütze mannshoch werden, mit Kletterhilfe eignet sie sich als niedrige Klet-

Dentelle de Malines®

terrose. Durch Entfernen der dünneren Triebe können die übrigen stärker wachsen.

Im Frühsommer bildet die Dentelle de Malines® üppige Schübe becherförmiger, halb gefüllter Blüten, die aus der Entfernung wie die einer Zierkirsche wirken. Voll entfaltet sind diese Gebilde weiß mit einem Anflug von Rosa. Junge Blätter sind rein blassrosa. Das Laubwerk des Strauchs besteht aus relativ großen, olivgrünen Blättchen.

180 cm

Rosa Devon

(POUlrijk)

vgl. *Rosa* Bayernland Cover™ Towne & Country®

Rosa Diadeem

(TANmeda)

vgl. *Rosa* Diadem®

Rosa Diadem®

(TANmeda) Tantau (1986)

Die Blütenbüschel sitzen auf langen Stielen, sodass sie sich gut als Schnittblumen eignen. Auch geschlossene Knospen entfalten sich in der Vase problemlos. Der Anbieter Tantau empfiehlt, die oberste Knospe jeder Dolde anzubrechen. Die gefüllten rosa Blüten duften leicht fruchtig und verblassen später. Den ganzen Sommer hindurch erscheinen auf dem Strauch neue Dolden. Er trägt dunkelgrünes Laub, das recht krankheitsresistent ist und bis in den Herbst schön bleibt.

70 cm

Diadem®

Rosa Diamond Border™ Towne & Country®

(POUldiram) Poulsen (1997)

Insekten lieben die halb gefüllten, cremeweißen Blüten mit den gelben Pollen. Die fast schalenförmigen Blüten duften leicht und frisch und die spitzen Dolden bestehen aus zahlreichen Blüten. Die Blütentriebe wachsen erst aufrecht (manchmal höher als 1,5 m), neigen sich aber schnell unter der Last. Der Strauch braucht daher viel Platz oder eine Stütze. Die Diamond Border™ trägt üppiges, glänzendes, robust wirkendes Laub.

120 cm

Diamond Border™ Towne & Country®

Rosa Diamond Head

(POUldiram)

vgl. *Rosa* Diamond Border™ Towne & Country®

Rosa Die Welt®

(DieKOR) Kordes (1976)

Die *Rosa* Die Welt® gedeiht am besten in Gegenden mit Kontinentalklima. Sonst braucht sie – warme Sommer vorausgesetzt – eine sonnige Stelle, wenn man Freude an den Blüten haben will. Nach dem Regen sieht sie nicht schön aus. Die Blüten gehen aus großen, spitzen Knospen hervor. Diese scheinen auf rote Blüten zu deuten, entpuppen sich aber beim Öffnen als orangegelb. Während der Blüte werden die roten Säume lachsrosa. Die dunkelgrünen Blätter glänzen. Die

Die Welt®

Blüten sitzen auf dicken, langen, geraden Stielen. Das macht sie zu idealen Schnittblumen.

80 cm

Rosa Directeur H.J. Bos®

(INTerby) Interplant (1985)

Die relativ dünnen Triebe sind rot angehaucht und passen gut zum dichten, glänzend mittelgrünen Laub. Daraus ragen die halb gefüllten, becherförmigen blassrosa Blüten empor, die einen angenehmen Rosenduft verströmen. Der Strauch wächst kräftig und ist sehr robust.

100 cm

Directeur H.J. Bos®

Rosa Dirigent®

(-) Tantau (1956)

Die scharlachroten, halb gefüllten Blüten sitzen in üppigen Büscheln auf einem robusten, hellgrün belaubten Strauch. Das Rot der Blüten verblasst auch in praller Sonne nicht. Die Blüten bleiben sehr lange attraktiv und reinigen sich gut. Sich selbst überlassen wird die Dirigent® über 1 m hoch, doch mit Unterstützung kann sie es auf

Dirigent®

1,5 m bringen. Die Dirigent® ist eine robuste Rose.

100–150 cm ADR

Rosa Dolly Dot

(-) Jackson&Perkins (1998)

Gelbe, halb gefüllte Blüten ragen über das glänzend dunkelgrüne Laub empor. Ansonsten hat diese niedrige Floribunda-Rose wenig zu bieten.

40 cm

Dolly Dot

Rosa Domstadt Fulda®

(KORtanken) Kordes (1994)

Die spitzen Knospen werden zu relativ weiten, becherförmigen Blüten. Sie sind halb gefüllt und leuchtend scharlachrot. Verstärkt wird die Farbwirkung durch das glänzend dunkelgrüne, tiefrot angehauchte Laub. Auf üppige Schübe im Frühsommer folgen den ganzen Sommer und Herbst über weitere. Vor allem wegen des dichten Laubs bleibt der Strauch die ganze Saison hindurch attraktiv. Die dicken Triebe wachsen erstaunlich aufrecht.

80 cm

Domstadt Fulda®

Rosa Dorothy Perkins

(-) Jackson&Perkins (1901)

Die Blüten dieser Kletterrose zeigen ein helleres Rosa, ähneln aber sonst der beliebten *Rosa* Excelsa. Die 6 cm breiten Blüten sind ebenso gefüllt und erscheinen im Frühsommer als Dolden, die sich leicht neigen. Wie die Excelsa eignet sich die Dorothy Perkins auch als Hochstamm- oder Kaskadenrose. Ihr Laub bleibt lange attraktiv und glänzend, doch werden die Knospen und Blüten oft von Mehltau befallen. Dennoch empfiehlt sich die Sorte für Gärten, die genug Platz für einmal blühende Kletterrosen wie die Dorothy Perkins und ihre ständig blühende Variante bieten. Eine Verbesserung stellt die Variante *Rosa* Super Dorothy (HELdoro) dar, welche Hetzel 1986 auf den Markt brachte. Diese Kletterrose blüht zuverlässig und ist wenig anfällig für Mehltau.

300–600 cm

Dorothy Perkins

Rosa Dortmund®

(-) Kordes (1955)

Wenn sie Gelegenheit dazu hat, kann die Dortmund® an Zäunen, Bögen oder Pfeilern 2 bis 4 m hoch klettern. In dieser Situation bildet die Kletterrose Kaskaden einfacher roter Blüten mit weißen Herzen. Diese erscheinen den Sommer über in reichen Dolden an den Spitzen der hängenden Triebe. Die kleinen Blätter sind auffällig geformt: ihre Ränder sind wellig, manchmal sogar gesägt wie Holunderblätter (und fast so dunkelgrün). Das kräftige Wachstum und das robuste Laub machen sie recht resistent gegen Pilzerkrankungen.

200–400 cm ADR

Dortmund®

Rosa Doux Parfum

(HARzola)

vgl. *Rosa* L'Aimant

Rosa Dreaming

(KORrei)

vgl. *Rosa* Träumerei®

Rosa Dreams Come True

(MEIvestal)

vgl. *Rosa* Senator Burda®

Rosa Dronning Margrethe™ Palace®

(POUlskov) Poulsen (1996)

Die gefüllten, 8 cm breiten Blüten des niedrigen Strauchs wirken genau so frisch wie sie duften.

Dronning Margrethe™ Palace®

Sie verblassen später von Blassrosa zu Creme mit ein wenig Rosa. Regen macht ihnen nichts aus und ihr schwacher Duft ist angenehm fruchtig. Das Laub ist hell- bis mittelgrün. Der Strauch wächst kompakt und verzweigt sich gut, wobei er das Beet mit Laub bedeckt. Die Rose eignet sich auch für große Töpfe und Kübel. Eine Spitzensorte der „Palace®"-Serie von Poulsen.

60 cm

Rosa Drottningholm

(POUlasor)

vgl. *Rosa* Rosenborg™ Castle®

Rosa Dublin Bay®

(MACdub) McGredy (1976)

Den ganzen Sommer über bedeckt sich diese niedrige Kletterrose mit neuen Blütendolden. Die gefüllten Blüten öffnen sich weit und sind am Ende becherförmig. Sie duften kaum.

Diese rote Rose ist vor allem in warmen Ländern beliebt. Sie vereint gutes Wachstum und üppige Blüte mit geringer Größe und wird daher meist an Rosenbögen oder -pfeilern gepflanzt. Die Blüten bilden sich über die ganze Länge der 2 m hohen Triebe. Die Dublin Bay kann man auch ohne Kletterhilfe pflanzen. Dann wächst sie buschförmig.

200 cm

Dublin Bay®

Rosa Duftgold®

(TANdugoft) Tantau (1981)

Im Sommer und Frühherbst erheben sich gefüllte, leuchtend gelbe Blüten über das glänzend grasgrüne Laub des aufrechten Strauches. Bei gutem Wachstum blüht die Rose einige Zeit. Sie duftet würzig. Die Blüten sind sehr resistent gegen Regen und das Laub bleibt lange attraktiv.

80 cm

Duftgold®

Rosa Duftrausch®

(TANschaubud) (1986)

Duftrausch®

Die großen, gefüllten, malvenfarbenen Blüten verströmen – wie bei Damaszenerrosen nicht anders zu erwarten – einen sehr starken, würzigen Duft. Der Strauch verzweigt sich üppig und blüht den Sommer über recht beständig. Für eine großblütige Rose ist das dunkelgrüne Laub ziemlich resistent gegen Mehl- und Rußtau. Eine ausgezeichnete Beetrose, die auch gut zu Mehrjährigen passt. Sehr empfehlenswert!

90 cm

Rosa Duftwolke®

(Tanellis) Tantau (1963)

Die wohlgeformten, gefüllten Blüten sind auffällig korallenrot gefärbt. Sie zieren den niedrigen Strauch schon im Frühsommer. Durch ihren sehr starken Duft – fruchtig, doch würzig, stark an Zitrone erinnernd – werden sie dem Namen der Rose gerecht. Seinetwegen zählte die Duftwolke® lange Zeit zu den beliebtesten Sorten und errang zahlreiche Preise. Auch als Schnittblume ist sie gut geeignet.

Obwohl die glänzend mittelgrünen Blätter anfällig für Mehl- und Rußtau sind, erholt sich die robuste Pflanze schnell und bleibt bis in den Herbst attraktiv. Die Blüten sind wegen mangelnder Selbstreinigung regenempfindlich.

80 cm ADR

Duftwolke®

Rosa Duftzauber 84®

(KORzaun) Kordes (1984)

Duftzauber 84®

Nicht zu verwechseln mit der rosenrot blühenden Duftzauber (KORdu), die Kordes 1969 züchtete, denn die Duftzauber 84® kam erst 1984 auf den Markt. Ihre Mutter war die von den Pollen einer unbekannten Sorte bestäubte *Rosa* Feuerzauber. Das Resultat gewann wegen ihrer überzeugenden Qualitäten viele begehrte internationale Preise.

Die Pflanze wird bis zu 120 cm hoch und eignet sich daher gut für Beete. Ihr matt dunkelgrünes Laub ist resistent gegen Pilzbefall. Die einzeln oder in Gruppen auf langen Stielen stehenden Blüten sind ausdauernde Schnittblumen. Die Duftzauber 84® verfügt über gute Selbstreinigungskräfte, denn alte Blüten fallen restlos ab.

100 cm

Rosa Dwarfking 78

(KORkönig)

vgl. *Rosa* Zwergkönig 78®

Rosa Dynastie®

(MEIpitac) Meilland (1990)

Die Blütenblätter sind außen silbrig bis hellrosa, innen hingegen intensiv rosa gefärbt. Die gefüll-

Dynastie®

ten Blüten zieren den Strauch den ganzen Sommer über und duften schwach.
Der Strauch wächst aufrecht und trägt anfangs olivgrünes Laub, das aber später nachdunkelt. Die Blätter bleiben robust gegenüber Pilzbefall und es ist deshalb ein Rätsel, warum man diese Rose so selten bekommt. Vor allem wenn man bedenkt, dass der Strauch im Herbst hübsche Hagebutten trägt.
70 cm

Rosa Easy Cover™ Towne & Country®

(POUleas) Poulsen (1996)

Schöner, kompakter Strauch mit kleinen, glänzend mittelgrünen Blättern. Das üppige Laubwerk entzieht den Boden dem Blick (was auch die zahlreichen halb gefüllten, gut 2,5 cm breiten rosa Blüten allein fertig brächten).
Die Selbstreinigungskraft lässt ein wenig zu wünschen übrig. Dennoch gewann die Easy Cover™ auf der internationalen Rosenausstellung in Den Haag (2000) die goldene Auszeichnung in der Kategorie „Patio-Rosen".
↔ 40 cm

Easy Cover™ Towne & Country®

Rosa Easy Going™

(HARflow) Harkness (1998)

Dies ist die Mutante einer anderen Harkness-Rose (*Rosa* Livin' Easy), die nicht mehr lieferbar ist und orange Blüten hat. Manchmal sieht man diese Farbe noch an einigen Blüten der *Rosa* Easy Going™. Man spricht dann von Umkehr-

Easy Going™

mutation (vgl. Fachbegriffe). Die Mehrzahl der Blüten ist jedoch gelb bis aprikosenfarben. Sie stehen in Dolden, sind ca. 7 cm breit, gefüllt, becherförmig und duften angenehm. Der Strauch wächst kräftig und trägt hellgrünes Laub, das mit zunehmendem Alter dunkelgrün wird. Es bleibt robust.
80 cm

Rosa Eden Rose®85

(MEIviolin) Meilland (1987)

Beim Kauf dieser Rose sollte man genau auf den Züchternamen „MEIviolin" achten, da sonst Verwirrung entsteht. Beim Namen „Eden Rose" erhält man sonst eventuell eine rosenrote Sorte. Die MEiviolin gehört zur Serie „Fleur Romantica®" von Meilland und ist weiß bis cremegelb mit lachsrosa Herzen. Sie eignet sich als hohe Busch- oder Kletterrose. Der Strauch wird 1 bis 1,5 m hoch und bildet zahlreiche zweifarbige, stark gefüllte Blüten. Wegen des natürlichen Breitenwachstums sollte man ihn aufbinden.
150 cm

Eden Rose®85

Rosa Egeskov™ Castle®

(POUlrohill) Poulsen (1983)
Diese niedrige Floribunda-Rose gehört zur „Castle®"-Serie des dänischen Rosenzüchters Poulsen, die zu den niedrigen Strauchrosen gehört. Ihre halb gefüllten Blüten werden ca. 8 cm breit, sind hellrosa und duften leicht nach Wildrosen.
✲✲ 60 cm ✿✿✿ ☁☁

Egeskov™ Castle®

Rosa eglanteria

vgl. *Rosa rubiginosa*

Rosa Eglantyne

(AUSmak) Austin (1994)
Eine der besseren Englischen Rosen: Sie bildet reiche Schübe stark gefüllter, hellrosa Blüten.

Eglantyne

Diese verströmen einen angenehm süßen Duft. Die breiten Gebilde erheben sich über das erst oliv- und später graugrüne Laub. Der buschige, reich verzweigte Strauch bleibt recht niedrig. Sehr gut als Beetpflanze oder (mit mehrjährigen Pflanzen) als Einfassung geeignet.
✿GB 110 cm ✿✿✿ ☁☁☁

Rosa Eglantyne Jebb

(AUSmak)
vgl. *Rosa* Eglantyne

Rosa Egon Schiele™

vgl. *Rosa* Astrid Lindgren™ Floribunda Poulsen®

Rosa Electron®

vgl. *Rosa* Mullard Jubilee

Rosa Elegant Pearl®

(INTergant) Interplant (1984)
Die halb gefüllten, becherförmigen Blüten stehen in reichen Dolden und öffnen sich zur eleganten Radform. Sie sind cremegelb und 6 cm breit. Ihre Herzen bergen Massen von Staubfäden und gelben Pollen. Die Blüten verströmen einen fruchtigen Duft. Der Strauch verzweigt sich gut und trägt hellgrünes Laub, das leider anfällig für Rußtau ist. Diese niedrige Floribunda-Rose eignet sich als Patio-Rose für kleinere Gärten, kann aber auch als Hochstamm kultiviert werden.
⊠ 50 cm ✿✿✿ ☁☁

Elegant Pearl® als Hochstammrose

Rosa Elektron

vgl. *Rosa* Mullard Jubilee

Rosa Elena

(DICjana)
vgl. *Rosa* Elina®

Rosa Elfe®

(TANcreif) Tantau (2000)

Ältere Tantau-Rosen mit dem Namen „Elfe" sind nicht mehr zu haben. Ersetzt wurden sie durch diese neue Kletterrose. Die stark gefüllten Blüten sind auffällig elfenbeinweiß bis grünlich – ideal für romantische Gärten. Sie erscheinen den ganzen Sommer über und duften mild und fruchtig. Die Blütentriebe werden bis zu 3 m lang, doch kann man sie auch an niedrigen Kletterhilfen entlang führen, wo sie Blütenkaskaden bilden. Die Elfe® hat glänzend dunkelgrünes Laub, das dank ihres Züchters sehr resistent gegen Krankheiten ist.

200–300 cm

Elfe®

Rosa Elgin Festival

(AUSpoly)
vgl. *Rosa* Charlotte

Rosa Elina®

(DICjana) Dickson (1984)

Die Blüten stehen einzeln oder in kleinen Dolden. Sie sind erstaunlich breit (13 cm), sodass

Elina®

sich die sehr kräftigen Triebe oft unter ihrer Last neigen. Ihr zartes Hellgelb verblasst schließlich zu Elfenbeinweiß. Sie verströmen einen angenehm süßlich fruchtigen Duft. Regen schadet ihnen, sodass sie sich schlecht selbst reinigen.
Das Laub ist anfangs lebhaft gelbgrün bis burgunderrot und färbt sich später matt graugrün um. Die Pflanze bildet schöne, hohe und dichte Sträucher, die überaus resistent gegen Rosenkrankheiten sind.

110 cm ADR TOP

Rosa Elka Gaarlandt

(-) Buisman (1965)

Die leuchtend roten, halb gefüllten Blüten sind becherförmig, mit gelben Pollen im heller gefärbten Herzen. Sie sind nahezu geruchlos.
Die ca. 10 cm breiten Gebilde sitzen an dünnen Trieben, die sich unter der Last der Blütendolden

Elka Gaarlandt

neigen und so ein wenig unordentlich wirken. Der Strauch selbst wächst etwas unregelmäßig.
✲✲ 80 cm ✿✿✿ ☁

Rosa Elle®

(MElbderos) Meilland

Eine heute leider schwer erhältliche Sorte aus der Serie „Parfums de Provence®" von Meilland. Diese Strauchrose ist nach der bekannten internationalen Frauenzeitschrift Elle benannt. Ihre Blüten duften stark nach Limonen und stehen in dichten Dolden (Polyantha-Typ). Sie sind orangegelb bis blassrosa gefärbt und duften recht intensiv.
⊛ 70 cm ✿✿✿ ☁☁☁

Elle®

Rosa Elmshorn

(-) Kordes (1951)

Die gefüllten, tiefrosa Blüten der Elmshorn ähneln Pompons. Sie sind nahezu geruchlos und nicht sehr groß, zieren dafür aber den ganzen Sommer und Herbst über in reichen Dolden den kräftigen Strauch. Dieser kann 2 m hoch und 1,5 m breit werden. Das grasgrüne Laub ist ebenfalls klein, doch erstaunlich resistent gegen Pilzkrankheiten (vor allem für eine bereits 1951 gezüchtete Rose).

Kein Wunder, dass sie den ADR-Preis bekam! Wegen ihrer guten Eigenschaften wird sie vielfach angeboten. Die Elmshorn eignet sich besonders für „wildere" Gärten.
⊛ 200 cm ✿✿✿ ☁☁ ✚ ADR

Elmshorn

Rosa Emera®

(NOAtraum)

vgl. *Rosa* Heidetraum®

Rosa Emily Gray

(-) Williams (1918)

Eine kräftige Kletterrose mit glänzend dunkelgrünem Laub, die Wände oder Zäune völlig abdecken kann. Es empfiehlt sich, sie an einer geschützten Stelle zu pflanzen, da die empfindlichen Triebe bei schwerem Frost Schaden nehmen können.

Vom Früh- bis zum Hochsommer bildet sie Dolden aus großen, halb gefüllten Blüten. Diese wirken recht unordentlich und hängen unter der eigenen Last herab. Die Pollen sind gut sichtbar. Geöffnet sind die Blüten von einem satten Gelb, doch verblassen sie später. Die Emily Gray duftet angenehm, blüht aber leider nur einmal.
⇗ 200–500 cm ✿ ☁☁☁

Emily Gray

Rosa Ena Harkness

(-) Norman/Harkness (1946)

Der Amateurzüchter Albert Norman kreuzte hier die Sorten *Rosa* Crimson Glory und *Rosa* Southport. So entstand die Ena Harkness. Das erwies sich als Glücksfall, denn diese großblütige Rose ist immer noch im Handel. Ihre gefüllten Blüten sind perfekt geformt, karminrot (ohne zu verblassen) und duften so angenehm wie Damaszenerrosen. Heute gibt es bessere großblütige Sorten: Die großen, schweren Blüten der Ena Harkness sitzen nämlich auf recht dünnen Stielen, sodass sie vor allem bei Nässe leicht umknicken. Auch Regen vertragen sie nur schlecht. Düngung mit Kali lässt die Triebe kräftiger werden. Gönnen Sie der Rose einen gut belüfteten Standort. Der aufrechte Strauch trägt recht spärliches dunkelgrünes Laub.

70 cm

Ena Harkness

Rosa Enchantment

(POUlskov)

vgl. *Rosa* Dronning Margrethe™ Palace®

Rosa England's Rose

(AUSrace) Austin (2000)

Diese Rose verdient wegen der zarten Farben Beachtung. Die spitzovalen Knospen sind blassgelb. Beim Öffnen zeigt sich das denkbar zarteste Rosa, mit Herzen von sehr hellem Apricot. Die stark gefüllten, becherförmigen Blüten stehen dicht beieinander und haben den frischen Duft von Teerosen.

England's Rose

Der aufrechte Strauch trägt graugrünes Laub. Von jeder verkauften Rose geht 1 £ zum Aufbau eines staatlichen Rosengartens an die Royal National Rose Society.

GB 110 cm

Rosa English Apricot

(AUSemi)

vgl. *Rosa* Lucetta®

Rosa English Dawn

(AUSdapple)

vgl. *Rosa* Dapple Dawn

Rosa English Yellow

(AUSmas)

vgl. *Rosa* Graham Thomas®

Rosa Erfurt

(-) Kordes (1939)

Erfurt

Die mäßig gefüllten Blüten stehen einzeln. Sie zeigen Herzen voller gelber Pollen und einen von einer elfenbeinweißen Zone umgebenen hellgelben Fleck. Der Rest der Blüte ist blassrosa und verblasst in der Sonne schnell. Die bezaubernden Blüten sitzen auf dem dunkelgrün belaubten, bis zu 1,5 m hohen Strauch. Diese sehr alte Strauchrose passt immer noch gut in Naturgärten, wo Bienen die Pollen einsammeln können.

100–150 cm

Rosa Erica

(INTerop)

vgl. Rosa Eyeopener®

Rosa Eroica

(Tantau)

vgl. *Rosa* Erotika®

Rosa Eroika

(Tantau)

vgl. *Rosa* Erotika®

Rosa Erotica

(Tantau)

vgl. *Rosa* Erotika®

Rosa Erotika®

(-) Tantau (1969)

Die großen, gefüllten Blüten sind perfekt geformt, tiefrot und samtig. Außerdem verströmen sie einen intensiven, würzigen Duft. Wegen ihrer langen Stiele eignen sie sich gut als Schnittblumen. Nach ihrer Markteinführung (1969) wurde die Rose rasch eine der beliebtesten Sorten. Nicht genug damit: Sie bildet im ganzen Sommer und Herbst über neue Blüten! Der Strauch wächst gut und trägt kräftige, große Blätter, die anfangs rot, später dunkelgrün sind.

80 cm ADR

Erotika®

Rosa Escapade

(HARpade) Harkness (1967)

Die älteste von Jack Harkness gezüchtete Floribunda-Rose ist immer noch eine der besten. Sie gewann viele Preise, Zertifikate und Auszeichnungen und verkauft sich weiterhin gut (wenn auch nicht bei Harkness).

Die halb gefüllten Blüten zeigen entfaltet ein strahlendes Rosa, das rasch einem hübschen Violett weicht. Im Herzen sitzt ein weißes „Auge“ mit einem auffälligen Busch gelber Pollen, die von weither Insekten anziehen. Ihr Duft ist mild, aber angenehm süß.

Die üppigen Blüten erscheinen im Frühsommer. Die nächsten Schübe sind schwächer, aber beständig. Die Dolden ragen an langen, dünnen, etwa 1 m langen Trieben über das glänzend dunkelgrüne Laub empor. Die Blätter bleiben lange schön.

70 cm ADR TOP

Escapade

Rosa Espéranza

(-) Delforge (1966)

Das leuchtende Orangerot dieser Floribunda-Rose fällt auch aus der Entfernung auf. Die

Espéranza dient wegen der reichen Blüte und der großen Blütenmassen des robusten Strauches oft als Beetrose. Er wächst aufrecht und trägt viele dunkelgrüne Blätter, die schön mit den Blüten kontrastieren. Sie sind halb gefüllt und becherförmig mit offenen Herzen. Ihr Geruch ist kaum wahrnehmbar. Spät in der Saison bilden sich Hagebutten. Die sehr beständige Blütenfarbe half der Espéranza, mehrere Preise zu gewinnen.
✲✲ 100 cm ✿✿✿ ☁

Espéranza

Rosa Esprit®

(KORholst)

vgl. *Rosa* Holstein 87®

Rosa Essex

(POUlnoz)

vgl. *Rosa* Pink Cover™ Towne & Country®

Rosa Euphoria®

(INTereup) Interplant (1995)

Die Blüten riechen und wirken wie kleine Orangen. Die Basen der Blütenblätter sind so gelb wie die Pollen. Die anfangs rein orangen Säume der einfachen Blüten werden später lachsrosa. Insekten suchen die Blüten oft auf. Dieser schöne Bodendecker ist zu Unrecht wenig bekannt und trägt manchmal den falschen Namen *Rosa* Euphorbia. Ich selbst bin von dieser reich blühenden Rose begeistert.
↔ 60 cm ✿✿✿ ☁☁☁ ✚

Euphoria®

Rosa Eurostar

(POUlreb)

vgl. *Rosa* Marselisborg™ Castle®

Rosa Evelyn

(AUSsaucer) Austin (1991)

Die Evelyn zählte wegen des intensiven, süßen Duftes ihrer Blüten lange zu den beliebtesten Englischen Rosen. Ihren Namen verdankt diese Sorte der Parfümfirma Crabtree & Evelyn, die diesen Duft in ihre Serie von Rosenparfüms aufnahmen. Die stark gefüllten Blüten der Evelyn sind becherförmig und ungefähr 9 cm breit. Ihre Farbe variiert je nach Blütenentwicklung und Jahreszeit. Unmittelbar nachdem sich die schönen, runden Knospen geöffnet haben, ist Apricot die vorherrschende Farbe. Im Herbst jedoch sind vor allem die älteren Blüten eher rosa gefärbt. Heute gibt es Englische Rosen mit schöneren Wuchsformen. Der Strauch wächst anfangs aufrecht, doch sind die Triebe nicht stark genug, um die Last der Blüten zu tragen, sodass sie sich schließlich neigen. Das ist nur akzeptabel, wenn die Rose zwischen Mehrjährigen und anderen Büschen steht, die sie stützen.
✿GB 100 cm ✿✿✿ ☁☁☁☁

Evelyn

Rosa Everblooming Dr. W. Van Fleet

(Somerset Rose Nursery)
vgl. *Rosa* New Dawn

Rosa Everglades

(POUlege)
vgl. *Rosa* Søren Kanne™ Floribunda Poulsen®

Rosa Evita

(TANlarpost)
vgl. *Rosa* Polarstern®

Rosa Excelsa

(-) Walsh (1909)
Diese alte Hybride ist vielseitig verwendbar: Als Kletter-, Bodendecker-, niedrige Hecken- und Hochstammrose (in der beliebten Kaskadenform). An den Seitentrieben hängen reiche Blütendolden. Die gefüllten Blüten sind leuchtend rosa und geruchlos. Sie blühen üppig und lange, trocknen aber am Stiel ein. Da dies hässlich aussieht, sollte man sie dann abschneiden. Die Sorte blüht nur einmal, präsentiert aber in der restlichen Saison ihr schönes, frisches, glänzend hellgrünes Laub.
/ 400 cm

Excelsa

Rosa Exception

(Baum)
vgl. *Rosa* Rotes Meer

Rosa Exception

(Tantau)
vgl. *Rosa* Märchenland

Rosa Exotic®

(FRYxotic)
vgl. *Rosa* Warm Wishes

Rosa Exploit®

(MEIlider) Meilland (1985)
Nach einem ersten Schub blüht diese großblütige Kletterrose weniger, doch folgen noch lange reiche Schübe. Die Blüten zeigen ein leuchtendes Rosenrot, das nicht zu allen Wänden passt. Schön wirken sie an freistehenden Kletterhilfen, welche die kräftigen, langen Triebe mit dem mittelgrünen Laub rasch beranken.
200 cm

Exploit®

Rosa Eye Opener

(INTerop)
vgl. Rosa Eyeopener®

Rosa Eyeopener®

(INTerop) Interplant (1987)

Hunderte leuchtend roter, über 2,5 cm breiter Einzelblüten zieren diese Bodendeckerrose. Hinter den gelben Pollenbüscheln verbirgt sich ein kleines weißes Auge. Die Blüte setzt im Hochsommer ein und zieht sich bis in den Herbst. Nun bilden sich am weit verzweigten, stark bedornten und üppig belaubten Strauch ständig schöne, reiche Blütendolden. Die Blätter bleiben schön, sind aber etwas anfällig für Rußtau.

↔ 40 cm ❀❀❀ ☁

Eyeopener®

Rosa F.K. Druschki

(Lambert)

vgl. *Rosa* Frau Karl Druschki

Rosa Fair Play®

(INTerfair) Interplant (1977)

Die reichen Dolden korallenroter Knospen öffnen sich zu becherförmigen, orangeroten Blüten mit weißen Augen und gelben Pollen. Sie sind einfach bis halb gefüllt und duften schwach. Der Strauch wächst in die Breite, ist aber für eine echte Bodendeckerrose zu hoch. Das schöne, bronzegrüne Laub hängt lange an den Zweigen.

⊕ 80 cm ❀❀❀ ☁☁

Fair Play®

Rosa Fairy

(Bentall)

vgl. *Rosa* The Fairy

Rosa Fairy Lights

(Poulmulti)

vgl. *Rosa* Snow Cover™ Towne & Country®

Rosa Fairy Queen

(-) Vurens (-)

Eine robuste Polyantha-Rose, die mit ihrem glänzenden Laub den Boden gut abdeckt. Die jungen Blätter sind hell grasgrün und werden später dunkelgrün. Die halb gefüllten karminroten Blüten erscheinen im Sommer in üppigen Dolden. Die Sorte ist anfällig für Mehltau.

⊞ 40 cm ❀❀❀ ☁ ✚

Fairy Queen

Rosa Fairy Tale Queen

(KORoyness)

vgl. *Rosa* Märchenkönigin®

Rosa Fairyland

(HARlayalong) Harkness (1980)

Die Polyantha-Rose Fairyland bildet im Juli und August üppige Schübe gefüllter Blüten. Diese sind reinweiß oder leicht rosa überhaucht und stehen in breiten Dolden. Den ganzen Sommer und Herbst über bilden sich neue. Die Fairyland ist eine Kreuzung der beliebten *Rosa* The Fairy mit den Pollen der *Rosa* Yesterday (ebenfalls von Harkness). Der Strauch wächst in die Breite und wird doppelt so breit wie hoch. Sein kräftiges, glänzend dunkelgrünes Laub deckt den Boden gut ab.

↔ 60 cm ⚘⚘⚘ ☁ ✚

Fairyland

Rosa Fairy-Tale

(KEIren) Keizer (1995)

Es gibt eine ganze Reihe Sorten namens Fairy-Tale, hüten Sie sich also vor Verwechslungen! Diese Patio-Rose von Keizer bildet sehr reiche Dolden halb gefüllter rosa Blüten, die gut 2,5 cm breit sind und kaum duften. Diese wachsen in die Breite und hängen daher über. Ihr Laub ist glänzend dunkelgrün.

⊠ 50 cm ⚘⚘⚘ ☁

Fairy-Tale

Rosa Falstaff

(AUSverse) Austin (1999)

Diese neue Englische Rose lässt sich als Beet- oder Einfassungsstrauch pflanzen, ist aber auch als niedrige Kletterrose geeignet. Ihre stark gefüllten Blüten sind anfangs karmin-, später purpurrot. Sie duften wunderbar. Der Strauch wächst aufrecht und reich verzweigt. Die mittelgroßen Blätter sind matt dunkelgrün.

⚘GB/✐ 120–250 cm ⚘⚘⚘ ☁☁☁

Falstaff

Rosa Fantin-Latour

(-) unbekannt (ca. 1900)

Der Züchter dieser nach dem französischen Maler Henri Fantin-Latour benannten Rose ist unbekannt. Diese Centifolie bildet hohe, breite Sträucher von bis zu 2 m Höhe mit üppigem, graugrünem Laub. Im Hochsommer neigen sich die wunderschönen rosa gefüllten Blüten. Diese

Fantin-Latour

duften stark, aber mild. Eine wunderbare Rose für romantische Gärten. Auch als Hecke geeignet!
180 cm

Rosa Fascination

(POUlmax)
vgl. *Rosa* FredensborgTM Castle®

Rosa Favori

(Lens)
vgl. *Rosa* Favorite

Rosa Favorite

(LEN 3) Lens (1980)
Die wohlgeformten, gefüllten, lachsrosa Blüten zieren einen nur knapp 50 cm hohen Strauch. Sie sind becherförmig, was für eine Floribunda-Rose recht ungewöhnlich ist.
Die Blüte dauert den ganzen Sommer über an. Ihr Duft ist kaum wahrnehmbar. Die anfangs rötlichen jungen Triebe und Blätter färben sich später mittelgrün.
50 cm

Favorite

Rosa fedtschenkoana

(-) botanische Rose/Wildrose (-)
Diese Wildrose aus Innerasien eignet sich für verwildert anmutende Naturgärten. Der bis zu 2 m hohe Strauch breitet sich mäßig durch von den Wurzeln ausgehende Wildtriebe aus.
Die dünnen Triebe tragen nur wenige, aber dafür gefährlich spitze Dornen. Die graugrünen Blätter

Rosa fedtschenkoana

bestehen aus bis zu neun einzelnen Blättchen. Im Frühsommer erscheinen die Dolden der kleinen, weißen (manchmal rosa) Einzelblüten. Sie duften leicht nach Moschus.
An günstigen Standorten treibt die *Rosa fedtschenkoana* mehrere Blütenschübe aus. Die birnenförmigen, orangeroten Hagebutten werden im Herbst gern von Vögeln verspeist.
200 cm

Rosa Fée des Neiges

(KORbin)
vgl. *Rosa* Schneewittchen®

Rosa Feeling®

(-) Lens (1992)
Diese Moschata-Hybride (vgl. auch *Rosa moschata*) kann bis zu 1,5 m hoch werden. An den zum Boden geneigten Trieben bilden sich buttergelbe Blütenknospen. Sie öffnen sich zu weißen Blüten mit üppigen Staubfäden und gelben Pollen.
150 cm

Feeling®

Rosa Felicitas®

(KORberis) Kordes (1998)

Die hängenden Triebe der Felicitas bilden schließlich eine weite, über 80 cm hohe und 1,5 m breite Kuppel. Im Sommer überzieht sich diese mit mittelgroßen, einfachen Blüten. Jene sind karminrot mit hellrosa Herzen und gelben Staubgefäßen. Der breite Strauch duftet leicht nach Rosen. Die langen Triebe tragen auffällig glänzende, dunkelgrüne Blätter. Eine schöne, robuste Rose für öffentliche Parks und Naturgärten.

80 cm ADR

Felicitas®

Rosa Félicité Parmentier

(-) Parmentier (1834)

Man sollte dem belgischen Amateur-Rosenzüchter Louis Parmentier posthum zu dieser alten Alba-Rose gratulieren, die auch über 150 Jahre nach ihrer Einführung noch sehr beliebt ist. Ihre Ursprünge sind unbekannt, doch weist die Félicité Parmentier bestimmte Merkmale der Damaszenerrose auf. So haben die Blüten Pomponform, da sich die äußeren Blätter rückwärts biegen. Die Herzen der stark gefüllten, wunderbar duftenden Rose sind blassrosa. Sie werden nach außen hin heller. Nach der mehrere Wochen andauernden sommerlichen Blüte reinigen sie sich schlecht. Auf guten Böden wird der Strauch etwa 1,5 m hoch und breit. Sein blaugrünes Laub bleibt recht schön. Die Triebe tragen nur wenige Dornen.

110–150 cm

Félicité Parmentier

Rosa Fellowship

(HARwelcome) Harkness (1992)

Ein Vorzug der Fellowship ist die herrlich kompakte Form des Strauches. Er trägt kräftiges, glänzendes Laub. Die geöffneten Blüten sind 10 cm breit. Ihr leichter Duft hat einen frischen Hauch von Limonen. Sie zeigen eine ungewöhnliche rotorange Färbung mit aprikosenfarbenen Blattbasen. Diese verändert sich kaum.

90 cm TOP

Fellowship

Rosa Ferdy™

(KEItoli) Keisei (1984)

Die langen Triebe der Ferdy™ breiten sich weit aus und verdecken mit ihrem üppigen Laub den Boden. Im Spätfrühling überziehen sie sich mit einer Unzahl halb gefüllter rosa Blüten. Das sorgt im Frühling und Frühsommer für ein reizendes Bild. Leider blüht sie nur einmal und die welken Blüten bilden wahrlich keine Zierde des Strauches. Sich selbst überlassen wächst die Ferdy™

Ferdy™

wie ein kriechender Bodendecker, doch wenn sie von Busch- oder Heckenzweigen gestützt wird, erreichen ihre Triebe 1,5 m Höhe.
Die sehr robuste Rose leidet kaum unter Ruß- oder Mehltau.
75 cm

Rosa Fêtes des Mères

(Grootendorst)
vgl. *Rosa* Mothersday

Rosa Feu d'Artifice

(Tantau)
vgl. *Rosa* Feuerwerk®

Rosa Feuerwerk®

(-) Tantau (1962)
Die orangen Blüten zeigen einen Hauch von lachsrosa – einen bei Rosen seltenen Farbton, der subtiler ist, als der Name vermuten lässt. Die halb gefüllten, geruchlosen Blüten stehen in Dolden. Sie zieren den ganzen Sommer über den bis zu 1,5 m hohen Strauch. Das ziemlich kräftige Laub ist hellgrün und kontrastiert schön mit den Blüten. Diese Rose ist leider schwer erhältlich.
150 cm

Feuerwerk®

Rosa Feuerzauber®

(KORfeu) Kordes (1974)
Die orangen, leicht rosa angehauchten Blüten sind gefüllt und haben die klassische Form großblütiger Rosen, sie haben spitze Knospen und ein ebensolches Herz. Sie eignen sich gut als Schnittblumen, obgleich sie kaum duften. Im Garten lassen sie sich wegen der übermächtigen Farbe schwer mit anderen Blumen kombinieren. Daher pflanzt man sie gewöhnlich in Beeten. Sie blühen beständig. Dabei sitzen mehrere Blüten an den Trieben. Das glänzend dunkelgrüne Laub ist für eine großblütige Rose recht kräftig. Dennoch wird diese Sorte nur selten angeboten.
100 cm

Feuerzauber®

Rosa Fiery™ Hit®

(POUlfiry) Poulsen (1998)
Diese Patio-Rose bildet orange bis ziegelrote, etwa 5 cm breite Blüten. Diese erheben sich in Dolden über das rötlich angehauchte Laub. Die Sorte eignet sich gut für große Blumentröge und -töpfe sowie als niedrige Beetpflanze.
40 cm

Fiery™ Hit®

Rosa Fil d'Ariane®

(LENfil) Lens (1988)

Die 1 m langen Triebe dieser ständig blühenden Strauchrose neigen sich, wenn die Blüten sich entwickeln nach unten und bedecken den Boden. Sie trägt halb gefüllte weiße, rosa überhauchte Blüten mit offenen Herzen. Diese zeigen Büschel gelber Pollen.

↔ 60 cm

Fil d'Ariane®

Rosa filipes Kiftsgate

(-) Murell (1954)

Geben Sie gut Acht auf diese Nachkommen der *Rosa filipes* aus Westchina. Sie wächst sehr stark. An eine Wand gelehnt, kann sie in drei Jahren etwa 7 m hoch werden. Der Rekord liegt bei 40 m! Ein Baum würde unter dieser Last zusammenbrechen. Die Triebe tragen gekrümmte Dornen, die den Schnitt zu einer oft aufgescho-

Rosa filipes Kiftsgate

benen Mühsal machen. Deshalb sollte man diese Rose lieber als Solitärstrauch pflanzen: Dann wird sie etwa 4 m hoch und breit. Im Mittsommer erscheinen Dolden cremefarbener Blüten. Sie duften schwach und werden im Spätsommer zu orangen, später blassroten Hagebutten.

500 cm

Rosa Fire Magic

(KORfeu)

vgl. *Rosa* Feuerzauber®

Rosa Fire Pillar

vgl. *Rosa* Bischofsstadt Paderborn

Rosa First Blush®

(MEIzincaro) Meilland (2000)

Die First Blush® ist eine großblütige Rose mit schönen karminroten Blüten. Bislang wird sie nur selten angeboten.

80 cm

First Blush®

Rosa First Edition

(DELtep)
vgl. *Rosa* Arnoud Delbard®

Rosa Fisherman

(AUSchild)
vgl. *Rosa* Fisherman's Friend®

Rosa Fisherman's Friend®

(AUSchild) Austin (1987)

Die runden, roten Knospen öffnen sich langsam zu tiefroten Blüten, die allmählich rosa Töne zeigen. Den Gesamteindruck der stark gefüllten, weiten Blüten prägt jedoch ein sattes Rot. Der Duft ist stark und „altmodisch".

Die kräftigen Zweige tragen viele gefährlich scharfe Dornen. Sie wachsen erst aufrecht und später seitwärts, da sich die Spitzen der dünnen Triebe unter der Last der oft über 15 cm breiten Blüten biegen. Die Fisherman's Friend® ist ein wenig anfällig für Rußtau. Der Züchter David Austin glaubt, dass es mittlerweile bessere vergleichbare Sorten gibt.

GB 100 cm

Fisherman's Friend®

Rosa Flame Dance

(KORflata)
vgl. *Rosa* Flammentanz®

Rosa Flamingo®

(KORflüg) Kordes (1979)

An den Spitzen der eindrucksvoll bedornten Triebe sitzen flamingorosa Blüten. Die orangegelben Knospen öffnen sich nur langsam, sozusagen Blatt für Blatt, zu wunderschönen Blüten.

Diese Rose ist eine ausgezeichnete und vor allem ausdauernde Schnittblume, aber auch im Beet halten sich ihre Blüten sehr lange. Nach dem Verblühen fallen sie säuberlich ab. Die Triebe wachsen zwar aufwärts, sind aber leider recht schwach. Sie tragen glänzend dunkelgrünes Laub.

90 cm

Flamingo®

Rosa Flammentanz®

(KORflata) Kordes (1955)

Die auffallend großen, karminroten Blüten zieren im Hochsommer in großer Zahl die langen Triebe dieser großblütigen Kletterrose. Sie duften nur mäßig. Sie bieten einen „feurigen" Anblick, sei es allein oder an Kletterhilfen gelehnt (das können Mauern, Zäune oder kräftige Rosenbö-

Flammentanz®

gen bzw. -pfeiler sein). Die kräftigen Triebe können – je nach Unterlage – bis zu 5 m lang werden. Die jungen Triebe und Blätter sind grasgrün und bleiben – teils wegen des kräftigen Wachstums dieser Kletterrose – lange robust.
200–500 cm ADR

Rosa Flash Meidiland

(MEIstocko) Meilland (1991)

Die gelben Staubgefäße kontrastieren schön mit den helleren Herzen der einfachen, dunkelroten Blüten dieser Strauchrose. Obwohl sie nicht duften, werden sie stark von Insekten besucht. So kann es den ganzen Sommer hindurch zu konstanten Schüben kommen. Die Sorte eignet sich gut für die „regellose“ Pflanzung in Sektionen oder zwischen Mehrjährigen. Die jungen Triebe sind rotkohlfarben überhaucht und tragen anfangs olivgrünes Laub, das später dunkler wird.
90 cm TOP

Flash Meidiland

Rosa Flavia

(INTerette)

vgl. *Rosa* Fleurette®

Rosa Fleurette®

(INTerette) Interplant (1977)

Der Strauch sendet in alle Richtungen schräge Triebe aus. Diese tragen an den Spitzen Dolden

Fleurette®

aus fast geruchlosen, einfachen Blüten. Jene sind rein lachsrosa mit helleren Herzen, die sich im Laufe der Blüte immer mehr ausdehnen.
Ältere Blüten verblassen oft zu sehr hellem Rosa. Die olivgrünen Blätter kontrastieren schön mit der Blütenfarbe, doch sind sie anfällig für Rußtau.
100 cm

Rosa Flirt®

(KORkopapp) Kordes (2000)

An den Blüten der Flirt® erkennt man noch sehr gut die charakteristischen Merkmale ihrer bekannten Ahne, der *Rosa* The Fairy, doch sind sie hier dunkelviolett und weniger gefüllt. Jedes Blatt

Flirt®

wirkt seltsam „gesägt", mit rundlichen Lappen an den äußeren Säumen. Im helleren Herzen sind die gelben Staubgefäße gut sichtbar. Die glänzend olivgrünen Blätter zieren einen dicht verzweigten Strauch von ca. 70 cm Höhe und 80 cm Breite. Gut geeignet für Beetunterteilungen oder als Einfassung (mit Mehrjährigen).

60 cm

Rosa Flora Danica™ Paramount®

(POUlrim) Poulsen (1996)

Eine der niedrigeren großblütigen Rosen aus der „Paramount®"-Serie. Die gefüllten, aprikosenfarbenen Blüten (mit Spuren von Lachsrosa) verströmen einen angenehmen Duft und werden ungefähr 9 cm breit. Sie kontrastieren wunderschön mit dem mahagonibraun der jungen Blätter, die später glänzend rotgrün werden.

80 cm

Flora Danica™ Paramount®

Rosa Flora Romantica®

(MEIchavrin) Meilland (1998)

Der Rosenzüchter Meilland ordnet diese früher *Rosa* Mon Jardin et Maison genannte Kletterrose wegen ihres romantischen Aussehens (blassgelbe bis weiße Blüten) nun der Serie „Fleur Romantica®" zu. Die Blüten sind stark gefüllt und duften süß und fruchtig. Die Flora Romantica® wird jetzt als Strauchrose empfohlen, neigt aber immer noch zum Klettern.

90 cm

Flora Romantica®

Rosa Floranje

(-) RvS-Melle (1990)

Die Blüten stehen so dicht beieinander, dass sie gemeinsam eine einzige leuchtend orangerote Masse bilden – ein beeindruckender Anblick! Die Triebe sind allerdings auch ungewöhnlich dick: Sie entspringen einem an der Basis dicht und dunkel belaubten Strauch. Die jungen Blätter sind gelbgrün gefärbt, die halb gefüllten Blüten becherförmig und nahezu geruchlos.

80 cm

Floranje

Rosa Florentina

(-) Kordes (1974)

Die zylindrischen Knospen öffnen sich zu scharlachroten, perfekten Tee-Hybridenblüten. Diese duften schwach, sind aber als Schnittblumen beliebt. Jeder der vertikalen Stiele trägt nur eine Blüte. Die Florentina gedeiht auch in Freilandbeeten. Der aufrechte Strauch wird ca. 90 cm hoch und 50 cm breit. Sie tragen große Blätter, die anfangs olivgrün sind und sich später dunkelgrün färben. Für eine großblütige Rose bleiben sie recht robust.

90 cm ADR

Florentina

Rosa Flower Carpet® Red

(NOAre)
vgl. *Rosa* Alcantara®

Rosa Flower Carpet® White

(NOAschnee)
vgl. *Rosa* Schneeflocke®

Rosa Flower Carpet® Yellow

(NOAson)
vgl. *Rosa* Celina®

Rosa Flower Carpet®

(NOAasa)
vgl. *Rosa* Medusa®

Rosa Flower Carpet®

(NOAfeuer)
vgl. *Rosa* Heidefeuer®

Rosa Flower Carpet® Pink

(NOAtraum)
vgl. *Rosa* Heidetraum®

Rosa Flower Power

(FRYcassia) Fryer (1998)
Diese niedrige Strauchrose gedeiht gut in großen Töpfen oder Kübeln. Die stark gefüllten Blüten stehen in Dolden über dem kräftigen dunkelgrünen Laub. Ihre aprikosenfarbenen Blätter wellen sich. Die Blüten sind geruchlos.
60 cm

Flower Power

Rosa Flower Power

(KORedan)
vgl. *Rosa* Blühwunder®

Rosa Focus®

(NOAgut) Noack (1997)
Die gefüllten lachsrosa Blüten der Focus® öffnen sich weit. Sie werden bis zu 10 cm breit und verströmen einen leichten, süßlich fruchtigen Duft. Der Strauch bildet reiche, ausdauernde Blütenschübe. Er wächst steil aufrecht und verzweigt sich üppig. Die Triebe sind kräftig genug, um die Last der Blüten zu tragen. Ferner haben sie viele große, bernsteingelbe Dornen.
Das dunkle, graugrüne Laub bleibt bis weit in den Herbst am Strauch hängen und ist sehr resistent gegen Krankheiten. Es deckt Beete und Einfassungen gut ab. Der Focus® wurde im Jahre 2000 in Den Haag als höchste Auszeichnung die „Goldene Rose" zuerkannt.
100 cm

Focus®

Rosa Footloose™

(TANotax)
vgl. *Rosa* Mirato®

Rosa Foxi Pavement

(UHLwa)
vgl. *Rosa rugosa* Foxi®

Rosa Foxy Pavement

(UHLwa)
vgl. *Rosa rugosa* Foxi®

Rosa Fragrant Cloud

(Tanellis)
vgl. *Rosa* Duftwolke®

Rosa Fragrant Delight®

(-) Wisbech Plant Co. (1978)

Der Name weist mit Recht auf den wunderbar fruchtigen Duft der gefüllten Blüten (22 Blätter) hin. Sie sind anfangs aprikosenfarben bis orange, später jedoch lachsrosa. Bei heißem Wetter verblassen sie und büßen viel von ihrem Reiz ein. Dennoch ist die Rose im kühlen Klima Nordwesteuropas weithin beliebt und hat viele Preise gewonnen.

Das dichte Laub des reich verzweigten Strauches zeigt eine Kombination von Rot, Olivgrün und glänzendem Dunkelgrün. Sein großer Nachteil: Es ist sehr anfällig für Mehltau.

✲✲ 100 cm ✿✿✿ ☁☁☁☁ TOP

Fragrant Delight®

Rosa Fragrant Gold

(TANdugoft)
vgl. *Rosa* Duftgold®

Rosa Francine Austin

(AUSram) Austin (1988)

Der niedrige, breite Strauch trägt reiche Dolden gefüllter Blüten, die wie kleine Pompons herabhängen. Sie sind weiß, praktisch geruchlos und lassen beim Öffnen ihre Pollen sehen.

In Beeten werden die Rosen oft dicht beisammen gepflanzt, sodass sie durch ihre Wuchsform, die eher in die Breite als in die Höhe geht, zu Bodendeckern werden. Allerdings fördert ein etwas stärkerer Rückschnitt im Frühjahr die Bildung neuer Triebe im Zentrum.

Die Sorte eignet sich auch, wenn man ihr eine Kletterhilfe anbietet, als niedrige Kletter- oder als Kaskadenrose. Die Francine Austin ist auch eine gute Schnittblume.

↔/✿GB 100 cm ✿✿✿ ☁

Francine Austin

Rosa Francis E. Lester

(-) Lester (1946)

Wer eine einmal blühende Kletterrose für den Naturgarten sucht, wird kaum eine bessere, robustere Pflanze finden: Die kräftigen Zweige und Dornen finden von selbst Halt, sei es an alten Bäumen, Gittern, Pfeilern oder Bögen. Man muss sie aber mehrfach anbinden. Im Frühsommer erscheinen üppige Dolden einfacher, angenehm duftender Blüten. Dank der elfenbeinweißen Blattbasen mit rosa Flecken erinnern sie an riesi-

Francis E. Lester

ge Apfelblüten. Nach der Blüte bilden sich kleine Hagebutten, die im September orangerot werden. Wenn das Futter im November knapp wird, dienen sie Amseln als Nahrung. Sehr empfehlenswert!

300–500 cm

Rosa Françoise Drion®

(LENraba) Lens (1995)

Eine der besten Moschata-Hybriden von Louis Lens (vgl. auch *Rosa moschata*). Sie blüht in hohen Kegeldolden. Ihr Züchter nennt die Farbe der Blüte „malvenfarben". Sie hat weiße Herzen mit gelben Pollen. Ihre Farbe verblasst kaum und nach der langen Blütezeit reinigt sie sich perfekt, ohne braun zu werden. Das Aufbinden der stärksten und das Entfernen der schwächsten Triebe schafft eine niedrige Kletterrose.

/ 80–140 cm

Francoise Drion®

Rosa Frau Karl Druschki

(-) Lambert (1901)

Aus rosa Knospen gehen elfenbeinweiße, herrlich gefüllte Blüten hervor. Dies geschieht im Frühsommer und erneut im Herbst. Sie duften nur schwach. Obwohl die Sorte zu den alten remontanten Hybriden zählt, ähnelt sie stark modernen großblütigen Rosen. Sie eignet sich als hohe Strauch- oder niedrige Kletterrose. Die Frau Karl Druschki gilt immer noch als eine der besten weißen Rosen. Sie trägt schönes graugrünes Laub.

150–200 cm

Frau Karl Druschki

Rosa Fredensborg™ Castle®

(POUlmax) Poulsen (1996)

Diese niedrige Floribunda-Rose aus der „Castle®"-Serie von Poulsen gilt manchen auch als niedrige Strauchrose. Die halb gefüllten lachsro-

Fredensborg™ Castle®

sa Blüten zieren den niedrigen Busch in üppiger Fülle. Ihre wundervolle Form und Farbe kontrastiert schön mit dem dunkelgrünen Laub.
✲✲ 60 cm 🌹🌹🌹 ☁

Rosa Frederic Mistral®

(MEItebros) Meilland (1998)

Die Frédéric Mistral® hat nicht nur große Blüten, auch der Strauch wird leicht 80 cm hoch und trägt zahlreiche mittelgrüne, gewöhnlich sehr robuste Blätter. Die zartrosa Blüten sind über 10 cm breit und verströmen einen intensiven, frischen Limonenduft.
✲ 80 cm 🌹🌹 ☁☁☁☁

Frederic Mistral®

Rosa Frederiksborg™ Castle®

(POUldrik) Poulsen (1998)

Frederiksborg™ Castle®

Die lachsrosa Blütenblätter verstärken den „femininen“ Charakter der Blüten mit ihren gewellten Säumen. Leider duften diese nicht. Sie sind halb gefüllt bis gefüllt, annähernd 10 cm breit und stehen in Dolden. Der verzweigte Strauch wird häufig mehr als 1 m hoch und trägt glänzend dunkelgrüne Blätter.
✲✲ 120 cm 🌹🌹🌹 ☁

Rosa Freisinger Morgenröte

(KORmarter) Kordes (1988)

Die Blüten erscheinen in der ersten Sommerhälfte und haben eine orange Grundfarbe. Bei näherer Betrachtung sieht man Apricot-, Gelb- und Rosatöne. Sie sind halb gefüllt und präsentieren ihre gelben Staubgefäße. Der Strauch wird 1 bis 1,5 m hoch und mindestens ebenso breit, sodass er sich vor allem für große, repräsentative Gärten eignet. Man kann ihn auch als niedrige Hecke verwenden. Sein Laub ist glänzend mittelgrün.
⊛ 120 cm 🌹🌹 ☁☁

Freisinger Morgenröte

Rosa Freude®

(DeKORat) Kordes (1975)

Die Freude® zählt zu den wenigen großblütigen Rosen, die sehr resistent gegen Pilzkrankheiten sind. Ihr dunkelgrünes Laub glänzt herrlich und bleibt bis in den Spätsommer kräftig. Jeder der langen Stiele trägt mehrere schöne, gefüllte Blüten. Wegen ihrer großen Ausdauer eignen sie sich sehr gut als Schnittblumen. Einen „reichen“ Duft konnte ich nicht wahrnehmen. Auffällig ist die Farbe – wie silbriges Mondlicht auf Gelbrosa mit einem Hauch von Gold.

Freude®

Die Freude® eignet sich auch gut fürs Freiland, obwohl die alten Blüten empfindlich gegen Regen sind und die Blüte in Schüben erfolgt. Im Sommer ist der Strauch nie blütenlos und er reinigt sich gut.

80 cm ADR

Rosa Friesia®

(KORresia) Kordes (1973)

Wegen des niedrigen Wuchses und der glänzend frischgrünen Blätter zählt die Friesia® zu den beliebtesten gelben Rosen. Die Sträucher werden nur ca. 65 cm hoch und etwa ebenso breit. Sie bilden den ganzen Sommer hindurch Schübe aus relativ großen goldgelben Blüten. Diese gehen aus spitzen Knospen hervor und öffnen sich zu halbkugeligen Gebilden. Im Zentrum sind deutlich die gelben Staubgefäße erkennbar. Die angenehm duftenden Blüten werden mit jedem Schub ein wenig blasser. Obwohl die Friesia® als krankheitsresistent gilt, kann sie von Rußtau befallen werden, ohne dass ihr Wachstum leidet.

60 cm ADR TOP

Friesia®

Rosa Frisson Frais®

(-) Lens (1990)

Eine Moschata-Hybride (vgl. auch *Rosa moschata*) mit stark gefüllten Pyramidendolden. Die einfachen rosa Blüten haben große, weiße Herzen (fast wie weiße Blüten mit rosa Blattsäumen). Sie werden über 8 cm breit und verströmen einen angenehmen Duft.

Vom Frühjahr bis zum frühen Herbst bildet der reich verzweigte Strauch kräftige Triebe. Jeder davon trägt Blüten, vor allem wenn man alte Dolden vor der Hagebuttenbildung entfernt. Die Frisson Frais® passt gut in Naturgärten oder als Hecke in Grünanlagen. Der Strauch wird 1,5 m hoch.

150 cm

Frisson Frais®

Rosa Fritz Nobis

(-) Kordes (1940)

Die Form von Knospen und jungen Blättern lässt an sich auf eine großblütige Rose schließen, doch öffnen sie sich zur Becherform, sodass die gelben Staubgefäße sichtbar werden.

Wie man am Wachstum und dem kräftigen graugrünen Laub erkennt, handelt sich hier um einen Abkömmling der wilden Ramanas-Rose (*Rosa rugosa*). Die Blüten duften angenehm nach Äpfeln. Sie sind lachsrosa und verblassen spät. Ihre Blätter fallen nach der Blüte ab. Ihr einziger Nachteil ist die sehr kurze Blütezeit: Sie endet bereits im Frühsommer. Später bilden sich Hagebutten.

Fritz Nobis

Der kräftig wachsende Strauch wird bis zu 2 m hoch und ist eine Zierde für alle Naturgärten und -parks.

200 cm

Rosa Frohsinn® '82

(TANsinnroh) Tantau (1982)

Dies ist nicht Tantaus Floribunda-Rose „Frohsinn" von 1961, sondern eine weit jüngere, großblütige Sorte. Die sehr großen, gefüllten Blüten sind pfirsichfarben mit einem warmen, gelben Grundton. Die wohl geformten Blüten duften angenehm frisch. Der Strauch wächst aufrecht und trägt glänzend dunkelgrünes Laub.

80 cm

Frohsinn® '82

Rosa Frühlingsduft

(-) Kordes (1949)

Die goldgelben Knospen entfalten sich zu großen, halb gefüllten rosa Blüten. Ihre Farbe verblasst später zu einem rosa angehauchten Cremegelb. Sie duften sehr stark, blühen aber leider vor allem im Frühsommer. Die folgenden Schübe

Frühlingsduft

sind recht spärlich. Der Strauch trägt leuchtend grünes Laub, wächst kräftig und wird bis zu 2 m hoch und breit.

Die gleiche Riesengröße erreicht auch die Wildrose, von der er abstammt – die hohe, großblütige Form der Burnet-Rose (*Rosa pimpinellifolia* Grandiflora).

200 cm

Rosa Frühlingsgold

(-) Kordes (1937)

Die Blüten der Frühlingsgold gehen schon im Mai aus rötlichen, spitzen Knospen hervor. Sie duften angenehm und sind wegen der üppigen Schübe weithin zu riechen. Man pflanzt den Strauch meist in Parks und sehr großen Gärten, da er 2,5 m hoch und – wegen der hängenden Triebe – mindestens genauso breit wird.

Seine Ahnen verrät das moosgrüne Laub. Er ist eine Variante der Burnet-Rose (*Rosa pimpinellifolia* Hispida). Das andere „Elternteil" ist die *Rosa* Joanna Hill, eine Zuchtform mit cremegelben, stark duftenden Blüten.

Frühlingsgold

Der einzige Nachteil dieser Rose ist ihre kurze Blütezeit: Sie dauert nur drei Wochen.

250 cm

Rosa Fuchsia Meidiland®

(MEIpelta) Meilland (1994)

Die langen, geneigten Triebe der Fuchsia Meidiland® bilden eine prächtige Kaskade glänzenden Laubes. Schon im Frühsommer bedecken sie sich mit Dolden halb gefüllter leuchtend rosa Blüten. Im Herzen zeigen sich ockergelbe Pollen. Auf einen üppigen ersten Schub folgen den Sommer hindurch weitere, die allerdings ein wenig spärlicher ausfallen.

Die alten Blüten reinigen sich leider schlecht, sodass welke, braune Blüten den Strauch verunzieren. Gut geeignet für öffentliche Anlagen und Privatgärten. Diese Rose ist etwas anfällig für Rußtau.

70 cm

Fuchsia Meidiland®

Rosa Fuchsia Meillandecor

(MEIpelta)

vgl. *Rosa* Fuchsia Meidiland

Rosa Fulton Mackay

(COCdana) Cocker (1988)

Die langen Knospen werden zu wohlgeformten, gefüllten, im Alter schüsselförmigen Blüten. Sie wirken orange, zeigen aber subtile Nuancen von

Fulton Mackay

Apricot, Lachsrosa und (manchmal) Rosenrot. Diese großblütige Rose duftet angenehm würzig. Im Frühsommer blüht sie üppig, anschließend kontinuierlich, aber schwächer.

Ihr glänzend dunkelgrünes Laub ist ein wenig anfällig für Rußtau. Der kräftige Strauch bildet ständig neue Blätter, sodass er lange Zeit grün bleibt.

90 cm

Rosa Galaxy®

(MEIhuterb) Meilland (1995)

Eine Floribunda-Rose von der Statur einer Park- oder Strauchrose. Der Strauch wächst vor allem in die Breite und verzweigt sich gut. Die etwa 5 cm breiten, gefüllten Blüten bilden Dolden und überziehen den ganzen Strauch.

Galaxy®

Subtile Farbnuancen von creme- bis hellgelb mit zarten Rosatönen herrschen bei dieser Rose vor. Nicht zu verwechseln mit der in unserem Buch nicht behandelten Zwergrose Galaxy™ (MORgal)!
60 cm

Rosa gallica – Essigrose

(-) botanische Rose/Wildrose (-)
Diese französische Wildrose ist von Süd- und Mitteleuropa bis nach Kleinasien verbreitet. Vor Einführung der Chinesischen Rosen verwendete man sie für Kreuzungen, aus denen die ältesten Kulturrosen hervorgingen. Die *Rosa gallica* bildet recht niedrige Sträucher, die sich durch Ausläufer ausbreiten. Im Sommer erscheinen einzeln oder in Gruppen stehende rosa bis karminrote Blüten. Die ziegelroten Hagebutten fallen weniger auf.
100 cm

Rosa gallica

Rosa Garden News

(POUlrim)
vgl. *Rosa* Flora Danica™ Paramount®

Rosa Gartenarchitekt Günther Schulze

(AUSwalker)
vgl. *Rosa* The Pilgrim™

Rosa Gärtnerfreude®

(KORstesgli) Kordes (1999)
Dieser frisch wirkende Strauch hat kleine, stark glänzende, dunkelgrüne Blätter. Er wird bis zu 50 cm hoch und eignet sich so sehr gut für Beete oder kleinere Gärten. Wegen seiner Größe passt er nicht mehr in die Kategorie der Patio-Rosen, doch zeigt er die gleiche kompakte Wuchsform mit stark verzweigten Trieben und üppigen Blütendolden. Die kleinen, geruchlosen, stark gefüllten Blüten sind johannisbeerrot. Sie sind sehr resistent gegen Regen und bilden mehrfach neue attraktive Blütenschübe. Die gleichnamige, aber orangerot blühende Sorte (Kordes, 1965) wird nicht mehr angeboten, doch trifft man sie ab und zu in Gärten an.
50 cm

Gärtnerfreude®

Rosa Gavnø™ Hybrid Tea Poulsen®

(POUlgav) Poulsen (1989)

Gavnø™ Hybrid Tea Poulsen®

Die gefüllte Blütenform der Rosa Gavnø™ Hybrid Tea Poulsen® erinnert an großblütige Rosen und ihr Züchter stufte sie denn auch als Tee-Hybride ein. Man könnte sie indes auch als Floribunda-Rose bezeichnen.

Ihre schwach duftenden Blüten sind ca. 9 cm breit und hellorange gefärbt, doch verblassen sie später zu lachsrosa. Das glänzend dunkelgrüne Laub der buschigen Rose ist deutlich rot überhaucht.

80 cm

Rosa Gelbe Dagmar Hastrup®

(MORyelrug) Meilland (1987)

Kartoffel- oder Japanische Rosen (*Rosa rugosa*) mit rosa und weißen Blüten sind uns wohlvertraut, daher ist die gelbe Variante eine willkommene Neuheit. Die einfachen, ca. 8 cm breiten Blüten sind anfangs gelb, später heller und bilden – anders als die meisten Rugosa-Sorten – keine Hagebutten.

Die nahezu vertikalen Triebe tragen große, matt dunkelgrüne Blätter, die anfällig für Ruß- und Mehltau sind. Dennoch ist die Gelbe Dagmar Hastrup® eine beliebte Rose für Anlagen.

70 cm

Gelbe Dagmar Hastrup®

Rosa Geoff Hamilton

(AUSham) Austin (1997)

Der berühmte englische Gartenjournalist Geoff Hamilton war für seine Liebe zum „biologischen Gärtnern“ (ohne Kunstdünger und Pestizide) bekannt. So wählte David Austin ihn als Paten für eine Rose, die gegen alle bekannten Krankheiten

Geoff Hamilton

recht resistent ist. Der Strauch wächst kräftig und robust. Er trägt zartrosa Blüten, deren äußere Blätter sich rückwärts biegen und zu weiß verblassen. Sie duften leicht nach altmodischen Rosenparfüms und Äpfeln. Die dünnen Blütenstiele sind für die Last der Dolden zu schwach und knicken daher bei regnerischem Wetter bisweilen um.

GB 120 cm

Rosa Georgette®

(KORacona) Kordes (1995)

Schon 1981 wurde eine rosa blühende Zwergrose unter dem Namen Georgette® registriert. Die niederländische Firma Interplant führte später eine gleichnamige Sorte mit weißen Dolden ein, die allerdings nicht mehr zu haben ist. Die neue Georgette®, eine Floribunda-Rose von Kordes, erhielt für ihre große Resistenz gegen Pilzkrankheiten den ADR-Preis.

Die Blüten sind anfangs dunkelrosa, werden aber rasch silbrig bis hellrosa. Sie sind halb gefüllt und schalen- bis becherförmig, mit gelben Staubge-

Georgette®

fäßen im Herzen. Die Dolden erscheinen schon im Frühsommer.
Der aufrechte Strauch ist reich verzweigt und wirkt ein wenig buschartig. Er bildet den ganzen Sommer über Blüten, am stärksten im Frühsommer. Sein Laub ist glänzend grün.
100 cm ADR

Rosa Gertrude Jekyll®

(AUSbord) Austin (1986)

Die Form und der Duft der Blüten dieser Sorte erinnern an Alte Rosen, welche David Austin sen. zur Zucht seiner eigenen altenglischen Rosen inspirierten. Die rosa Blüten der Gertrude Jekyll® sind stark gefüllt und über 8 cm breit. Sie duften wundervoll süß. Die Intensität ihres Duftes steht unter den Englischen Rosen nur der Evelyn nach. Aus den Blättern stellt man Rosenparfüm her. Der Strauch wächst sehr aufrecht, wirkt aber unordentlich, sodass man ihn besser als Hintergrundpflanze verwendet. Im Frühsommer werden die Dolden so schwer, dass sich die Triebe biegen.
Als Einfassung verwächst die Gertrude Jekyll® mit anderen Pflanzen. Die großen, erst burgunderroten Blätter werden später gelb- und dann mittelgrün. Die auch als *Rosa* Gertrude Jekyll Climbing angebotene Sorte wird bei guter Düngung als Kletterrose über 2 m hoch.
GB/ 110–180 cm

Gertrude Jekyll®

Gertrude Jekyll®

Rosa Ghislaine de Féligonde

(-) Turbat (1916)

Diese alte Rose ist nach wie vor beliebt, wohl weil sie als eine von wenigen Multiflora-Hybriden lange Zeit blüht. Nach dem ersten Schub im Juni/Juli blüht sie erneut. Die aprikosenfarbenen Knospen öffnen sich zu halb gefüllten Blüten, die anfangs ebenso gefärbt sind, später aber weiß bis zartrosa werden. Das Herz wird dann von den Blättern verdeckt. Das hellgrüne Laub passt gut zu den hellen Blüten, die leider fast geruchlos sind. Der reich verzweigte Strauch eignet sich als hoher Solitär oder niedrige Kletterrose.
/ 100–250 cm

Ghislaine de Féligonde

Rosa Gilbert Becaud®

(MEIridorio) Meilland (1984)

Einer von Meillands „Klassikern“. Die perfekt geformten Knospen öffnen sich zu schönen Blüten, die orange wirken, aber subtile Nuancen aufweisen: Orangegelb mit Kupferrot und reizenden hellroten Äderchen. Die typische Tee-Hybride oder großblütige Rose eignet sich gut für Sträuße

Gilbert Becaud®

– vor allem wegen ihrer kupferroten jungen Blätter, die sich später mattgrün umfärben.

80 cm

Rosa Gina Lollobrigida®

(MEllivar) Meilland (1997)

Der Strauch hat nichts Auffälliges: Die mittelgroßen, matt glänzenden Blätter sitzen an hohen, vertikalen Trieben, die für Kletterrosen zu schwach sind. Beachtung verdienen die wohlgeformten, intensiv sattgelben Blüten. Sie halten den ganzen Sommer durch und sind gute Schnittblumen.

100 cm

Gina Lollobrigida®

Rosa Ginger Sylabub

(HARjolly) Harkness (2000)

Ginger Sylabub

Die Blüten der Ginger Sylabub sind so schwer, dass sich die Stiele biegen oder leicht überhängen. Bei Buschrosen wäre dies ein Nachteil, doch zu Kletterrosen passt es sehr gut: So können wir die Herzen der offenen Blüten über uns bewundern – und die sind bei dieser neuen Kletterrose von Harkness extrem reich gefüllt und wegen der zahlreichen Blätter häufig geviertelt.

Die Blüten duften und wirken romantisch. Die Herzen sind aprikosenfarben, während die äußeren Blätter erst gelborange und später sehr hellrosa sind. Diese Kletterrose wird ohne weiteres 3 m hoch.

300 cm

Rosa Gioia

(Meilland)

vgl. *Rosa* Peace®

Rosa Gisselfeld™ Hybrid Tea Poulsen®

(POUlgiss) Poulsen (1974)

Gisselfeld™

Die Stärke dieser tiefroten, bis zu 13 cm breiten Blüten ist ihre Farbfestigkeit. Ihr tiefes Rot hält sich sowohl im Freiland (bei jeder beliebigen Wetterlage) als auch in der Vase – eine ausgezeichnete Schnittblume! Sie duften aber leider nur schwach. Der Strauch selbst ist reich verzweigt und kompakt.

100 cm

Rosa Gîtes de France®

(MEIwaton) Meilland (1994)

Eine gute Rose, die sich wegen ihres raschen Wuchses sehr gut zum Kaschieren von Zäunen eignet. Die Rosa Gîtes de France® wird bis zu 2 m hoch und trägt duftende Blüten. Diese sind auffällig leuchtend karminrot. Bei schlechtem Wetter reinigen sie sich mäßig. Das reife Laub ist dunkelgrün und bleibt lange schön. Der Strauch eignet sich auch als Solitärpflanze und wird dann brusthoch.

120–200 cm

Gites de France®

Rosa Glacier™

(POUlfeld)

vgl. *Rosa* Gråsten™ Floribunda Poulsen® (POUlfeld)

Rosa Glad Tidings

(TANtide)

vgl. *Rosa* Lübecker Rotspon®

Rosa Glamis Castle

(AUSlevel) Austin (1992)

Die Glamis Castle bildet kugelige weiße Blüten. Im Zentrum sind diese locker gefüllten Gebilde cremefarben oder gelb überhaucht. Die Blüten erscheinen den Sommer und Herbst hindurch. Sie duften stark nach Myrrhe. Der buschige Strauch wächst aufrecht, verzweigt sich gut und bildet ständig neue Blütentriebe. Die schöne Rose lässt sich gut als Einfassung kombinieren oder als Beetrose verwenden.

GB 90 cm

Glamis Castle

Rosa glauca – Blaue Hechtrose

(-) botanische Rose/Wildrose (-)

Die Urheimat dieser Rose sind die Gebirge Mittel- und Südeuropas. Ihr wissenschaftlicher

Rosa glauca

Rosa glauca

Name bezieht sich auf das graublaue Laub. Der robuste Strauch erblüht im Frühsommer. Die rosa Blüten mit ihren weißen Herzen duften nicht. Nach dem Verblühen bilden sich im Laufe des Sommers rotbraune Hagebutten, die sich später purpurn färben. Ein hervorragender Strauch, der sich wegen seiner Widerstandskraft gegen Krankheiten für Parkanlagen und Naturgärten eignet.
180 cm

Rosa Gletscherfee®

(KORdomal) Kordes (1991)
Die weißen Blüten der Gletscherfee® wirken eindrucksvoll und passen sehr gut in Naturgärten. Die 10 cm breiten Gebilde werden oft von Bienen besucht. Ihr Duft ist eine Mischung aus Rosen und frischen Äpfeln. Der Strauch trägt dichtes, glänzend oliv- bis dunkelgrünes Laub. Es wird manchmal von Rußtau befallen, ist aber meist sehr schön. Der reich verzweigte, etwa 1 bis 1,5 m hohe und breite Strauch eignet sich sehr gut für Hecken.
100–150 cm

Gletscherfee®

Rosa Gloria Dei

(Meilland)
vgl. *Rosa* Peace®

Rosa Glowing Achievement

(TANelliv)
vgl. *Rosa* Stadt Eltville®

Rosa Glücksburg

(AUSren)
vgl. *Rosa* Charles Rennie Mackintosh

Rosa Godewind®

(KORbraufa) Kordes (1992)
Die reichen Dolden becherförmiger, scharlachroter Blüten kontrastieren scharf mit dem glänzenden Laub. Zu Anfang rötlich, wird dieses später dunkelgrün. Es ist recht resistent gegen Krankheiten und Schädlinge.
Obwohl die becherförmigen Blüten nur mäßig gefüllt sind, zeigen sie deutlich die gelben Staubgefäße ihrer Herzen.
Der reich verzweigte Strauch wird knapp 1,3 m hoch. So ist er gleichermaßen als niedrige Hecke und als Beet- oder Solitärpflanze geeignet.
120 cm

Godewind®

Rosa Godstowe Girl

(HARfurore) Harkness (2000)
Der Name der großblütigen Rose verweist auf die erste öffentliche Grundschule für Mädchen in Großbritannien: 1900 gegründet, konnte sie im Jahr 2000 ihr 100-jähriges Jubiläum feiern. Die großen, gefüllten roten Blüten sind perfekte Schnittblumen. Sie halten sich lange in der Vase und im Freiland sind sie auch bei langem Sonnenschein farbfest. Gegen Regen sind sie etwas empfindlich. Man pflanzt sie deshalb an sonnigen, luftigen Stellen.

Godstowe Girl

Der kräftige, gut verzweigte Strauch bildet ständig neue Knospen.
90 cm

Rosa Gold Bay®

(TANgoba) Tantau (1998)
Die kompakten, kräftigen Triebe tragen rote Dornen, glänzendes dunkles Laub und üppige Dolden halb gefüllter gelber Blüten. Diese sind weit, fast schalenförmig und zeigen orange Staubfäden und gelbe Pollen. Später bilden sich Hagebutten, doch blüht die niedrige Strauchrose den ganzen Sommer über. Man pflanzt sie in Parkanlagen, doch eignet sie sich auch für niedrige Beete oder Einfassungen in Privatgärten. Diese Rose gehört zur „Stecktii®"-Gruppe und wird durch Stecklinge vermehrt.
50 cm

Gold Bay®

Rosa Gold Glow

(-) Perry (1959)
Der aufrechte Busch wird etwa schulterhoch. Seine Blätter sind erst bronzefarben und werden später graugrün. Die goldgelben, etwa 10 cm breiten Blüten sind extrem stark gefüllt, zeigen aber schließlich ihre mit roten Staubgefäßen gefüllten Herzen. Sie duften schwach und blühen nur in mäßigen Schüben.
150 cm

Gold Glow

Rosa Gold Magic Carpet

(Poulmulti)
vgl. *Rosa* Snow Cover™ Towne & Country®

Rosa Gold Magic Carpet

(POUlurt)
vgl. *Rosa* Sun Cover™ Towne & Country®

Rosa Gold Reef™ Towne & Country®

(POUldom) Poulsen (1998)
Den fast 1,3 m hohen Strauch zieren prachtvolle, goldgelbe Blüten. Die Schübe dieser halb gefüllten bis 8,5 cm breiten Gebilde halten den ganzen Sommer über an.

Gold Reef™ Towne & Country®

Sie duften leicht nach Rosen. Auch als Schnittblumen eignen sie sich gut, vor allem für Biedermeier- und andere kleine Sträuße. Die buschige Pflanze trägt glänzend dunkelgrünes Laub.

120 cm

Rosa Gold Star

(TANtern)

vgl. *Rosa* Goldstern®

Rosa Gold Topaz

(KORtossgo)

vgl. *Rosa* Goldtopas®

Rosa Goldelse®

(TANdolgnil) Tantau (1999)

Obwohl die Goldelse® eine Floribunda-Rose ist, stehen die Blüten oft einzeln. Sie sind groß und extrem gefüllt.

Goldelse®

Sie passen, da sie vor allem wegen der kupfergelben, leicht orange angehauchten Farbe klassisch wirken, sehr gut in romantische Gärten. Ihr Duft ist leicht und fruchtig. Die Blüten sind so schwer, dass sich die Triebe unter ihrer Last biegen. Der Strauch wächst kräftig und trägt große, mittelgrüne Blätter.

60 cm

Rosa Golden Border

(HAVobog) Verschuren (1993)

Die stark gefüllten Blüten scheinen wie gelbe Ballons über dem Strauch zu schweben. Später werden sie hübsch blassgelb.

Der Strauch vom Polyantha-Typ treibt beständig neue Blütendolden. Sein niedriger, kompakter Wuchs macht ihn sehr geeignet für Bordüren. Das hellgrüne Laub ist leider ein wenig anfällig für Rußtau.

60 cm

Golden Border

Rosa Golden Celebration

(AUSgold) Austin (1992)

Golden Celebration

Die Golden Celebration wird ihrem Namen voll gerecht. Wie Gold strahlen ihre Blüten zwischen den matt mittelgrünen Blättern. Sie werden sehr groß und schwer, bilden stark gefüllte Becher und duften intensiv. Die dünnen Triebe biegen sich unter ihrer Last und hängen manchmal ein wenig über. Bezaubernd wirkt das in einer Bordüre mit anderen Pflanzen. Ansonsten ist der Strauch kompakt, trägt üppiges Laub und blüht verlässlich den ganzen Sommer und Herbst über.
GB 120 cm

Rosa Golden Cover™ Towne & Country®

(POUlgode) Poulsen (1996)

Die gelben Blüten stehen in Dolden. Sie sind halb- bis ganz gefüllt, becherförmig und duften leicht nach Wildrosen. Das glänzend mittelgrüne Laub ziert einen niedrigen, in die Breite verzweigten Strauch.
60 cm

Golden Cover™ Towne & Country®

Rosa Golden Evolution

(-) CPRO/DLO (1997)

Eine klassische, doch etwas langweilige großblütige Rose. Die gelben, gefüllten Blüten verblassen kaum. Sie werden ca. 10 cm breit und duften sehr schwach. Obwohl sich wegen des

Golden Evolution

schwachen Wachstums nur wenige neue Blüten bilden, ist der Strauch selten blütenlos. Er wächst in die Breite, mit aufrechten Trieben. Die jungen Blätter sind olivgrün. Später färben sie sich dunkelgrün um.
80 cm

Rosa Golden Flower Rain

(TANtern)

vgl. *Rosa* Goldstern®

Rosa Golden Fox

(-) Warner (1997)

Der glänzend dunkelgrüne Strauch ist reich verzweigt. Er wächst vor allem aufrecht.

Golden Fox

An der Spitze trägt er Dolden aus gelben, halb gefüllten Blüten, die fast geruchlos sind. Sie wirken ziemlich „normal“ und eignen sich für Beete. Ausnahmsweise kann die Sorte etwa 1 m hoch werden.
50 cm

Rosa Golden Holstein®

(KORtikel) Kordes (1989)
Die schwach gefüllten, breiten Blüten würden weiß oder zartrosa ganz natürlich wirken, aber die leuchtend gelbe Farbe der Golden Holstein® ist unübersehbar. Sie passt besonders gut zu den jungen Blättern, die glänzend hellgrün sind, doch später dunkelgrün werden. Das Laub bleibt schön.
Die Blüten sind mäßig gefüllt und regenbeständig. Nach dem Verblühen zeigen sie gute Selbstreinigungskraft.
80 cm

Golden Holstein®

Rosa Golden Jet

(TANtasch)
vgl. *Rosa* Goldschatz®

Rosa Golden Juwel

(TANledolg)
vgl. *Rosa* Goldjuwel®

Rosa Golden Monica®

(TANgolca) Tantau (1988)
Die perfekt geformten, gefüllten, sattgelben Blüten sitzen einzeln auf langen, geraden Stielen. Das macht die Golden Monica® zu einer schönen Schnittblume, obwohl sie wenig duftet. Wenn man ihr Wachstum fördert, blüht sie den ganzen Sommer über, aber – wie viele großblütige Rosen – nicht sehr üppig. Sie hat große, mittelgrüne Blätter.
80 cm

Golden Monica®

Rosa Golden Plover

(Poulmulti)
vgl. *Rosa* Snow Cover™ Towne & Country®

Rosa Golden Plover

(POUlurt)
vgl. *Rosa* Sun Cover™ Towne & Country®

Rosa Golden Touch

(TANmirsch)
vgl. *Rosa* Sonnenschirm®

Rosa Goldfinch®

(INTerbee) Interplant (1993)
Verwechseln Sie diese Sorte nicht mit der gleichnamigen Kletterrose von Paul (1907). Die Goldfinch® von Interplant bleibt sehr niedrig. Der Strauch trägt dichtes Laub und gelbe, gefüllte Blüten, die nicht verblassen. Das Entfernen verblühter Dolden sorgt für neue Blüten.
50 cm

Goldfinch®

Rosa Goldjuwel®

(TANledolg) Tantau (1993)

Eine typische Topfrose: Klein, dicht verzweigt und langsam wachsend. Bei guter Pflege (niemals austrocknen lassen und regelmäßig düngen!) kann diese Sorte den ganzen Sommer blühen. Noch besser klappt es, wenn man sie ins Freie pflanzt.

Die stark gefüllten goldgelben Blüten duften nicht. Sie ragen über das mittelgrüne Laub empor, das für eine Zwergrose auffällig robust ist.

40 cm

Goldjuwel®

Rosa Goldmarie 82®

(KORfalt) KORdes (1984)

Die roten Spitzen der eiförmigen Knospen deuten auf die künftige Entwicklung hin: Die

Goldmarie 82®

großen, gefüllten Blüten sind erst gelb, später jedoch rot. Voll geöffnet wirken sie wegen der krausen Blätter ein wenig verschrumpelt. Dennoch sind sie recht regenbeständig.

Die krankheitsresistenten, lederartigen, dunkelgrünen Blätter sitzen an aufrechten Trieben, die auch sehr üppige Blütendolden tragen. Eine gute Beetrose, die bei der Blüte gelegentlich eine Pause einlegt.

60 cm

Rosa Goldquelle®

(TANellelog) Tantau (1988)

Die üppigen Dolden gefüllter Blüten erscheinen von Mittsommer bis Herbst. Auch das glänzend dunkelgrüne Laub bleibt noch einige Zeit hängen. Es bildet einen ruhigen Hintergrund für die goldgelben Blüten, die später ihre ebenso goldgelben Pollen zeigen. Diese bleiben auch bei Regen schön und reinigen sich gut. Ihr Duft ist

Goldquelle®

leicht und rein. Die kräftig wachsende Rose wird bis zu 80 cm hoch.

☼☼ 80 cm ✿✿✿ ☁☁

Rosa Goldschatz®

(TANtasch) Tantau (1996)

Die halb gefüllten, gedeckt gelben Blüten der Goldschatz® öffnen sich zu 10 cm breiten, schalenförmigen Blüten, die ihre gelben Staubgefäße zeigen. Ihre Farbe ist leuchtend, aber nicht zu grell und verblasst auch in der Sonne nicht. Die schönen Blüten erheben sich den ganzen Sommer in Dolden über das schöne, glänzend mittelgrüne Laub. Die Rose verzweigt sich reichlich und bildet einen vollen, breiten Strauch, der bis weit in den Herbst belaubt bleibt. Eine gute Ergänzung für (Natur-)Gärten und Grünanlagen.

☼☼ 70 cm ✿✿✿ ☁ ⊕

Goldschatz®

Rosa Goldstern®

(TANtern) Tantau (1966)

Obwohl die Goldstern® schon 1966 entstand, ist sie immer noch eine der besten Kletterrosen. Die gelben Blüten sind extrem gefüllt, öffnen sich aber am Ende becherförmig und zeigen ihre Herzen. Die Blüte setzt früh und üppig ein. Im Verlauf des Sommers folgen weitere Schübe.

Ohne Kletterhilfen bildet die Pflanze etwa 1,5 m hohe Sträucher mit stark hängenden Trieben, ansonsten wird sie bis zu 1,3 m höher.

Die kleinen Blätter glänzen bläulich und sind anfällig für Mehltau. Verwechseln Sie die Goldstern® (TANtern) nicht mit der *Rosa* Goldstar (CANdide) oder der fast gleichnamigen *Rosa* Gold Star (CANdide), einer gelb blühenden, großblütigen Züchtung von Cants aus Colchester (1983).

Goldstern®

↗/↔ 150–250 cm ✿✿✿ ☁

Rosa Goldtopas®

(KORtossgo) Kordes (1963)

Die aprikosenfarbenen Knospen stehen einzeln oder in Büscheln. Die gefüllten Blüten zeigen subtile Farbnuancen: Die äußeren Blätter sind gedeckt orange bis lachsrosa, die inneren intensiv gelb. Sie duften sehr stark.

Auffällig an dieser Floribunda-Rose ist die Höhe

Goldtopas®

des Strauches: Er wächst kräftig und verzweigt sich gut, wird aber nur ca. 40 cm hoch. Sein Laub ist glänzend dunkelgrün.
40 cm

Rosa Goldtopaz

(KORtossgo)
vgl. *Rosa* Goldtopas®

Rosa Goldy Meilove®

(MEImarfey) Meilland (1998)
Die rein gelben, gefüllten Blüten sitzen hoch auf dem mittelgrün belaubten Strauch. Diese Rose wird im Topf verkauft und kann nach dem Auspflanzen im Garten 50 cm hoch werden. Sie eignet sich auch für Pflanzenkübel oder große Töpfe. Sorgen Sie für ausreichende Bewässerung und Düngung, um ihre Abwehrkräfte zu stärken.
50 cm

Goldy Meilove®

Rosa Golf

(IVTagolf) CPRO-DLO (1993)
Die äußerst üppigen Blütendolden tragen wohlgeformte kleine, einfache, elfenbeinweiße Blüten. Diese erscheinen den ganzen Sommer über und ragen 50 cm über das glänzend hellgrüne Laub empor, das später dunkelgrün wird. Dies ist eine Bodendeckerrose. Ihre Blüten duften mild frisch und fruchtig und ziehen viele Insekten an.
50 cm

Golf

Rosa Gorgeous George

(DELricos)
vgl. *Rosa* Château de Versailles®

Rosa Graaf Lennart

(MEIsoyris)
vgl. *Rosa* Matilda

Rosa Grace

(AUSkeppy) Austin (2001)
Die ovalen Knospen der Grace öffnen sich zu becherförmigen, stark gefüllten Blüten, werden aber schnell zu Rosetten, da sich ihre Blattsäume rückwärts krümmen. Sie sind blass- bis cremegelb, jedoch mit aprikosenfarbenen Herzen. Die Blüten verströmen einen angenehm süßen Duft. Der Strauch verzweigt sich reichlich.
GB 120 cm

Grace

Rosa Grace Kelly

vgl. *Rosa* Princesse de Monaco®

Rosa Graham Stuart Thomas

(AUSmas)

vgl. *Rosa* Graham Thomas®

Rosa Graham Thomas®

(AUSmas) Austin (1983)

Diese Rose war seinerzeit wegen ihrer goldgelben Farbe eine Sensation, da ihre „altmodische" Form ansonsten nie mit diesem Farbton einhergeht. Die *Rosa* Graham Thomas ist nach einem führenden Experten für „altmodische" Rosen benannt und zählt nach wie vor zu den besten Englischen Rosen. Die mittelgroßen, über 8 cm breiten Blüten sind stark gefüllt und becherförmig. Ihre Blätter sind gedeckt gelb mit helleren Säumen. Sie duften angenehm frisch und süß. Das Herz wird erst beim Abfallen der Blätter sichtbar. Bei Regen reinigt sich die Blüte mäßig gut. Die jungen Blätter sind gelbgrün und werden später matt graugrün. Das Laub bleibt auffällig schön. Der Strauch wächst aufrecht, bisweilen mit langen Trieben, wird aber trotz guter Verzweigung nie sehr voll. Es gibt auch eine kletternde Abart.

GB/ 120–200 cm

Graham Thomas®

Rosa Grand Canyon™

(POUlriber)

vgl. *Rosa* Riberhus

Rosa Grand Chateau

(TANelorak)

vgl. *Rosa* Barkarole®

Rosa Grand Hotel®

(MACtel) McGredy (1972)

Die roten, gefüllten Blüten werden ca. 13 cm breit. Sie stehen in dichten Dolden aus bis zu zehn Blüten und bilden im Mittsommer üppige Schübe. Die folgenden sind schwächer, aber konstant. Ihr Scharlachrot zeigt bei praller Sonne einen blauen Schimmer, sodass die Rose karminrot wird. Später öffnen sich die fast geruchlosen Gebilde becherförmig. Sie reinigen sich gut. Der Strauch wächst kräftig aufrecht, mit relativ kurzen Trieben. Er trägt olivgrüne Blätter, die später dunkelgrün werden und ist anfällig für Mehl- und Rußtau.

150–300 cm ADR

Grand Hotel®

Rosa Grand Nord®

(DELgord) Delbard (1974)

Die Blüten der Grand Nord® behalten vom Öffnen bis zum Abfallen ihre cremegelbe Farbe. Die Blätter sind oft an der Basis gelb, während die Säume manchmal einen Hauch von Kirschrot zeigen. Die gefüllten Gebilde öffnen sich becherförmig und zeigen große Büschel gelber Pollen. Sie duften schwach, aber angenehm frisch, süß und rosig. Die Grand Nord® eignet sich gut als Schnittblume. Sie wächst in kalten, hauptsächlich jedoch in warmen Klimaten kräftig aufrecht, sodass man sie gut zusammen mit Mehrjährigen als Hintergrund von Einfassungen verwenden

Grand Nord®

kann. Das dunkle, graugrüne Laub kontrastiert wunderschön mit den Blüten.

120 cm TOP

Rosa Grand Siècle®

(DELegran) Delbard (1977)

Die gefüllten Blüten sind vorwiegend weiß, haben aber leuchtend rosa Herzen. Sie duften frisch, rosig und fruchtig. Die schönen, breiten Blüten gehen aus schlanken Knospen hervor. Der graugrün belaubte Strauch wächst und verzweigt sich gut. Er blüht den ganzen Sommer über und es gibt ihn auch als Hochstammrose.

90 cm

Grand Siècle®

Rosa Grandhotel

(MACtel)

vgl. *Rosa* Grand Hotel®

Rosa Grand™ Palace®

(POUlgrad) Poulsen (1998)

Eine Zwergrose für Töpfe oder Blumenkästen, die sich auch für Beete oder Kleingärten eignet. Die 8 cm breiten, gefüllten Blüten stehen leuchtend rot über dem glänzend dunkelgrünen Laub.

50 cm

Grand™ Palace®

Rosa Granny

(POUloma)

vgl. *Rosa* Meine Oma™

Rosa Gråsten™ Floribunda Poulsen®

(POUlfeld) Poulsen (1996)

Die dunkelgrünen Blätter kontrastieren wunderbar mit den halb gefüllten Blüten. Diese sind cremegelb mit einem Hauch von Lachsrosa, 10 cm breit und duften leicht nach Rosen. Der buschige Strauch verzweigt sich üppig.

120 cm

Gråsten™ Floribunda Poulsen®

Rosa Great Century

(DELegran)
vgl. *Rosa* Grand Siècle®

Rosa Green Snake®

(LENwiga) Lens (1987)
Die hellgrünen Triebe der Green Snake® streben nicht aufwärts. Stattdessen strahlen sie von einem Punkt seitwärts aus und bedecken den Boden im Umkreis von 1,5 m. Die kleinen Blätter zeigen ein auffällig frisches Hellgrün. Im Frühsommer erscheinen kleine weiße Blüten. Sie duften angenehm und ziehen mit ihren gelben Pollen viele Insekten an.
Die Schübe sind nie sonderlich üppig oder ausdauernd. Die Rose eignet sich vor allem für öffentliche Anlagen oder Gärtner, die Hänge mit frischem Grün überziehen wollen. Das Laub ist hochgradig resistent gegen Krankheiten und bleibt lange hängen.
↔ 30 cm

Green Snake®

Rosa Grimaldi®

(DELstror) Delbard (1997)
Diese gefleckte und gestreifte Rose gehört zu einer Serie, die der französische Züchter Delbard nach Malern benannte. Die halb gefüllten Blüten der Grimaldi® zeigen eine cremegelbe Grundfarbe mit rosa und kirschroten Flecken bzw. Streifen. Sie duften nach Rosen, aber auch leicht nach Zitrone. Gute Schnittblume!
90 cm

Grimaldi®

Rosa Gripsholm

(POUllug)
vgl. *Rosa* Viborg™ Castle®

Rosa Grouse

(KORimro)
vgl. *Rosa* Immensee®

Rosa Gruß an Bayern®

(KORmun) Kordes (1971)
Diese „normal“ wirkende Rose bildet die ganze Saison hindurch rote Blütendolden. Die Blüten sind halb gefüllt und becherförmig. Das schönste Merkmal dieser Floribunda-Rose ist das schöne, glänzend grüne Laub. Sie verzweigt sich gut und wird etwa 70 bis 90 cm hoch.
70 cm

Gruß an Bayern®

Rosa Guiding Spirit

(HARwolave) Harkness (1989)

Die Rose Guiding Spirit wird ebenso breit wie hoch. Ihr glänzendes dunkelgrünes Laub ist sehr schön. Die becherförmigen Blüten stehen in kompakten Dolden und wirken bisweilen wie eine einzige Masse. Sie sind halb gefüllt, innen tiefrosa und außen ein wenig heller. Im Herzen zeigen sich die goldenen Pollen. Die Blüte zieht sich bis in den Herbst hinein. Diese Rose eignet sich auch für Töpfe und Blumenkästen.

45 cm

Guiding Spirit

Rosa Guirlande d'Amour®

(-) Lens (1993)

Die Knospen stehen in langen, spitzen Dolden hoch über dem Strauch und entspringen einem einzigen Punkt – eine typische Moschata-Hybride (vgl. auch *Rosa moschata*). Die Dolden bestehen aus zahllosen halb gefüllten Blüten. Diese sind weiß und öffnen sich schalenförmig, wobei

Guirlande d'Amour®

Guirlande d'Amour®

sie die gelben Pollen ihrer Herzen zeigen. Diese ziehen viele Insekten an. Sie duften schwach, aber angenehm nach Moschus. Der Strauch trägt auch an der Basis zahlreiche spitz zulaufende Blätter. Das junge Laub ist hellgrün, wird aber später mittelgrün. Diese Rose hat viele Preise gewonnen. Man kann sie auch als Kletterrose verwenden – besonders schön an einem Bogen.

/ 120 cm

Rosa Guy de Maupassant®

(MEIsocrat) Meilland (1996)

Nach Äpfeln duftende Rosen machen immer Eindruck – und der Duft der Guy de Maupassant® ist wirklich sehr stark. Die üppig gefüllten, manchmal geviertelten Blüten sind anfangs rosa, verblassen aber später zu einem schön gedeckten Ton. Dann beginnt sich diese pfingstrosenähnliche Sorte unter ihrer Blütenlast zu neigen. Sie gehört zur Serie „Fleur Romantica®" des Züchters Meilland. Leider ist die Guy de Maupassant® anfällig für Rußtau.

80 cm

Guy de Maupassant®

Rosa Guy Laroche

(DELricos)
vgl. *Rosa* Château de Versailles®

Rosa Gwent

(Poulmulti)
vgl. *Rosa* Snow Cover™ Towne & Country®

Rosa Gwent

(POUlurt)
vgl. *Rosa* Sun Cover™ Towne & Country®

Rosa H.C. Andersen™ Floribunda Poulsen®

(POUlander) Poulsen (1987)
Der Strauch wächst auffällig kräftig und aufrecht. Seine langen Triebe tragen reiche Dolden leuchtend roter Blüten mit stark gekräuselten Blättern. Sie duften leicht nach Rosen. Mit der Zeit verblassen die halb gefüllten Gebilde und fallen vollständig ab (perfekte Selbstreinigung). Das anfangs rötliche Laub wird später glänzend dunkelgrün.
120 cm

H.C. Andersen™ Floribunda Poulsen®

H.C. Andersen™ Floribunda Poulsen®

Rosa Hallelujah

(DELatur)
vgl. *Rosa* Alléluia®

Rosa Hampton™ Palace®

(POUlgret) Poulsen (1996)
Eine Zwergrose aus der „Palace®"-Serie des dänischen Züchters Poulsen. Die cremegelben, gefüllten, 8 cm breiten Blüten erscheinen den ganzen Sommer über dem mittelgrünen Laub. Geeignet für Kleingärten, Töpfe und Kübel.
50 cm

Hampton™ Palace®

Rosa Hand in Hand

(HARaztec) Harkness (1984)
Die halb gefüllten Blüten ziehen schon aus der Entfernung alle Blicke auf sich, obwohl sie nur ca. 5 cm breit sind. Dafür sorgt schon ihr helles Orangerosa.

Hand in Hand

Die geruchlosen Blüten zieren den ganzen Sommer und Herbst hindurch einen aufrechten, ca. 65 cm hohen Strauch. Er bildet eine ca. 50 cm breite Kugel und trägt viele glänzend dunkelgrüne Blätter, die lange schön bleiben.

60 cm

Rosa Händel

(MACha) McGredy (1965)

Die Händel zählt dank ihrer wunderschönen Form und einzigartigen Farbe zu den Stars unter den Kletterrosen. Ihre Grundfarbe ist cremegelb mit teils gelben und zartrosa Säumen.

Die geruchlosen Blüten stehen in Dolden an recht starren Trieben mit oliv- bis mittelgrünem Laub. Mehl- und Rußtau können bei dieser außergewöhnlichen Rose leider für Probleme sorgen.

200 cm

Händel

Rosa Hansa

(-) Schaum&Van Tol (1905)

Verwechseln Sie diese Rose nicht mit der *Rosa* Hansaland® von Kordes. Beide Rosen stammen von der Kartoffelrose (*Rosa rugosa*) ab. Die Blüten werden zu großen, leuchtend roten Hagebutten. Die kräftig aufrecht wachsende Rose wird bis zu 2 m hoch und breit. Die *Rosa* Hansa ist sehr gut für Hecken geeignet.

200 cm

Rosa Hansaland®

(KORhassi) Kordes (1993)

Wie die *Rosa* Hansa ist auch die *Rosa* Hansaland® eine Rugosa-Hybride, d.h. ein Abkömmling der Kartoffelrose (*Rosa rugosa*).

Die halb gefüllten Blüten über dem glänzend grünen Laub sind jedoch scharlachrot und werden im Herbst wundervoll orangegelb.

Der bis zu 2 m hohe Strauch eignet sich gut für Hecken.

180 cm

Hansaland®

Rosa Harlekin®

(KORlupo) Kordes (1986)

Mit durchschnittlich 2 m Höhe lässt sich diese Kletterrose an Mauern, Pfeilern und Rosenbögen ziehen. Das glänzend oliv- bis dunkelgrüne Laub ist eine Zierde des Strauches. Die Blüte erfolgt vorwiegend im Frühsommer, doch folgen sporadisch weitere Schübe. Die großen, gefüllten Blüten sind einzigartig gefärbt: Cremegelber Grund-

Harlekin®

ton mit Rosa an den Blattsäumen, das nach innen allmählich verblasst. Die Harlekin® duftet angenehm lieblich nach Rosen.

⇗ 200 cm ✿ ◌◌◌

Rosa Harry Wheatcroft

vgl. *Rosa* Caribia®

Rosa Heart Throb

(HARqueterwife)

vgl. *Rosa* Paul Shirville

Rosa Heartache

(KORedas)

vgl. *Rosa* NDR1 Radio Niedersachsen®

Rosa Heidefeuer®

(NOAfeuer) Noack (1995)

Eine Bodendeckerrose aus der Serie „Flower Carpet®" des deutschen Züchters Noack. Anders als die zur gleichen Serie gehörige *Rosa* Heidetraum® blüht sie scharlachrot und wächst aufrecht. Dennoch deckt sie den Boden nach zwei Jahren zu 70% ab. Das verdankt sie dem äußerst kräftigen Laub, das bis in den Herbst hinein am Strauch hängen bleibt.

↔ 70 cm ✿✿✿ ◌ ✚

Heidefeuer®

Rosa Heidekind®

(KORiver) Kordes (1985)

Diese Strauchrose ging aus einer Kreuzung der *Rosa* The Fairy mit einer unbekannten Sorte hervor. Die gefüllten Blüten stehen in ähnlich üppigen Dolden auf dem Strauch, doch blüht die The Fairy rosa, die Heidekind aber kirschrot. Der reich verzweigte Strauch wird 80 cm hoch und breit. Er trägt dunkelgrünes Laub. Die Blätter sind anfällig für Mehl- und (weniger) Rußtau.

◉ 80 cm ✿✿✿ ◌

Heidekind®

Rosa Heidekönigin®

(KORdapt) Kordes (1985)

Die bis zu 2 m langen Triebe neigen sich und wachsen nach außen. Obwohl die Rose als Bodendecker bekannt ist, kann sie, einzeln gepflanzt, 50 cm hoch werden. Dann deckt sie den Boden aber nicht mehr so gut ab. Wenn die Triebe Halt finden, wachsen sie in die Höhe. Daher eignet sich die Heidekönigin® besonders für Naturgärten. Die halb gefüllten rosa Blüten haben offene Herzen. Sie sitzen in dichten Dolden an den Triebspitzen. Auf die üppigen ersten Schübe

Heidekönigin®

folgen später noch einige weitere. Die Heidekönigin® duftet schwach. Das Laub bleibt bis weit in den Herbst am Strauch und ist sehr resistent gegen Ruß- und Mehltau.

↔ 60 cm

Rosa Heidelinde®

(KORdehei) Kordes (1991)

Die Blüten haben die Farbe von Heidekraut: Beim Öffnen sind sie altrosa, später blasser. Sie passen hervorragend zu den glänzend dunkelgrünen Blättern. Überdies verströmen die halb gefüllten Gebilde einen milden, süßen Duft. Die gelben Pollen in den Herzen locken Bienen an. Die Blüten stehen in üppigen Dolden an den Triebenden, die sich unter ihrer Last nach außen biegen, sodass der Busch eine kompakte Kuppelform annimmt. Die Heidelinde® ist resistent gegen Mehltau, doch kann Rußtau zu einem Problem werden.

50–90 cm

Heidelinde®

Heidelinde®

Rosa Heideschnee®

(KORconta) Kordes (1990)

Die weißen, einfachen Blüten stehen in Dolden. Sie sind schalenförmig, mit gelben Pollen. Im Frühsommer kommt es zu üppigen Schüben, denen in den nächsten Monaten schwächere folgen. Die Triebe wachsen zunächst aufrecht, neigen sich aber später und sorgen so für einen hohen Bodendeckerstrauch. Das glänzend dunkelgrüne Laub verträgt ohne weiteres Schatten.

↔ 60 cm

Heideschnee®

Rosa Heidesommer®

(KORlirus) Kordes (1985)

Die cremegelben Knospen werden zu weißen, gut gefüllten, natürlich wirkenden Blüten. Diese

duften leicht und süß und die Pollen ihrer gelben Staubgefäße ziehen Insekten an. Dies geschieht den ganzen Sommer über, obwohl der Hauptschub im Frühsommer erfolgt.
Der Strauch wächst aufrecht, doch hängen die Triebe später nach außen. Das Laub ist glänzend dunkelgrün.
◉ 70 cm ✿✿✿ ☁☁

Heidesommer®

Rosa Heidetraum®

(NOAtraum) Noack (1989)
Diese Bodendeckerrose aus der ungemein robusten Serie „Flower Carpet®" bildet ab Juli sehr üppige Dulden aus halb gefüllten Blüten. Diese sind rosa und 6 cm breit. Sie überziehen die Triebe vollständig. Leider duften sie kaum und reinigen sich schlecht, sodass viele welke, braune Blätter an den Dolden hängen bleiben. Die auffällig glänzenden, mittelgrünen Blätter bleiben

Heidetraum®

lange am Strauch hängen, welcher den Boden schon im zweiten Jahr zu 90% abdeckt. Die Pflanze ist sehr resistent gegen Rosenkrankheiten und wird daher oft in Anlagen gepflanzt.
↔ 70 cm ✿✿✿ ☁ ✚ ADR

Rosa Heidi Kabel

(KORdiam)
vgl. *Rosa* Holsteinperle®

Rosa Heimatmelodie®

(-) Tantau (2000)
Selten zeigen Rosen so auffallende Farbmuster: Die Blattoberseiten der gefüllten Blüten sind karminrot, die Unterseiten praktisch kalkweiß mit einem Hauch von Gelb. Die spektakulären, geruchlosen Gebilde zieren den reich verzweigten Strauch die ganze Saison hindurch. Zu mehreren gepflanzt, bildet er sowohl in öffentlichen Parkanlagen wie in Privatgärten eindrucksvolle Beete. Das dunkelgrüne Laub ist resistent gegen Pilzkrankheiten und bleibt bis in den Herbst schön.
✲✲ 80 cm ✿✿✿ ☁ ✚

Heimatmelodie®

Rosa Helena™ Renaissance®

(POUlna) Poulsen (1998)
Die elfenbeinweißen, rosa angehauchten Blüten sind offen und kugelig geformt. Sie werden über

Helena™ Renaissance®

10 cm breit. Sie duften angenehm nach Rosen, reinigen sich aber leider schlecht. Der Strauch verzweigt sich sehr regelmäßig und wächst aufrecht. Sehr gut geeignet für Beete und gemischte Einfassungen! Das helle Olivgrün des jungen Laubes und die dunkelgrünen älteren Blätter machen ihn unverwechselbar.

110 cm

Rosa Henri Matisse®

(DELtisse) Delbard (1997)

Der französische Züchter Delbard benannte seine Serie marmorierter Rosensorten nach Ma-

Blüte der Henri Matisse®

Henri Matisse®

lern. Die Henri Matisse® hat die rötesten Blüten. Ihre cremegelbe Grundfarbe ertrinkt förmlich unter großen karminroten Streifen und Flecken. Die gefüllten Blüten duften leicht nach Rosen und Preiselbeeren. Sie zieren den bis zu 1,3 m hohen Busch im Sommer.

100 cm

Rosa Herbalist

(AUSsem)

vgl. *Rosa* The Herbalist™

Rosa Heritage®

(AUSblush) Austin (1984)

Die stark gefüllten Blüten der Heritage® sind praktisch kugelförmig. Voll geöffnet werden sie bis zu 8 cm breit. Die mittelgroßen Gebilde sind tief und becherförmig, mit zartrosa Herzen und

Heritage®

Heritage®

hellerem Saum, dessen Farbe schließlich zu perlmuttweiß verblasst. Die langen, fast dornenlosen Triebe sind zu dünn für die Last der vollen Dolden, sodass sie sich schließlich biegen. Der gewünschten optimalen, romantischen Wirkung zuliebe sollte man diese Rose daher durch Mehrjährige und andere Sträucher stützen. Die duftige Farbe der Blüten passt gut zu vielen anderen Tönen und der Duft ist nicht nur stark, sondern auch wunderbar süß und frisch. Der von der Basis an verzweigte Strauch trägt glänzend dunkelgrünes, rostanfälliges Laub.

GB 110 cm

Rosa Heroica

(-) Lens (1960)

Dies war seinerzeit eine der besten großblütigen Sorten. Der Strauch wächst kräftig und bildet vom Sommer bis zum Herbst regelmäßig Blüten. Obwohl er etwas unordentlich wirkt, bringt ihn das große, mittelgrüne Laub im Beet gut zur Geltung. Die Blütenfarbe wird zu Recht als kirschrot, aber samtig statt glänzend umschrieben. Mit der Zeit wird das Rosa der halb gefüllten Blüten intensiver. Sie duften nur schwach.

80 cm

Heroica

Rosa Herrenchiemsee

(POUlbella)

vgl. *Rosa* Berleburg™ Castle®

Rosa Herz Ass®

(TANsaras) Tantau (1998)

Für eine großblütige Rose sind die Blüten der Herz Ass® recht klein. Die Sorte bildet dafür aber ständig neue Triebe, an deren Spitzen purpurrote Blüten sitzen. Diese sind gefüllt und wohl geformt. Sie behalten ihre Farbe und vertragen schlechtes Wetter. Den ganzen Sommer und Herbst über bilden sich neue, schwach duftende Blüten.

Die großen, glänzend dunkelgrünen Blätter bleiben lange schön. Sehr empfehlenswert für Beete!

70 cm

Herz Ass®

Rosa Herz Dame

(Lens)
vgl. *Rosa* Dame de Coeur

Rosa High Hopes

(HARyup) Harkness (1992)
Bei vielen Kletterrosen sind die Blüten nicht so schön geformt wie jene normaler großblütiger Rosen. Die High Hopes bildet da eine Ausnahme. Die schönen hell- bis lachsrosa Blüten gehen aus ebenfalls attraktiven Knospen hervor. Sie duften mild und blühen den ganzen Sommer über. Der ca. 3 m hohe Strauch ist ideal für Rosenbögen und -pfeiler.
Ob die High Hopes ihrem Namen noch gerecht wird, bleibt fraglich, denn trotz vieler Preise ist sie nur selten zu bekommen.
300 cm

High Hopes

Rosa Hidalgo

(MEItulandi) Meilland (1979)
Eine klassische Kombination: Matt bronze- bis dunkelgrünes, von roten Blüten bekröntes Laub. Anfangs wie perfekte Tee-Hybriden geformt, öffnen sie sich weit und becherförmig. Die Hidalgo ist eine klassische langstielige Schnittblume, die stark nach Rosen duftet. Der Strauch wächst kräftig, aber etwas ungeordnet. Er eignet sich besonders für Beete.
90 cm

Hidalgo

Rosa Holstein 87®

(KORholst) Kordes (1987)
Achten Sie auf die „87" hinter dem Namen, denn Kordes brachte schon 1939 eine Holstein auf den Markt, eine Floribunda-Rose. Die neue Holstein 87® ist eine ständig blühende Strauchrose mit

Holstein 87®

leuchtend roten Blüten. Im Herzen sieht man die gelben Staubgefäße und einige weiße Streifen. Die wetterbeständigen Blüten reinigen sich sehr gut, denn alle verblühten Blätter werden abgeworfen. Das Laub ist glänzend oliv- bis dunkelgrün.

70 cm

Rosa Holsteinperle®

(KORdiam) Kordes (1987)

Die gefüllten Blüten der Holsteinperle® zeigen ihr Korallenrot vor allem bei Sonne. Sie öffnen sich nur langsam und sind als Schnittblumen ausdauernd. Die anfangs weinroten Blätter färben sich tannengrün. Diese Rose wächst kräftig und aufrecht.

90 cm

Holsteinperle®

Rosa Honeycup®

(-) Pouw (1990)

Honeycup®

Das Honiggelb der stark gefüllten Blüten wirkt ein wenig aprikosenfarben. Die Blüten duften schwach und zieren einen aufrechten, kräftig wachsenden Strauch mit großen Blättern, die anfangs rötlich sind und später dunkelgrün werden.

80 cm

Rosa Honoré de Balzac®

(MEIparnin) Meilland (1998)

Das karminartige Rosa der Blätter dieser stark gefüllten Rose wirkt bis auf die Säume ausgeblichen. Die kugeligen Gebilde bestehen aus bis zu hundert Blättern und werden über 13 cm breit. Sie verströmen einen milden Duft. Nachteilig ist ihre Empfindlichkeit gegen Regen: Danach wirken sie unattraktiv. Dafür ist diese Rose jedoch resistent gegen Pilzkrankheiten.

90 cm

Honoré de Balzac®

Rosa House Beautiful

(HARbingo) Harkness (1995)

House Beautiful

Eine weniger bekannte Patio-Rose mit zartgelben Blüten. Diese sind gefüllt und duften mild. Ihre Dolden zieren den niedrigen Busch den ganzen Sommer über.
60 cm

Rosa Humanity

(HARcross) Harkness (1995)
Der Strauch ist für eine Patio-Rose zu groß, weist aber ansonsten deren Merkmale auf. Diese Rose blüht sogar im Topf. Ihre tiefroten Blütendolden erheben sich bis zu 80 cm hoch über den Boden. Sie blühen den Sommer hindurch und bis in den Herbst hinein. Ihr Duft ist schwach.
80 cm

Humanity

Rosa Huques Aufray

(DORastri) Dorieux (1996)
Die Triebe wachsen zunächst aufrecht. Später neigen sie sich unter der Last der üppigen Dolden, um einen ca. 1,5 m hohen vasenförmigen Strauch zu bilden. Jede Blüte ist etwa 8 cm breit.

Huques Aufray

Sie hat ein cremegelbes Herz mit gelben Staubgefäßen und Pollen, die viele Insekten anlocken. Über die verhaltene rosa Grundfarbe sind viele leuchtend rosa Streifen und Flecken verstreut. Die Blüten duften angenehm leicht nach Rosen. Der kräftig wachsende Strauch trägt robust wirkendes, hellgrünes Laub, das später grau- bis mittelgrün wird.
150 cm

Rosa Ice Cream

(KORzuri)
vgl. *Rosa* Memoire®

Rosa Ice Meidiland®

(MEIvahyn) Meilland (1996)
Die halb gefüllten Blüten der Ice Meidiland® sind weiß mit einem Hauch von rosa. Sie zieren einen kräftigen Strauch, der höchstens 25 cm hoch, aber doppelt so breit wird. Daher empfiehlt sich die Ice Meidiland® als Bodendeckerrose. Sie kommt besonders in Hanglagen zur Geltung. Das dunkelgrüne Laub ist recht resistent gegen die üblichen Rosenkrankheiten.
40 cm

Ice Meidiland®

Rosa Iceberg

(KORbin)
vgl. *Rosa* Schneewittchen®

Rosa Iceberg, Climbing

vgl. *Rosa* Climbing Iceberg

Rosa Iga®'83 München

(MEIbalbika) Meilland (1984)

Obwohl die Iga®'83 München zu den robustesten Rosen gehört und selten von Ruß- oder Mehltau befallen wird, verschwindet sie langsam aus den Katalogen. Das ist schade, weil krankheitsresistente Sorten eine große Zukunft haben. Diese Floribunda-Rose wächst strauchartig und bildet Schübe aus halb gefüllten, rosa Blüten.

✲✲ 70 cm ✿✿✿ ☁ ✚ ADR

Iga®'83 München

Rosa Ilse Krohn Superior®

(-) Kordes (1964)

Ilse Krohn Superior®

Die *Rosa* Ilse Krohn ist eine weißblühende Kletterrose von Kordes (1957). Dieser züchtete 1964 eine mehrmals blühende Variante, an deren Namen er „Superior" anhängte. Die weißen, stark gefüllten Blüten haben spitze, sternartige Blätter. Während die Ilse Krohn nur im Frühsommer blüht, bildet die Superior® auch später kleinere Schübe. Die wundervoll duftenden Blüten hängen über das dunkelgrüne Laub herab.

200–300 cm ✿✿ ☁☁☁ ✚

Rosa Imagination

(POUldron)

vgl. *Rosa* Schackenborg™ Castle®

Rosa Immensee®

(KORimro) Kordes (1982)

Wenn diese Rose im Garten steht, interessieren sich die Bienen für nichts Anderes mehr. Das altdeutsche Wort „Imme" bedeutet „Biene" und diese Insekten sind förmlich versessen auf die Pollen der einfachen, perlmuttweißen oder zartrosa Blüten, die mild und frisch duften. Leider blüht sie nur im Juni wenige Wochen lang. Die dünnen und langen, aber kräftigen Triebe decken mit ihrem hellgrünen Laub große Bodenflächen vollständig ab. Der Strauch ist resistent gegen Pilzkrankheiten und bleibt bis weit in den Herbst belaubt. Sehr empfehlenswert für große Naturgärten und öffentliche Anlagen, vor allem in Hanglagen.

↔ 50 cm ✿ ☁☁ ✚

Immensee®

Impératrice Farah®

Rosa Impératrice Farah®

(DELivour) Delbard (1992)

Dies ist eine Rose für die Kollektion eines Sammlers. Der Strauch trägt große, glänzend hellgrüne Blätter und wächst sehr aufrecht. Im Sommer bildet er große sternförmige Blüten. Sie sind elfenbeinweiß bis cremegelb gefärbt. Die Spitzen der Blütenblätter sind bei warmem Wetter kirschrot. Sie duften leicht fruchtig. Die Impératrice Farah® ist auch als Hochstammrose erhältlich.

120 cm

Impératrice Farah®

Rosa Imperial™ Palace®

(POUlchris) Poulsen (1996)

Diese Miniaturrose eignet sich sowohl für Beete als auch für große Töpfe und Kästen. Ihre leuchtend scharlachroten Blüten sind gefüllt und offen bis zu 8 cm breit.

50 cm

Imperial™ Palace®

Rosa Ingrid Bergman® Hybrid Tea Poulsen®

(POUlman) Poulsen (1986)

Ingrid Bergman®

Die dunkelroten Blüten dieser großblütigen Sorte ziehen alle Augen auf sich, weil sie beinahe 13 cm breit werden. Sie sind gefüllt und verströmen einen leichten süßen Duft. Leider reinigen sie sich schlecht. Der an der Basis üppig belaubte Strauch wächst aufrecht. Die Blätter sind sehr resistent gegen Pilzkrankheiten.

90 cm

Rosa Ingrid Weibull®

(TANweieke) Tantau (1981)

Diese Floribunda-Rose blüht in üppigen Schüben. Jede einzelne Dolde besteht aus Dutzenden halb gefüllter Blüten. Sie sitzen auf kräftigen Stielen, welche die schwere Blütenlast tragen können. Die geruchlosen Blüten sind sehr regenbeständig.

Eine Dolde ist erst nach Wochen verblüht. Dann sollte man sie abschneiden, um Wachstum und Blütenbildung zu fördern. Der kompakte Strauch ist breiter als hoch. Er trägt glänzend mittelgrünes Laub. Sehr geeignet für Beete in Naturgärten und öffentlichen Parks!

✲✲ 80 cm ✿✿✿ ☁

Ingrid Weibull®

Rosa Integrity

(HARvintage)

vgl. *Rosa* Savoy Hotel

Rosa Intrigue

(KORlech)

vgl. *Rosa* Lavaglut®

Rosa Irish Hope

(HARexclaim) Harkness (1998)

Stark gefüllte Blüten wirken noch romantischer, wenn ihre Blätter krause Säume haben – wie etwa die der Irish Hope.

Irish Hope

Sie duften süß nach Zitronen. Die Blätter im Herzen der Blüten sind aprikosenfarben gefärbt, die äußersten cremegelb mit einem Hauch von Rosa. Sie stehen in Dolden auf dem dunkelgrün belaubten Strauch.

✲✲ 120 cm ✿✿✿ ☁☁☁

Rosa Isabel™ Renaissance®

(POUlisab) Poulsen (1998)

Die dunkelroten, gefüllten Blüten sind becherförmig und bis zu 10 cm breit. Für eine Sorte der „Renaissance®"-Serie, die der dänische Züchter Poulsen schuf, um „Duftkreuzungen" zwischen Alten und modernen Rosen zu erhalten, duften sie nur schwach. Eine gute, aber wenig ausdauernde Schnittblume.

◉ 110 cm ✿✿✿ ☁☁

Isabel™ Renaissance®

Rosa Isis

(POUlari)

vgl. *Rosa* Karen Blixen™ Hybrid Tea Poulsen®

Rosa Isobel Champion

(DELgeot)
vgl. *Rosa* La Marseillaise®

Rosa Jacqueline du Pré®

(HARwanna) Harkness (1988)

Der wohlproportionierte Strauch zeigt eine perfekte Kuppelform. Die zahlreichen dunkelgrünen Blätter bleiben recht lange schön. Vom Mai bis in den Herbst hinein schmückt sich der Strauch mit weißen Blütendolden, sodass er mit Schnee bedeckt zu sein scheint. Bei näherem Hinsehen erweisen sich die jungen Blüten als rosa überhaucht. Geöffnet sind sie halb gefüllt, nahezu schalenförmig und bis zu 10 cm breit. Ihre Herzen bergen auffallend orange Staubfäden mit gelben Pollen, die Bienen und andere Insekten anlocken. Besonders die jungen Blüten duften stark: Leicht und süß, mit ein wenig Moschus und etwas Zitrone. Sehr empfehlenswert!

150 cm

Jacqueline du Pré®

Rosa James Galway

(AUScrystal) Austin (2000)

Diese relativ neue Englische Rose ist nach dem Flötisten James Galway benannt. Die gefüllten Blüten haben den wundervollen Duft Alter Rosen. Im Herzen zeigen sie ein warmes Zartrosa, das zum Rand hin hellrosa verblasst. Der Strauch wächst kräftig. Die fast dornenlosen Triebe biegen sich unter der Last von Laub und Blüten. Die Rose eignet sich gut als Bordürenhintergrund (in Kombination mit Mehrjährigen), aber auch als Kletterrose. In diesem Falle wird sie als *Rosa* James Galway Climbing angeboten.

GB/ 140–250 cm

James Galway

Rosa Jardins de Bagatelle®

(MEImafris) Meilland (1986)

Die cremegelben Blüten dieser langstieligen großblütigen Rose zeigen einen rosa Schimmer. Die gefüllten Gebilde duften wundervoll und sind gut als Schnittblumen geeignet. Diese Sorte gewann auf den Ausstellungen in Genua und Genf Goldmedaillen. Die dunkelgrünen Blätter sind relativ groß. Der Strauch wächst aufrecht.

90 cm

Jardins de Bagatelle®

Rosa Jardins de l'Essonne®

(DELchame) Delbard (2000)

Eine der jüngsten Rosen der französischen Züchterfamilie Delbard. Die Dolden tragen nur wenige gefüllte, becherförmige Blüten, doch bilden diese einen kompletten Strauß.

Sie duften auch angenehm würzig. Der aufrechte Strauch mit den kräftigen Trieben trägt helles graugrünes (später viel dunkleres) Laub, das sehr schön mit den cremegelben Blüten und deren gelben Herzen kontrastiert.

90 cm

Jardins de l'Essonne®

Rosa Jasper

(POUlbella)

vgl. *Rosa* Berleburg™ Castle®

Rosa Jazz

(POUlnorm)

vgl. *Rosa* That's Jazz™ Courtyard®

Rosa Joey's™ Palace®

(POUljoey) Poulsen (1998)

Eine Zwergrose mit 8 cm breiten, gefüllten Blüten. Diese haben eine modische Farbe – Apricot und Lachsrosa – und duften leicht nach Wildrosen. Geeignet für Kleingärten, aber auch große Blumentöpfe und Blumenkästen.

50 cm

Joey's™ Palace®

Rosa Johann Strauss®

(MEIoffic) Meilland (1994)

Beim Öffnen zeigen die Blüten das denkbar zarteste Rosa, das jedoch später verblasst. Die Herzen sind gelb.

Jeder Stiel trägt Dolden aus wenigen Blüten. Diese duften schwach und passen wegen ihrer hellen Farbe gut zu vielen anderen Pflanzen. Den relativ niedrigen Strauch ziert üppiges dunkelgrünes Laub.

60 cm

Johann Strauss®

Rosa Johannisfeuer®

(TANreufis) Tantau (1988)

Der kräftige, aufrechte Strauch trägt große, schöne, glänzend dunkelgrüne Blätter. Den ganzen Sommer über bildet er Dolden leuchtend roter Blüten. Die halb gefüllten Blüten sind schalenförmig und bergen mäßig viele Staubgefäße. Unglücklicherweise duften sie nicht.

100–150 cm

Johannisfeuer®

Rosa John Clare

(AUScent) Austin (1994)

Für eine Englische Rose ist die John Clare bemerkenswert niedrig. Sie bildet üppige und ausdauernde Blüten. Der Strauch wächst in die Breite. Im Sommer und Herbst erscheinen neue Dolden gefüllter ziegelroter Blüten. Sie duften schwach, reinigen sich aber gut.

GB 90 cm

John Clare

Rosa John Leese

(POUlrise)

vgl. *Rosa* Kong Frederik den IX™ Hybrid Tea Poulsen®

Rosa John Waterer®

(-) McGredy (1970)

Die spitzen Knospen öffnen sich zu wohlgeformten karminroten Blüten, die leicht nach Rosen duften. Die Blütenstiele sind fast außerstande, die Last der großen, gefüllten Blüten zu tragen und biegen sich daher leicht. Davon abgesehen wächst der Strauch aber aufrecht. Junge Triebe und Blätter sind rötlich und werden später graugrün.

80 cm

John Waterer®

Rosa Josie Whitney

(HARfacey) Harkness (2000)

Josie Whitney ist weder eine bekannte Rosenliebhaberin noch die Gattin eines solchen. Sie und ihr Mann Bill Whitney gewannen ein TV-Quiz, bei dem Ehepaare zeigen sollten, wie gut sie einander kennen.

Als Hauptgewinn wurde einer Rosensorte nach der Ehefrau benannt – und diese Rose wirkt fast

Josie Whitney

so bizarr wie die Geschichte ihres Namens. Ihre Blüte zeigt zahlreiche Farbtöne: Dunkelgelb und Orange mit karmin- bis lachsrosa gefärbten Blattsäumen. Sie zieren den dicht belaubten Strauch in Dolden.

100 cm

Rosa José Carreras™ Hybrid Tea Poulsen®

(POUlnew) Poulsen (1998)

Die cremegelben, gefüllten Blüten sind geöffnet ca. 15 cm breit. Sie duften schwach und ihre Farbe passt gut zu jener der Blätter: Diese sind anfangs mahagonibraun und werden später glänzend dunkelgrün. Gut geeignet für Klimazonen mit trockenen Sommern.

100 cm

José Carreras™ Hybrid Tea Poulsen®

Rosa Joyfulness

(TANsinnroh)

vgl. *Rosa* Frohsinn® ’82

Rosa Jude the Obscure

(AUSjo) Austin (1995)

In verregneten Sommern kann man die volle Blütenpracht der Jude the Obscure kaum bewundern. Sie verklumpen dann, sodass sie schon als

Jude the Obscure

Knospen welken und abfallen. In trockeneren Klimaten werden sie jedoch zu schönen, großen, stark gefüllten und becherförmigen Gebilden mit einwärts gebogenen Blättern: Die inneren sind gelb, die äußeren sehr viel heller. Sie duften stark fruchtig. Der Strauch wirkt buschig und ist oft breiter als hoch.

GB 110 cm

Rosa Julia™ Renaissance®

(POUlheart) Poulsen (1997)

Die runden Knospen öffnen sich zu stark gefüllten, cremerosa Blüten. Diese duften schwach,

Julia™ Renaissance®

aber angenehm und eignen sich als Schnittblumen, obwohl sie nicht lange ausdauern. Der Strauch wächst stark und wird unter günstigen Bedingungen bis zu 1,5 m hoch.
110 cm

Rosa Just Joey

(-) Cants of Colchester (1972)

Diese Rose zählt gegenwärtig unter Liebhabern zu den absoluten Favoriten. Die gefüllten Blüten stehen in Dolden. Sie sind sehr breit (circa 14 cm), bernsteingelb bis hellorange gefärbt und verströmen einen intensiven, süßen Duft. Der Strauch wächst locker und verzweigt sich gut, aber unregelmäßig. Die Blütenschübe sind ebenfalls unregelmäßig. Gelegentlich kommt es zu Pausen. Die großen Blätter sind rötlich angehaucht und werden später schön graugrün.
80 cm

Just Joey

Just Joey

Rosa Kaj Munk™ Paramount®

(POUldunk) Poulsen (1999)

Dies ist eine der niedrig bleibenden großblütigen Rosen aus der „Paramount®"-Serie von Poulsen. Die gelben, gefüllten Blüten werden ungefähr 8 cm breit. Sie duften angenehm und eignen sich auch als Schnittblumen.
80 cm

Rosa Kalmar™ Castle®

(POUlkalm) Poulsen (1999)

Die gefüllten, geruchlosen Blüten erheben sich über das glänzend dunkelgrüne Laub dieser rela-

tiv niedrigen Floribunda-Rose. Die Blüten sind sehr hell: Apricot mit sehr zartem Lachsrosa.

60 cm

Rosa Karen Blixen™ Hybrid Tea Poulsen®

(POUlari) Poulsen (1996)

Auf den langen Stielen sitzen wohlgeformte, etwa 13 cm breite weiße Blüten. Wegen ihrer kurzen Lebensdauer eignen sie sich weniger als Schnittblumen. Das ist auch ihr einziger Nachteil: Sie duften schwach, aber angenehm und sind überaus resistent. Außerdem ist dies eine der wenigen großblütigen Rosen, die kaum anfällig für Ruß- und Mehltau sind.

70 cm

Karen Blixen™ Hybrid Tea Poulsen®

Rosa Kassel

(-) Kordes (1957)

Obwohl die Kassel nicht mehr im Katalog der Fa. Kordes erscheint, begegnet man dieser alten, aber robusten Kletterrose noch vielerorts. Die spitzen Knospen sind tiefrot. Sie öffnen sich zu wohlgeformten, gefüllten Blüten. Diese sind zunächst leuchtend rot und voll entfaltet becherförmig. Sie können 10 cm breit werden und verblassen später zu Altrosa. Manchmal zeigen sie ihre Pollen. Sie duften schwach nach Rosen. Die jungen Triebe sind anfangs rhabarberrot, später grün. Da sie kräftig sind, bildet die Rose als Solitär große Sträucher. Man kann sie aber auch als Kletterrose aufbinden. Die großen, anfangs hellgrünen Blätter werden später mittelgrün. Die Kassel ist etwas anfällig für Rußtau.

200–300 cm

Kassel

Kassel

Rosa Katharina Zeimet

(-) Lambert (1901)

Das Laub des reich verzweigten Strauches ist anfangs rötlich, doch färbt es sich später matt dun-

Katharina Zeimet

kelgrün. Die Rose ist anfällig für Rußtau. Die Katharina Zeimet bildet den ganzen Sommer hindurch Dolden aus cremegelben, etwa 4 cm breiten, halb gefüllten Blüten. Diese duften leicht nach Rosen. Die Sorte gehört zu den Polyantha-Rosen, sie bleibt also niedrig und hat dünne Triebe.

50 cm

Rosa Katherine Mansfield

vgl. *Rosa* Charles de Gaulle

Rosa Kathryn McGredy

(MACauclad) McGredy (1996)

Diese Rose bevorzugt trockene Klimate, da sich ihre Blüten nach dem Regen schlecht selbst reinigen und oft zu verpilzten Massen werden. Ansonsten ist die *Rosa* Kathryn McGredy wirklich

Kathryn McGredy

Kathryn McGredy

schön: Die stark gefüllten rosa Blüten werden mit der Zeit lachsrosa. Sie bewahren lange ihre Form und duften leicht fruchtig. Der aufrechte Strauch wächst mäßig und ist an der Basis üppig belaubt, sodass er Beete rasch abdeckt. Das junge Laub ist anfangs rot. Später wird es glänzend graugrün und bleibt schön.

100 cm

Rosa Kathryn Morley

(AUSclub) Austin (1990)

Die einwärts gebogenen Blätter der großen Blüten wirken gezahnt und sind zartrosa. Ihren Her-

Kathryn Morley

zen entströmt ein leicht würziger Duft. Die viel helleren Hochblätter bilden auf den langen Stielen des aufrechten Strauches unregelmäßige hohe Kelche.

GB 100 cm

Rosa Keep in Touch

(HARdrama) Harkness (1999)

Die neue Floribunda-Rose wird ebenso breit wie hoch und trägt zahlreiche glänzend dunkelgrüne Blätter. Die leuchtend roten Blüten sind becherförmig. Im gelegentlich weiß gestreiften Herzen sitzt ein großes Büschel gelber Pollen. Auch ältere Blüten behalten ihr intensives Rot.

70 cm

Keep in Touch

Rosa Kent

(POUlcov)

vgl. *Rosa* White Cover™ Towne & Country®

Rosa Key West

(POUlerry)

vgl. *Rosa* Cherry Cover™ Towne & Country®

Rosa Kiftsgate

(Murell)

vgl. *Rosa filipes* Kiftsgate

Rosa Kir Royal®

(MEInibur) Meilland (1995)

Die halb gefüllten Blüten der Kir Royal® sind wie Mandelblüten gefärbt, aber mit kirschroter

Kir Royal®

Äderung. Ihr Duft ist nur schwach, aber sehr frisch. Im mittelgrünen Laub wecken sie Frühlingserinnerungen. Diese Kletterrose wird 3 m hoch und wächst sogar nach Erkrankungen sehr stark.

200–300 cm

Rosa Kirsten Poulsen

(-) Poulsen (1924)

Die „altmodische“ Rose ist dank des kräftigen Wachstums nach wie vor erhältlich, aber zunehmend seltener. Die Kirsten Poulsen trägt einfache, karminrote Blüten die sich bei schönem Wetter voll öffnen. Dann ziehen ihre Pollen viele Insekten an. Wie bei allen typischen Polyantha-

Kirsten Poulsen

Rosen stehen die Knospen in Dolden. Nach der Blüte werden sie zu Hagebutten, die kaum zur Schönheit des Strauches beitragen. Man entfernt sie besser, damit er weiter blüht.
✲✲ 100 cm ✿✿✿ ☁

Rosa Knirps®

(KORverlandus) Kordes (1997)

Knirps®

Diese Sorte könnte leicht als Patio- oder Zwergrose gelten. Kordes wollte jedoch die Bodendeckerqualitäten dieses kompakten Strauches betonen. Die Pflanze bildet keine hohen Triebe, sondern wächst eher in die Breite.
Die glänzend dunkelgrünen Blätter werden von den reichen Dolden kleiner, aber sehr stark gefüllter rosa Blüten förmlich in den Schatten gestellt.
↔ 30 cm ✿✿✿ ☁

Rosa Kong Frederik den IX™ Hybrid Tea Poulsen®

(POUlrise) Poulsen (1998)
Die fast 13 cm breiten Blüten dieser großblütigen Rose stehen in Dolden, manchmal zu mehr als zehn. Sie sind gefüllt und zeigen eine reiche Farbpalette: Sie reicht von Hellgelb über Apricot bis Lachsrosa. Sie duften mild und fruchtig. Leider reinigen sie sich nach Regenfällen schwer und der Busch wächst recht unregelmäßig.
✲ 100 cm ✿✿✿ ☁☁

Kong Frederik den IX™

Kong Frederik den IX™

Rosa Königin der Rosen®

(KORbico) Kordes (1964)
Über das bronzefarbene Laub erheben sich stark gefüllte Blüten, deren Orange bei näherer Betrachtung subtile Nuancen aufweist: Lachsrosa sowie Orangegelb auf den Rückseiten. Sie sitzen einzeln auf langen, stark bedornten Stielen. Da sie ausdauernd sind und mild, aber angenehm duften, eignen sie sich sehr gut als Schnittblumen.
Der Strauch wächst reich verzweigt und aufrecht. Er ist recht resistent.
✲ 80 cm ✿✿✿ ☁☁ ✚ ADR

Königin der Rosen®

Rosa Königin Margrethe

(POUlskov)
vgl. *Rosa* Dronning Margrethe™ Palace®

Rosa Konrad Adenauer Rose®

(TANedauk) Tantau (1954)
Diese Rosensorte aus längst vergangenen Tagen ist immer noch lieferbar. Das liegt vielleicht am wunderbaren Duft, denn schließlich gibt es viele andere Sorten mit wohlgeformten, gefüllten roten Blüten (hier werden sie 10 cm breit). Das glänzend hellgrüne Laub des aufrechten Strauches kontrastiert scharf mit den roten Blüten. Die Sorte passt gut zu Leuten, die solche Gegensätze lieben.
80 cm

Konrad Adenauer Rose®

Rosa Kookaburra

(KORlomet)
vgl. *Rosa* Vogelpark Walsrode®

Rosa Kordes' Brillant®

(KORbisch) Kordes (1983)
Die Wuchsform und das frischgrüne Laub der Kordes' Brillant® erinnern an die *Rosa* Schneewittchen®, doch sind ihre Blüten nicht weiß, sondern leuchtend orange bis knallrot. Sie sitzen in Dolden an den Triebspitzen und sind becherförmig sowie locker gefüllt. Die Blüten verströmen den Duft wilder Rosen. Der Strauch wächst buschig und aufrecht. Er wird bis zu 1,5 m hoch.
100–150 cm

Kordes' Brillant®

Rosa Kordes' Brilliant

(KORbisch)
vgl. *Rosa* Kordes' Brillant®

Rosa Kordes' Rose Bella Rosa

Vgl. *Rosa* Bella Rosa. Alle anderen mit „*Rosa* Kordes'“ beginnenden Namen finden Sie unter dem darauf folgenden Namensbestandteil.

Rosa Korwondis

(KORwonder)
vgl. *Rosa* Bella Rosa®

Rosa Kronborg™ Castle®

(POUltry) Poulsen (1996)

Kronborg™ Castle®

Eine wunderbare Beetrose für Kleingärten, aber auch große Blumenkästen oder -töpfe. Die 8 cm breiten Blüten sind stark gefüllt und scharlachrot. Sie duften nicht.

✲✲ 60 cm ⚘⚘⚘ ☁

Rosa Kupferkönigin®

(KORanderer) Kordes (1996)

Die karamellfarbenen Knospen der Kupferkönigin® öffnen sich zu wohlgeformten Blüten. Diese sind messinggelb bzw. kupferrot und an den Blattsäumen etwas heller. Das Wetter hat wenig Einfluss auf ihre Form und Farbe: Sie verblassen in der Sonne kaum und bleiben nach dem Regen schön. Jede Blüte sitzt auf ihrem eigenen Stiel. Obwohl sie nur schwach duften, sind sie gute, ausdauernde Schnittblumen. Der Strauch wächst aufrecht und trägt glänzend dunkelgrünes Laub.

✲ 80 cm ⚘⚘⚘ ☁☁

Kupferkönigin®

Rosa L. D. Braithwaite

(AUScrim) Austin (1988)

Diese Englische Rose wirkt beeindruckend. Ihre kräftigen Triebe wachsen diagonal. An den Enden stehen Dolden aus stark gefüllten, strahlend scharlachroten und 10 cm breiten Blüten. Die samtigen, tiefroten Knospen öffnen sich zu rosettenförmigen Blüten mit dem süßen, frischen Duft Alter Rosen.

Junge Triebe tragen zahlreiche leuchtend rote Dornen, die später braun werden. Die großen, matt graugrünen Blätter sind leider anfällig für Rußtau. Diese genauso hoch wie breit werdende Rose ist nach dem Schwiegervater von David Austin sen. benannt.

⚘GB 100 cm ⚘⚘⚘ ☁☁☁☁

L.D. Braithwaite

L.D. Braithwaite

Rosa L'Aimant

(HARzola) Harkness (1994)

Die spitzen Knospen entfalten sich zu gefüllten Blüten mit welligen Blattsäumen. Sie zeigen ein frisches, reines Rosa, manchmal mit aprikosenfarbenen Herzen. Den kräftigen Strauch zieren sie in Dolden. Die L'Aimant ist eine sehr gute Schnittblume. Dazu duftet sie auch noch sehr angenehm.

90 cm

L'Aimant

Rosa La Grande Parade

(HAVal) Verschuren (1986)

Diese aufrechte Floribunda-Rose mit dem Äußeren einer Strauchrose deckt mit ihrem grünen Laub mühelos Beete und Bordüren ab. Über das Blattwerk erheben sich Dolden aus einfachen Blüten. Jene sind 5 cm breit und kirschrot mit großen grünweißen Augen. Für Insekten sind sie leicht zugänglich, doch ziehen sie diese nicht an, da sie kaum duften. Der Strauch wirkt imposant, wächst sehr kräftig und ist überaus resistent gegen Rosenkrankheiten.

110 cm TOP

La Grande Parade

Rosa La Marseillaise®

(DELgeot) Delbard (1976)

Die kräftigen Triebe dieser großblütigen Rose tragen jeweils nur eine oder wenige ovale Knospen.

La Marseillaise®

Diese entfalten sich zu wohlgeformten scharlachroten Blüten. Sie duften schwach, sind aber gute Schnittblumen. Gegen schlechtes Wetter sind sie empfindlich. Der Strauch wächst kräftig und verzweigt sich gut. Die Marseillaise® hat glänzend mittelgrünes Laub.
☼ 90 cm ✿✿✿ ☁☁

Rosa La Paloma® 85

(TANamola 85) Tantau (1985)
Die spitzen Knospen öffnen sich zu stark gefüllten cremeweißen Blüten, die nur schwach duften. Schlechtes Wetter macht ihnen wenig aus. Sie stehen den ganzen Sommer und Herbst hindurch in Dolden über dem grell grasgrünen Laub. Die ziemlich krankheitsresistente Pflanze wird oft in Grünanlagen verwendet. Sie ist auch als Beetfüllung geeignet: Die aufrechten, niedrigen Sträucher verzweigen sich gut und bleiben bis in den Herbst belaubt.
☼☼ 60 cm ✿✿✿ ☁ ⊕

La Paloma® 85

Rosa La Reine Victoria

(Schwarz)
vgl. *Rosa* Reine Victoria

Rosa La Sevillana®

(MEIgekanu) Meilland (1978)
Die ersten Blütenschübe der La Sevillana® sind sehr imposant. Bis weit in den Herbst hinein folgen viele weitere. Die „Sträuße“ aus teilweise gefüllten, zinnoberroten Blüten breiten sich über das bronzene Laub aus.
Die Wuchsform dieser Pflanze mutet recht unordentlich an. Die La Sevillana® dient als Beetrose, wird aber, wenn man sie im Frühjahr nicht beschneidet, zu einem ca. 1,2 m hohen und breiten Strauch. Im Herbst bilden sich Hagebutten.
Den ADR-Titel brachte ihr, neben ihren anderen Vorzügen, die ausgezeichnete Resistenz gegen Ruß- und Mehltau ein.
☼☼ 80 cm ✿✿✿ ☁ ⊕ ADR

La Sevillana®

Rosa La Tour d'Argent

(DELricos)
vgl. *Rosa* Château de Versailles®

Rosa La Ville de Bruxelles

(-) Vibert (1849)
Die stark gefüllten, geviertelten rosa Blüten duften intensiv und lieblich. Die ca. 8 cm breiten, flachen Gebilde hängen zierlich an den Seiten des bis zu 1,5 m hohen und etwa gleich breiten

La Ville de Bruxelles

Strauches. Die stark bedornten Triebe tragen große, matt dunkelgrüne Blätter. Dies ist zu Recht eine der beliebtesten Damaszenerrosen. Sie blüht in der ersten Sommerhälfte. Regen vertragen die Blüten nicht. Pflanzen Sie den Strauch also an eine luftige, sonnige Stelle.

150 cm

Rosa Lac Blanc

(KORweirim)

vgl. *Rosa* Weiße Immensee®

Rosa Lac Rose

(KORimro)

vgl. *Rosa* Immensee®

Rosa Lady Di®

(-) Huber (1982)

Die kugelrunden rosa Blüten stehen einzeln oder in kleinen Gruppen. Sie sind gefüllt und machen sich gut in der Vase. Daher baut man sie vor allem als Schnittblumen an. Ihr Duft ist mild und lieblich. Ein Nachteil der *Rosa* Lady Di® ist ihre Empfindlichkeit gegen schlechtes Wetter: Bei längeren Regenperioden öffnen sich ihre Blüten nicht. Der Strauch wächst mäßig, aufrecht und regelmäßig, bleibt aber niedrig. Diese Rose hat große, olivgrüne Blätter, die später dunkelgrün werden.

90 cm

Lady Di®

Rosa Lady Diana

(Huber)

vgl. *Rosa* Lady Di®

Rosa Lady Like®

(TANekily) Tantau (1989)

Eine der robustesten großblütigen Rosen: Sie zeigt eine hohe Resistenz gegen Pilzkrankheiten, von denen andere Tee-Hybriden oft befallen werden. Nach dem ersten Schub folgen den Rest des Sommers hindurch Blüten in geringerer Zahl. Sie sind intensiv rosa mit einem Hauch Silber. Die Lady Like® eignet sich gut als Schnittblume, obwohl ihr intensiver Duft nicht jedermanns Sache ist. Der Strauch wächst aufrecht und verzweigt sich gut. Sein Laub ist glänzend dunkelgrün.

80 cm

Lady Like®

Lady Meillandina®

Rosa Lady Meillandina®

(MEIlarco) Meilland (1986)

Die Lady Meillandina® ist eine typische Zwergrose mit zartrosa gefüllten Blüten und dunkelgrünem Laub. Empfehlenswert für Töpfe oder Blumenkästen. Rechtzeitiges Gießen und gute Düngung lassen sie beständig grünen und blühen.

35 cm

Rosa Lady of the Dawn®

(INTerlada) Interplant (1985)

Eine üppig blühende Floribunda-Rose: Die halb gefüllten, etwa 8 cm breiten Blüten sind zartrosa mit einem Hauch von gelb. Die becherförmigen Gebilde bergen im Herzen Büschel gelber Pollen. Allerdings duften sie kaum. Der Strauch blüht den ganzen Sommer und Herbst hindurch. Er wächst kräftig, doch unregelmäßig. Die anfangs rötlichen Blätter werden später olivgrün.

90 cm

Rosa Lady Sunblaze

(MEIlarco)

vgl. *Rosa* Lady Meillandina

Rosa Lancashire

(KORstesgli)

vgl. *Rosa* Gärtnerfreude®

Rosa Lancôme®

(DELboip) Delbard (1977)

Die langen, kräftigen Triebe machen die *Rosa* Lancôme® zur perfekten Schnittblume, obwohl sie nicht duftet. Die gefüllten karminroten Blüten

Lady of the Dawn®

Lancôme®

bleiben lange schön. Man kann den ganzen Sommer über Sträuße pflücken, da diese Rose zwar mäßig, aber dafür kontinuierlich blüht. Der Strauch verzweigt sich gut und trägt glänzend dunkelgrünes Laub.

90 cm

Rosa Land Brandenburg

(POUloma)

vgl. *Rosa* Meine Oma™

Rosa Landora®

(SUNblest) Tantau (1970)

Dass sich diese Rose gut verkauft, liegt weniger an ihren Blüten. Diese sind zwar schön geformt und bewahren lange Zeit ihre gelbe Farbe. Allerdings stechen sie nicht übermäßig vom Laub des Strauches ab. Ihr große Beliebtheit verdankt die

Landora®

Rose jedoch der Fähigkeit ihrer Blüten, schlechtes Wetter zu vertragen und ihrer hervorragenden Resistenz gegen Pilzkrankheiten. Die glänzend dunkelgrünen Blätter zieren einen aufrechten, gut verzweigten Strauch.

80 cm

Rosa Landrover

(-) Van den Berg (1995)

Diese Rugosa-Hybride verbreitet sich stärker als andere Kartoffelrosen durch Ausläufer. Deshalb wirkt der Strauch wie ein Bodendecker. Im Frühsommer kommt es zu Schüben von karminrosa Blüten, denen später dekorative orangerote Hagebutten folgen. Die schönen Blätter färben sich im Herbst wunderbar um.

30–60 cm

Landrover

Rosa Lapponia®

(TANnipola) Tantau (1978)

Die gefüllten lachsrosa Blüten sind schalenförmig. Sie hängen den ganzen Sommer über in Dolden am niedrigen Strauch. Ihr Duft ist mild, aber angenehm. Die Blüte hält auch bei schlechtem Wetter lange an. Das glänzend hellgrüne Laub bleibt bis in den Herbst recht schön. Die Lapponia® wächst buschig.

50 cm

Rosa Latina

(POUlcov)

vgl. *Rosa* White Cover™ Towne & Country®

Rosa Lavaglow

(KORlech)
vgl. *Rosa* Lavaglut®

Rosa Lavaglut®

(KORlech) Kordes (1979)
Die stark gefüllten Blüten zeigen ein auffälliges Dunkelrot, das manchmal fast schwarz gerät – und dies vor dem Hintergrund des glänzend dunkelgrünen Laubes, das in der Jugend bronze- bis olivgrün gefärbt ist! Die flachen Kugeln ähnelnden Blüten erscheinen im ganzen Sommer und Frühherbst. Ihre breiten Knospen stehen in dichten Dolden. Die buschige Pflanze wird etwa so breit wie hoch.
✲✲ 60 cm ⚘⚘⚘ ☁☁

Lavaglut®

Rosa Lavender Cover™ Towne & Country®

(POUlrust) Poulsen (1997)
Die rosa bis malvenfarbenen Blütendolden zieren einen niedrigen Strauch mit anfangs glänzend hellem, später hingegen dunkelgrünem Laub. Die halb gefüllten Blüten werden höchstens 2,5 cm breit, sind aber sehr zahlreich. Sie verströmen den milden Duft wilder Rosen.
❀ 60 cm ⚘⚘⚘ ☁☁

Lavender Cover™ Towne & Country®

Rosa Lavender Dream®

(INTerlav) Interplant (1984)
Die halb gefüllten Blüten stehen wie rosa Wolken auf ihren Stielen. Im Park, der die Gärten von Schloss Arcen in den Niederlanden umgibt, kombiniert man sie mit blauen Blumenarten und weißen Begonien. „Bewacht“ werden sie von einer Büste des berühmen Rosenzüchters Francis Meilland. Die Lavender Dream® blüht üppig bis in den Herbst. Sie duftet nicht.
❀ 70 cm ⚘⚘⚘ ☁ ✚ ADR

Lavender Dream®

Rosa Lavender Friendship®

(HAVeuship) Verschuren

In der Wachstumsperiode bildet dieser Bodendeckerstrauch beständig neue, bis zu 1 m hohe Triebe. Diese tragen sehr üppige Dolden, deren Knospen sich zu einfachen purpurrosa Blüten entfalten. Im Herzen sieht man hinter den gelben Pollen ein wenig Weiß. Später verblassen sie zu einem Farbton, den man mit ein wenig Fantasie „lavendelblau" nennen könnte. Sie sind etwas empfindlich gegen schlechtes Wetter. Die Blüten duften nicht, werden aber von Insekten besucht.

↔ 80 cm

Lavender Friendship®

Rosa Lavender Pinocchio

(-) Boerner (1948)

Nur wenige Rosen sind so auffällig gefärbt: Ihr Altrosa wird mit der Zeit braun wie alte Kaffeefilter! Das klingt wenig schmeichelhaft, doch wirkt die Farbe wunderschön. Die Blüten gehen aus rotbraunen Knospen hervor, die gruppenweise an den Enden der langen, gebogenen Triebe sitzen. Sie blühen den ganzen Sommer und Herbst über. Der verzweigte Strauch wird 1,5 m hoch und ist hellgrün belaubt.

50 cm

Lavender Pinocchio

Lavender Pinocchio

Rosa Lavnia

(TANklewi)

vgl. *Rosa* Lawinia®

Rosa Lawinia®

(TANklewi) Tantau (1980)

Die gefüllten rosa Blüten der Lawinia® sind becherförmig und werden so schwer, dass sie herabhängen – bei Kletterrosen ein Vorteil, da man

Lawinia®

sie so besser sieht. Trotz ihrer stattlichen Größe vertragen die Blüten schlechtes Wetter gut. Sie duften angenehm fruchtig. Auf den reichen ersten Schub folgen im Sommer und Frühherbst noch einige weitere.
Je nach Pflege und Unterstützung kann diese Kletterrose bis zu 3 m hoch werden. An Bäume gelehnt, klimmen die kräftigen Triebe noch höher empor. Sie tragen glänzend mittelgrünes Laub.

200–300 cm

Rosa Lazy Days

(POUlkalm)

vgl. *Rosa* Kalmar™ Castle®

Rosa Le Rouge et Le Noir®

(DELcart) Delbard (1973)

Die scharlachroten, samtigen Blüten der Le Rouge et Le Noir® wirken wegen der Äderchen ihrer äußeren Blätter wie mit Ruß überpudert. Sie sind gefüllt und wunderbar becherförmig. Ihr lieblicher Rosenduft erinnert ein wenig an Vanille. Der kräftige Strauch trägt glänzend dunkelgrünes Laub. Die Le Rouge et Le Noir® ist auch als Hochstammrose erhältlich.

80 cm

Le Rouge et Le Noir®

Rosa Leander®

(AUSlea) Austin (1982)

Die Leander® ist älter als viele andere Englische Rosen. David Austin arbeitete viel mit ihr – vor allem wegen der wohlgeformten Blüten, die angenehm fruchtig duften. Die stark gefüllten Blüten sind aprikosenfarben mit zartrosa Nuancen. Obwohl sie relativ klein bleiben, sind sie schwer genug, dass die Triebe sich unter ihrer Last biegen. Sie reinigen sich schlecht. Die welken Blätter werden nicht braun, sondern ockergelb. Auf die ersten Blütenschübe im Frühsommer folgen im Herbst einzelne Blüten, doch nur an neuen Trieben. Jene wachsen aufrecht und bilden einen gut als Einfassungshintergrund geeigneten Strauch. Die Leander® trägt große, matt mittelgrüne Blätter. Es gibt sie auch als Kletterrose unter dem Namen Rosa Leander Climbing®. Ihr

Leander®

Leander®

kräftiger, aufrechter Wuchs lässt sie leicht über 3 m hoch werden.

🌹GB/ 180–350 cm 🌹🌹 ☁☁☁

Rosa LeAnn Rimes

(HARzippee)

vgl. *Rosa* Perception

Rosa Leeds Castle

(TANrupeza)

vgl. *Rosa* Purple Haze®

Rosa Leersum 700®

(INTerleer) Interplant (1979)

Wer eine Floribunda-Rose sucht, die wenig anfällig für Mehl- und Rußtau ist, sollte zur Leersum 700® greifen. Der Strauch schmückt sich mit 10 cm breiten, einfachen Blüten. Diese sind anfangs becher-, später jedoch schalenförmig. Zunächst aprikosenfarben und lachsrosa gefärbt, verblassen sie später beträchtlich. Sie duften fast unmerklich, doch werden ihre gelben Pollen eifrig von Insekten besucht. Der Strauch wächst aufrecht und recht gut verzweigt. Er trägt große, matt dunkelgrüne Blätter. Die Leersum 700® eignet sich auch sehr gut für öffentliche Anlagen.

❀❀ 90 cm 🌹🌹🌹 ☁ ✚ TOP

Leersum 700®

Leersum 700®

Rosa Leonard Dudley Braithwaite

(AUScrim)

vgl. *Rosa* L.D. Braithwaite

Rosa Leonardo da Vinci®

(MEIdeauri) Meilland (1994)

Leonardo da Vinci®

Die kugelrunden Blüten der Leonardo da Vinci® (offiziell: Leonardo de Vinci) entfalten sich zu extrem gefüllten Gebilden mit bis zu achtzig Blättern. Geöffnet hängen sie unter der eigenen Last herab, sodass sie an Pfingstrosen erinnern. Das gilt auch für ihre sattrosa Färbung. Sie ist aber noch hell genug, um die Blume in romantischen Bordüren mit zahlreichen anderen Blütenpflanzen zu kombinieren. Diese Rose ist ziemlich robust und wächst kräftig, duftet aber leider nur schwach.

❀❀ 80 cm 🌹🌹🌹 ☁☁ TOP

Rosa Les Amoureux de Peynet®

(MEItobla) Meilland (1992)

Wegen der recht langen, aber ziemlich dünnen Triebe neigen sich die halb gefüllten rosa Blütendolden graziös zur Seite. In Gruppen gepflanzt ähnelt die Sorte durch den niedrigen Wuchs und die üppigen Dolden bald einer Strauchrose. Sie trägt überdies üppiges, matt dunkelgrünes Laub, das manchmal von Rußtau befallen wird.

60 cm

Les Amoureux de Peynet®

Rosa Letizia

(KORzuri)

vgl. *Rosa* Memoire®

Rosa Leverkusen®

(-) Kordes (1954)

Diese ständig blühende Kletterrose bildet viele Monate lang Blüten, allerdings mit gelegentlichen Unterbrechungen. Die hellgelben Gebilde stehen oft in kleinen Gruppen an den Triebspitzen. Sie sind halb gefüllt, zeigen schließlich ihre Herzen und verströmen einen schwachen, angenehmen Duft. Der Strauch trägt schönes, aber nicht sonderlich robustes Laub. Er wird im Schnitt knapp 2 m hoch. So eignet er sich z.B. sehr gut für Bögen, Pfeiler oder Zäune. Er verträgt auch Halbschatten.

180–240 cm

Leverkusen®

Rosa Lexington

(POUlgode)

vgl. *Rosa* Golden Cover™ Towne & Country®

Rosa Lichtkönigin Lucia®

(KORlilub) Kordes (1966)

Dieser Strauch mit dem auffällig kräftigen, dunkelgrünen Laub wächst aufrecht. Daher eignet er sich gleichermaßen gut als Solitär, Hecke oder Kletterrose. Obwohl die Sorte bereits 1966 auf den Markt kam, gehört sie immer noch zu den robustesten Rosen. Ihre gefüllten Blüten sind anfangs gelb wie Hahnenfuß, werden aber später schwefelgelb. Sie duften schwach und blühen bei warmem Wetter den ganzen Sommer und Frühherbst hindurch besonders reich. In der Vase lassen sie sich romantisch arrangieren.

/ 200 cm ADR

Lichtkönigin Lucia®

Rosa Liesbeth Canneman

(INTernetuv) Interplant (1997)

Die halb gefüllten goldgelben Blüten sind becherförmig. Sie werden über 8 cm breit und ver-

Lolita®

orangegelb, zeigen aber bei näherer Betrachtung subtile Nuancen: Kupferrot, Apricot und Lachsrosa. Sie verströmen einen starken Rosenduft und eignen sich als Schnittblumen. Das junge Laub ist rötlich, wird aber später farngrün. Es ziert einen aufrechten, etwa 80 cm hohen und 50 cm breiten Strauch.

80 cm ADR

Rosa Lord Byron

(MEItosier)

vgl. *Rosa* Polka®91

Rosa Louis de Funes®

(MEIrestif) Meilland (1987)

Die gefüllten Blüten der Louis de Funès® zeigen warme Farben: Kupferrot, Orange und Orangegelb. Sie stehen auf kurzen Stielen und zieren einen aufrechten, bis zu 1 m hohen Strauch. Die Louis de Funès® wächst kräftig, doch ihr glänzend dunkelgrünes Laub ist anfällig für Rußtau.

100 cm

Louis de Funes®

Rosa Louis' Double Rush®

(LENna) Lens (2000)

Mit dieser Floribunda-Rose versuchte der Züchter Louis Lens, seine eigene (sehr beliebte) *Rosa* Rush® zu übertreffen. Die Blüten sind ähnlich gefärbt, aber bei der Double Rush® gefüllt. Aus den roten Knospen gehen erstaunlicherweise etwa 6 cm breite, rosa Blüten mit viel Weiß (in den Herzen) hervor. Die jungen Blätter sind bräunlich gefärbt, werden aber später glänzend dunkelgrün. Eine gute Rose für Beete und niedrige Hecken.

120 cm

Louis' Double Rush®

Rosa Louis' Rambler®

(-) Lens (1997)

Wenn sie genug Platz hat, kann diese Kletterrose beinahe 11 m hoch werden. Im Juni bildet sie üppige Dolden gelber, rosa überhauchter Blüten. Die Drüsen der Knospen deuten auf eine Abstammung von der Moosrose hin. Dass die *Rosa multiflora* zur gleichen Familie gehört, ist an den reichen Blütenschüben abzulesen. Ende Juni/ Anfang Juli überzieht sich die Pflanze mit großen weißen Blüten, die angenehm duften.

200–1000 cm

Louis' Rambler®

Rosa Louisa Stone

(HARbadge) Harkness (1997)

Die Bezeichnung Englische Rosen steht an sich nur für Züchtungen von David Austin, passt aber gut zur Louisa Stone: Auch bei ihr findet man einen buschigen Strauch und schöne, gefüllte Blüten mit der Form und dem Duft Alter Rosen.

Die aprikosenfarbenen bis lachsrosa Herzen der Louisa Stone werden nach außen hin elfenbeinweiß. Sie duftet mild, aber lieblich.

Der Strauch wird 80 cm hoch und erreicht fächerartig bis zu 60 cm Breite.

80 cm

Louisa Stone

Rosa Louise Gardner

(MACerupt) McGredy (1987)

Louise Gardner

Obwohl ihre gefüllten Blüten in reichen Dolden stehen, gilt diese Sorte als großblütige Rose. Mit über 8 cm Breite sind die becherförmigen Blüten bei voller Entfaltung in der Tat sehr groß. Sie zeigen subtile Nuancen: Zunächst sind sie gelb mit orangen Flecken an den Außenseiten, später zunehmend korallenrot und am Ende lachsrosa. Die nicht sehr zahlreichen Blüten duften nur sehr schwach. Der aufrechte Strauch trägt große, matt graugrüne Blätter.

80 cm

Rosa Louise Odier

(-) Margottin (1851)

Bei günstiger Witterung blüht diese alte Bourbon-Rose den ganzen Sommer hindurch. Die stark gefüllten, oft geviertelten rosa Blüten neigen sich graziös zur Seite. Sie stehen in Dolden auf dem mannshohen Strauch, der verzweigte, hängende Triebe bildet. Die großen Blätter sind matt mittelgrün.

Der intensive Duft der Blüten erinnert beim Öffnen an saure Drops. Ältere hingegen riechen wunderbar nach Rosen.

180 cm

Louise Odier

Rosa Love Letter®

(-) Lens (1980)

Diese wundervolle Floribunda passt gut zu Mehrjährigen, am besten in eine „silberne“ oder „goldene“ Bordüre mit weißen bzw. gelben Blüten. Die schwach duftenden Blüten sind halb gefüllt. Sie zieren im Sommer und Herbst den unregelmäßig wachsenden Strauch.

60 cm

Love Letter®

Rosa Lovely Fairy

(SPEvu) Vurens-Spek (1990)

Diese Sorte unterscheidet sich durch die Blütenfarbe von ihrer „Mutter“, der hellrosa blühenden *Rosa* The Fairy. Die Lovely Fairy eignet sich wegen der hängenden Triebe hervorragend als Kaskadenrose. Als niedriger Strauch biegen sich die Triebe dieser Polyantha unter der Last der reichen, halb gefüllten Blütendolden. Die Blüten sind becherförmig, 4 cm breit und geruchlos. Das glänzend dunkelgrüne Laub kontrastiert wirkungsvoll mit den Blüten und bleibt lange schön.

40 cm TOP

Lovely Fairy

Lovely Fairy

Rosa Lübecker Rotspon®

(TANtide) Tantau (1988)

Die üppigen Blütenschübe aus vollen Dolden, die wohlgeformten, burgunderrot gefärbten Blüten und das schöne, dunkelgrüne Laub verschaffen dieser Rose ihren guten Ruf. 1989 wurde sie in Großbritannien „Rose des Jahres“. Der Strauch bleibt recht niedrig. Er wächst buschig und verzweigt. Das glänzende Laub passt gut zu den Blütendolden und bleibt bis in den Herbst schön. Gut geeignet für Beete, aber auch als Heckenpflanze und sogar für große Töpfe.

60 cm

Lübecker Rotspon®

Rosa Luberon

(UHLater)

vgl. *Rosa rugosa* Pierette®

Rosa Lucetta®

(AUSemi) Austin (1983)

Lucetta®

Die halb gefüllten Blüten der Lucetta® sind anfangs lachsrosa, werden aber beim Öffnen allmählich heller und zuletzt praktisch weiß. In den offenen Herzen der schalenförmigen Gebilde sitzen goldene Pollen. Sie verströmen einen starken Duft und erscheinen in reichen Schüben am locker geformten Busch. Die Triebe wachsen verzweigt und tragen große, matt graugrüne Blätter.
GB 120 cm

Rosa Macabo™

vgl. *Rosa* Astrid Lindgren™ Floribunda Poulsen®

Rosa Machana

(-) McGredy (1983)

Machana als Hochstammrose

Machana

Obwohl diese Sorte als Zwergrose gilt, sind ihre Blüten nicht klein: Sie werden 8 cm breit, was für einen ca. 40 cm hohen Strauch ganz stattlich ist. Dank der geringen Größe und der großen Blüten ist er auch als Hochstammrose geeignet. Die halb gefüllten Blüten sind rein gelb und becherförmig. Geöffnet zeigen sie gelbe Pollen.
40 cm

Rosa Madame Antoine Meilland

(Meilland)
vgl. *Rosa* Peace®

Rosa Madame Figaro®

(DELrona) Delbard (2000)
Als man das zwanzigjährige Jubiläum der französischen Frauenzeitschrift „Madame Figaro“ beging, waren rosa angehauchte Blüten gefragt. Der französische Züchter Delbard hatte die gewünschte Sorte: Reich und lange blühend, mit einem sehr frischen Duft nach Limonen und Anis – fertig war die Madame Figaro®.
100 cm

Madame Figaro®

Rosa Madison

(POUlrijk)
vgl. *Rosa* Bayernland Cover™ Towne & Country®

Rosa Magic Carpet

(JAClover) Jackson & Perkins (1977)
Im Sommer ist dieser Bodendecker förmlich mit halb gefüllten Blüten überladen. Diese sind rosa mit einem lavendelfarbenen Hauch. Ihr weißes

Magic Carpet

Magic Carpet

Herz birgt gelbe Pollen. Sie duften angenehm würzig und werden sehr häufig von Insekten besucht. Das schöne, glänzend dunkelgrüne Laub ist sehr resistent gegen Rosenkrankheiten und bleibt bis zum Winteranfang an den Zweigen. Wegen ihrer hohen Resistenz trifft man die preisgekrönte Magic Carpet häufig in öffentlichen Anlagen an.

↔ 50 cm ✿✿✿ ☁☁☁ ✚

Rosa Magic de Feu

(KORfeu)

vgl. *Rosa* Feuerzauber®

Rosa Magic Meidiland®

(MEIbonrib) Meilland (1994)

Eine der robustesten Rosen überhaupt, sehr resistent gegen Ruß- und Mehltau, kräftig wachsend und reich blühend. Der Strauch wird ca. 80 cm hoch und wächst so stark in die Breite, dass seine kleinen, glänzend dunkelgrünen Blätter rasch den ganzen Boden abdecken. Sie bleiben

Magic Meidiland®

bis weit in den Herbst schön. Die überaus empfehlenswerte Rose wird oft auch als Hochstamm angeboten. Die einfachen rosa Blüten haben reizende weiße Herzen. Sie duften kaum.

☼ 70 cm ✿✿✿ ☁ ✚ ADR

Rosa Magic Meillandecor

(MEIbonrib)

vgl. *Rosa* Magic Meidiland

Rosa Magneet

(Tantau)

vgl. *Rosa* Feuerwerk®

Rosa Maidy®

(KORwalbe) Kordes (1984)

Die üppigen Blütenschübe der Maidy® halten den ganzen Sommer über an. Sie stehen in Dolden und sind für eine Zwergrose relativ groß und scharlachrot, doch haben die Blätter auffällig sil-

Maidy®

berne Außenseiten. Dieser Silberton ist von den rein roten Säumen her rot überhaucht. Der reich verzweigte Strauch trägt viele moosgrüne Blätter.
35 cm

Rosa Maigold

(-) Kordes (1953)

Die Maigold bildet schon im Mai reiche Blütenschübe. Ihre 10 cm breiten Blüten zieren in großer Zahl einen hohen Strauch bzw. eine niedrige Kletterrose. Sie duften wunderbar, sind locker halb gefüllt und bronzegelb gefärbt. Allerdings ist die Blüte – vor allem bei sehr heißem Wetter – nur von kurzer Dauer. Schon nach drei Wochen ist die Maigold restlos verblüht, obwohl sie im Herbst nochmals spärlich Blüten ansetzt. Der Strauch wächst aufrecht, doch neigen die älteren Triebe sich schließlich seitwärts. Die Maigold eignet sich auch als Kletterrose.
/ 150–250 cm

Maigold

Rosa Mainaufeuer®

(KORtemma) Kordes (1990)

Die Triebe der Mainaufeuer® wachsen zuerst aufrecht, doch biegen sie sich rasch unter der Last der zahlreichen Blüten, sodass ihre glänzend mittelgrünen Blätter den ganzen Boden abdecken. Den ganzen Sommer und Herbst über bildet die Rose vielteilige Dolden aus halb gefüllten scharlachroten Blüten. Im Herzen zeigt sich ein hellerer Fleck mit gelben Staubgefäßen. Obwohl die Mainaufeuer® für ihre Resistenz bekannt ist, wird sie oft von Rußtau befallen.
↔ 50 cm

Mainaufeuer®

Rosa Mainzer Fastnacht®

(TANnacht) Tantau (1964)

Die hellen, lavendelblauen, rosa überhauchten Blüten der großblütigen Sorte sind bei Rosenfreunden sehr beliebt. Sie gilt international als eine der besten „blauen“ Sorten. Das liegt nicht nur an der Farbe und der perfekten Form ihrer gefüllten Blüten, sondern auch am lieblichen Duft und der bis zum Herbst andauernden, aber nie sehr üppigen Blütenschübe. Geöffnete Blüten sind becherförmig. Die schönsten Farben zeigen sie an sonnigen Standorten.
70 cm

Mainzer Fastnacht®

Rosa Make Up®

(MEIxetal) Meilland (1988)

Offiziell heißt diese Sorte *Rosa* Denise Grey, doch kennt man sie heute besser unter dem Namen Make Up®. Sie ist (vermutlich wegen des Namenswechsels) nicht sehr bekannt – bedauerlicherweise, denn sie verdient größere Popula-

Make Up®

rität. Der Strauch wächst in die Breite und ist mit erst matten, später hell- und schließlich dunkelgrünen Blättern bedeckt. Das Laub kontrastiert schön mit den halb gefüllten zartrosa Blüten, die den ganzen Sommer über in reich verzweigten Dolden erscheinen. Obwohl die Blätter lange schön bleiben, sind sie anfällig für Rußtau: Dafür werden sie kaum von Mehltau befallen.
/ 90 cm TOP

Rosa Malcolm Sargent

(HARwharry) Harkness (1988)
Da sie nur im oberen Teil des Strauches blühen, eignen sich die wenigsten großblütigen Rosen als Hecken. Die Malcolm Sargent bildet da eine Ausnahme. Die scharlachroten gefüllten Blüten zeigen sich auch an den Seiten des Strauches. Dieser wächst gleichmäßig in die Höhe und Breite. Nebeneinander gepflanzt ergeben die dunkelgrün belaubten Pflanzen eine schöne Hecke. Bei 50 cm Abstand füllen sie auch Beete gut aus. Als Solitärpflanze bildet die Malcolm Sargent einen schönen, runden Busch, der an allen Seiten blüht. Die Blüten duften mild und würzig. Die Hagebutten wirken nicht sehr schön, sodass man sie besser entfernt.
130 cm

Malcolm Sargent

Rosa Malverns

(KORdehei)
vgl. *Rosa* Heidelinde®

Rosa Mamy Blue®

(DELblue) Delbard (1991)
Die malvenfarbenen Blüten der Mamy Blue® kann man mit etwas gutem Willen blau nennen. An bewölkten Tagen wirken sie so. Sie sind gefüllt und wohl geformt. Ihr Duft ist angenehm frisch und süß. Der Strauch trägt mittelgrünes Laub.
90 cm

Mamy Blue®

Rosa Manhattan

(POUlharmu)
vgl. *Rosa* Charming Cover™ Towne & Country®

Rosa Manita®

(KORberuhig) Kordes (1996)
Dank ihrer reichen Schübe aus großen, halb gefüllten rosa Blüten überzieht diese Kletterrose als reife Pflanze ganze Zäune und Mauern mit einem rosa Schleier. Die Blüten duften leicht und lieblich. Sie haben weiße Herzen mit gelben Staubgefäßen. Die glänzend dunkelgrünen Blätter blei-

Manita®

ben schön. Sie zieren eine robuste Kletterrose, die selten höher als 3 m wird.

200–300 cm ADR

Rosa Manou Meilland®

(MEltulimon) Meilland (1979)

Die leuchtend rosaroten Blüten bilden auf dem dunkelgrünen Laub eine wahre Augenweide. Ihre schwer beschreibbare Farbe erinnert an das Rosa von Alpenveilchen (mit silbrigen Lichtern) und trägt erheblich zur Beliebtheit der Rose bei. Die großen Blüten ähneln von der Form her Tee-Hybriden, stehen aber in Dolden. Sie duften nach Rosen und wachsen schön aufrecht.

Die Manou Meilland® eignet sich sehr gut für Beete. Ihr Laub ist aber leider ein wenig anfällig für Rußtau.

/ 70 cm

Manou Meilland®

Rosa Many Happy Returns

(HARwanted) Harkness (1991)

Auf dem Höhepunkt der Blütezeit ist der Strauch völlig mit Dolden aus zartrosa Blüten bedeckt. Diese sind gefüllt und verströmen einen fruchtigen Duft. Der Strauch blüht den ganzen Sommer und bildet rote Hagebutten. Er wächst buschig und reich verzweigt. Dabei wird er ebenso hoch wie breit. Sein Laub ist glänzend mittelgrün.

70 cm

Many Happy Returns

Rosa Marcel Pagnol

(MEIsoyris)

vgl. *Rosa* Matilda

Rosa Märchenkönigin®

(KORoyness) Kordes (1986)

Märchenkönigin®

Die auffällig spitzen Knospen entfalten sich zu schlanken Blüten, die dennoch 13 cm breit werden. In der Regel sitzen sie einzeln auf den langen Stielen. Daher sind sie gute Schnittblumen mit lieblichem, aber schwachem Duft. Das Rosa der Blüten ist denkbar zart. Es passt hervorragend zu dem matt dunkelgrünen Laub.

80 cm

Rosa Märchenland

(-) Tantau (1946)

Die Dolden der 1946 gezüchteten Märchenland bestehen oft aus bis zu 40 Blüten. Die schönen, halb gefüllten Gebilde sind groß und offen, sodass man ihre gelben Staubgefäße sieht. Die innen zart-, außen hingegen lachsrosa Blätter lassen die Blüten insgesamt hell wirken.

Die Märchenland verströmt einen angenehm milden Duft und blüht kontinuierlich. Diese Floribunda hat das Aussehen einer Strauchrose. Ihre kräftigen Triebe können 1,5 m hoch werden. Sie tragen recht schöne, glänzend dunkelgrüne Blätter.

150 cm

Märchenland

Rosa Marco Polo®

(MEIpaleo) Meilland (1994)

Achtung: Verwechseln Sie diese Rose nicht mit der großblütigen rosa Sorte namens *Rosa* Marco Polo – jene ist schon 1971 registriert worden! Suchen Sie stattdessen also nach dem offiziellen Züchternamen, der oft extra neben dem Sortennamen aufgeführt wird. Diese Marco Polo® ist eine gelbe, gefüllte, großblütige Rose. Sie duftet sehr angenehm nach Zitronen und hat dafür schon einen Preis erhalten.

80 cm

Marco Polo®

Rosa Margaret Merril®

(HARkuly) Harkness (1978)

Diese Floribunda errang wegen des wunderbaren Duftes ihrer gefüllten Blüten zahlreiche Preise. Die geöffneten Gebilde sind spitz, später jedoch becherförmig. Ihre perlweiße Farbe zeigt später im Herzen der nicht ganz geöffneten Blüten einen Hauch von Lachsrosa. Der Strauch wächst reich verzweigt und trägt grünes Laub.

90 cm

Margaret Merril®

Rosa Margaret Roberts

(AUSpale)

vgl. *Rosa* Redouté

Rosa Margaret Thatcher

(KORflüg)

vgl. *Rosa* Flamingo®

Rosa Maria

(-) Gregory (1965)

Das Orangerot der einfachen Blüten wird im Lauf der Zeit scharlachrot, oft mit einem helleren Herzen. Sie stehen in reichen Dolden über den großen Blättern, deren tiefes Dunkelgrün äußerst scharf mit der Farbe der Blüten kontrastiert.

✲✲ 60 cm ⚘⚘⚘ ☁

Maria

Rosa Maria Hofker®

(INTerhof) Interplant (1992)

Die orangeroten Knospen öffnen sich zu mittelgroßen, gefüllten Blüten von zartgelber Farbe. Diese sind becherförmig und nahezu geruchlos. Die Blüten stehen einzeln oder in kleinen Dolden. Der Strauch bildet spärliche Schübe und dazwischen treten jeweils Pausen ein. Das glänzende Dunkelgrün des Laubes passt sehr gut zur zarten Farbe der Blüten.

✲ 70 cm ⚘⚘ ☁

Maria Hofker®

Rosa x *mariae-graebneriae* 'Hannover'

(-)botanische Rose/Wildrose (-)

Die *Rosa* x *mariae-graebneriae* entstand in einem Garten durch Kreuzung der „Eltern“ *Rosa virginiana* und *Rosa palustris*. Der Strauch wird 1,5 m hoch. Obwohl manche die Hannover als typische Kreuzung betrachten, bleibt diese Kulturform viel kleiner als ihre Vorfahren. Die weniger starren Triebe wachsen stärker in die Breite, sodass der Boden mehr oder minder verdeckt wird. Die einfachen zartrosa Blüten sind blau überhaucht. Sie sind nie sehr zahlreich, erscheinen aber den ganzen Sommer über. Ihr starker Duft zieht viele Insekten an. Das Laub färbt sich im Herbst schön orangerot.

✿ 70 cm ⚘⚘⚘ ☁☁☁ ✚

Rosa x *mariae-graebneriae* 'Hannover'

Rosa Maria Mathilda®

(LENmar) Lens (1980)

Die weißen, halb gefüllten Blüten dieser Floribunda zeigen einen Anflug von Rosa. Die goldenen Pollen der Herzen umgeben krause Blütenblätter. Die Rose gewann viele Preise wegen des kräftigen Wachstums des Strauches und des Kontrastes zwischen der Blütenfarbe und dem dunklen Grün der Blätter. Die Blüten vertragen längere Schlechtwetterperioden nur schlecht.

✲✲ 70 cm ⚘⚘⚘ ☁ TOP

Maria Mathilda®

Rosa Mariandel®

(KORpeahn) Kordes (1985)

Die Mariandel® gewann viele Preise und Auszeichnungen, obwohl es viele andere rote Floribunda-Rosen gibt. Bei der Mariandel® zieren sie jedoch einen kompakten, buschigen Strauch mit glänzend dunkelgrünem Laub, das anfangs wunderschön burgunderrot ist. Den ganzen Sommer und Herbst über bildet er reiche Blütendolden. Diese sind dunkelrot und verblassen nie. Sie bleiben auch nach Regenperioden schön, duften aber kaum.

✲✲ 60 cm ✿✿✿ ☁

Mariandel®

Mariandel®

Rosa Marie Curie®

(MEIlomit) Meilland (1996)

Die kirschroten Knospen der Dolden öffnen sich zu schönen, becherförmigen Blüten mit breiten Herzen voll goldener Pollen. Sie sind gefüllt, pfirsichfarben (mit einem Hauch von Gelb und Lachsrosa) und duften angenehm süß. Leider reinigen sie sich nach Regenperioden schlecht. Der buschige Strauch passt gut zwischen Mehrjährige (z. B. in einer orangegelben Bordüre). In der Vase lässt sie sich gut mit zartblauem Rittersporn und anderen Schnittblumen kombinieren. Das dunkelgrüne Laub ist anfällig für Rußtau.

✲✲ 70 cm ✿✿✿ ☁☁☁

Marie Curie®

Rosa Marie Pavic

(Allégatière)

vgl. *Rosa* Marie Pavié

Rosa Marie Pavié

(-) Allégatière (1888)

Das grüne Laub des kniehohen Strauches zeigt voll entfaltet einen rötlichen Hauch, was im Kontrast mit den stark gefüllten cremeweißen bis zartrosa Blüten zur Wirkung kommt. Die Inten-

Marie Pavié

sität des Rosa variiert nach Wetterlage, doch sind die Herzen der Blüten immer satt gefärbt. Ihrem Duft und der Tatsache, dass sie den ganzen Sommer hindurch blüht, hat diese alte Polyantha-Rose ihre Beliebtheit zu verdanken.

60 cm

Rosa Marie-Louise Marjan®

(KORfinger) Kordes (1999)

Die Knospen und jungen Blüten sind aprikosenfarben, mit einem Hauch von Rosa. Mit der Zeit verblassen sie, um am Ende weiß zu werden. Die Blüten stehen einzeln an den Spitzen der langen Triebe. Sie duften würzig. Die *Rosa* Marie-Louise Marjan® ist eine gute Schnittblume. Der aufrechte Strauch wird über 1 m hoch. Das burgunderrote junge Laub wird später dunkelgrün.

120 cm

Marie-Louise Marjan®

Rosa Marinette

(AUScam) Austin (1995)

Die kleinen Knospen der Marinette sind auffällig zylindrisch. Sie öffnen sich zu hellen, rosa Blüten mit buttergelben Herzen. Im Verlauf der Blüte verblassen sie noch stärker. Cremeweiße Töne herrschen bei den halb gefüllten, becherförmigen Blüten vor. Die über 8 cm breiten Gebilde scheinen an den Enden der dünnen Stiele über dem mittelgrünen Laub zu schweben. Der Strauch wächst stark aufgelockert und wird ebenso breit wie hoch.

GB 130 cm

Marinette

Rosa Marjorie Marshall

(HARdenier) Harkness (1996)

An dieser Strauchrose enttäuscht nur der Duft. Ansonsten ist sie sehr schön. Ihre großen, gefüll-

Marjorie Marshall

ten, flach geöffneten Blüten sind im Herzen aprikosenfarben und haben zartrosa Säume.
Den robust wirkenden Strauch prägen auch die wiederholten reichen Blütenschübe und das dunkelgrüne Laub. Er wird beinahe so breit wie hoch und bildet schöne Blüten – sowohl für den Garten wie für die Vase geeignet.

120 cm

Rosa Marondo®

(KORtitut) Kordes (1991)

Die Höhe der Marondo® hängt weitgehend von Ihnen ab: Die Triebe kriechen in alle Richtungen, klettern aber mit Unterstützung auch in die Höhe. An Zäunen, Mauern oder Gittern können sie fast 2 m hoch werden.
Im Frühsommer bilden sie üppige Schübe halb gefüllter rosa Blüten, deren hellere Herzen die gelben Pollen sehen lassen. Das frische, glänzend grüne Laub bleibt lange schön. Wenn es auch ab und zu von Rußtau befallen wird, bleibt es doch von Mehltau verschont.

↔ 60–200 cm ADR

Marondo®

Rosa Marselisborg™ Castle®

(POUlreb) Poulsen (1996)

Die gelben, gefüllten Blüten dieser Floribunda zieren einen niedrigen Strauch. Manchen gilt diese Sorte als niedrige Strauchrose. Die 10 cm

Marselisborg™ Castle®

breiten Blüten duften etwa so mild wie Wildrosen.

60 cm

Rosa Mary Magdalene

(AUSjolly) Austin (1998)

Die spitzen Knospen entfalten sich zu schönen, rosettenförmigen Blüten, deren Blätter im Herzen kürzer als außen sind. Sie zeigen ein äußerst subtiles helles Apricot mit einem Hauch von zartestem Rosa. Ebenso altmodisch ist ihr Duft: Die

Mary Magdalene

Mary Magdalene riecht wie Teerosen. Der Strauch wächst in die Breite und trägt große, matt dunkelgrüne Blätter.
GB 90 cm

Rosa Mary Rose®

(AUSmary) Austin (1983)

Obwohl sich nicht jeder für die Blütenform der Mary Rose® begeistern kann, stehen ihre Qualitäten außer Zweifel: Der reich verzweigte Stauch bildet zahlreiche matt mittelgrüne Blätter, die sehr schön bleiben. Die langen Blütentriebe verzweigen sich an den Enden: Jeder trägt eine Dolde aus hellrosa Blüten. Nach Auskunft des Züchters David Austin duften sie nur schwach, doch fand ich ihren Duft recht stark, wunderbar frisch und süß. Die locker geformten Blüten wirken etwas unordentlich. Sie reinigen sich nach dem Verblühen aber sehr gut. Ihre Stiele sind stark genug, um aufrecht zu bleiben.
GB 110 cm

Mary Rose®

Rosa Mary Webb®

(AUSwebb) Austin (1984)

Die dicken Knospen der Mary Webb® werden beim Anschwellen gelb mit roten Streifen. Nichts deutet darauf hin, dass sie am Ende praktisch weiß mit einem Anflug von Gelb sein werden. Die gefüllten, becherförmigen Gebilde zeigen ihre Pollen und duften angenehm frisch, süß und fruchtig. Sie sind stark gefüllt, werden fast 10 cm breit und bilden Dolden aus etwa neun Blüten.

Mary Webb®

Trotz ihres großen Gewichts hängen sie kaum über. Leider vertragen sie kein schlechtes Wetter, denn dann reinigen sie sich nur mangelhaft. Deshalb gehören sie in trockenere Klimate als das „ozeanische“ Nordwesteuropas. Der reich verzweigte Strauch trägt mittel- bis dunkelgrünes Laub.
GB 90 cm

Rosa Matilda™

(MEIsoyris) Meilland (1994)

Der Züchter Meilland hat zwei praktisch gleichnamige Rosen auf den Markt gebracht: Die Ma-

Matilda™

tilda™ und die Matilda®. Letztere hat cremeweiße Blüten, die zu den Säumen hin rosa werden. Die abgebildete Matilda™ ist eine großblütige Rose vom Floribunda-Typ. Die großen Blüten duften wunderbar fruchtig und sind sehr gute Schnittblumen. Ihr dunkelgrünes Laub ist anfangs dunkelrot. In Frankreich wird der Strauch unter dem Namen Marcel Pagnol® verkauft, in den Niederlanden als Graaf Lennart®.
✲ 90 cm ✿✿✿ ☁☁☁

Rosa Max Closup

(-) McGredy (1995)
Jeder Stiel der Max Closup trägt nur wenige dicke Knospen, doch werden diese zu 10 cm breiten gefüllten Blüten. Sie sind erst aprikosenfarben, später lachsrosa. Mit der Zeit wird ihr Rosa immer heller, ohne ganz zu verblassen. Der Strauch wächst aufrecht und trägt große Blätter, die anfangs rötlich, im Alter dunkelgrün gefärbt sind. Sie sitzen an kräftigen Trieben, welche den robusten Charakter dieser Rose betonen.
✲ 90 cm ✿✿✿ ☁☁

Max Closup

Rosa Maxim®

(TANmixa) Tantau (1993)
Diese großblütige Rose hat noch nicht den Durchbruch geschafft. Man findet sie nur bei wenigen Händlern, was angesichts der ungewöhnlichen Farbkombination verwundert: Sie erinnert an Eis mit Kirschsoße. Auf cremeweißem Grund finden sich kirschrote Flecken und Streifen. Im Alter nimmt das Cremeweiß überhand. Die Maxim® duftet schwach. Der Strauch wächst

Maxim®

kräftig: Die langen Stiele sorgen für ideale Schnittblumen.
✲ 80 cm ✿✿✿ ☁☁

Rosa May Gold

(Kordes)
vgl. *Rosa* Maigold

Rosa Mayor of Casterbridge

(AUSbrid) Austin (1996)

Mayor of Casterbridge

Die Blütenblätter der Mayor of Casterbridge sind im Herzen der Blüten gefältelt. Obwohl jene stark gefüllt sind, kann man die Pollen ein wenig sehen. Den inneren Ring umgibt ein Kranz äußerer Blätter, der einen flachen Becher bildet. Das Herz der Blüte ist zartrosa, die Außenseite noch heller. Sie duftet leicht und fruchtig. Der aufrechte Strauch trägt große, mittelgrüne Blätter.
✿GB 100 cm ✿✿✿ ☁☁

Rosa Mazurka

(MEItune) Meilland (1995)

Nach dem Verblühen reinigen sich die Blüten perfekt. Ihre Blätter fallen vor dem Verwelken ab und bilden unter dem Strauch einen hellrosa Teppich. Die Blüten duften mild und fruchtig. Eine ausgezeichnete Beetrose! Der Strauch wird 80–100 cm hoch und trägt mittelgrünes Laub. Seine Resistenz gegen Rosenkrankheiten ist variabel: So wird er manchmal von Mehl- und Rußtau befallen. Obwohl man diese Rose seltener in Katalogen findet, kann man sie mit etwas Beharrlichkeit doch bekommen.

✲✲ 90 cm ✿✿✿ ☁☁ ADR

Mazurka

Rosa McCartney Rose

(MEIzeli)

vgl. *Rosa* The McCartney Rose

Rosa Medima

(POUlvue)

vgl. *Rosa* Victor Borge™ Hybrid Tea Poulsen®

Rosa Medusa®

(NOAsa) Noack (1996)

Die zahlreichen gefüllten rosa Blüten der Medusa® sind becherförmig und zeigen die gelben Pollen ihrer Herzen. Sie stehen in Dolden aus bis zu 30 Einzelblüten und blühen den ganzen Sommer und Frühherbst hindurch. Der glänzend dunkelgrün belaubte Strauch wird etwa 90 cm hoch und

Medusa®

entzieht den Boden dem Blick. Er ist überaus resistent gegen Rosenkrankheiten.

↔ 90 cm ✿✿✿ ☁ ✚ ADR

Rosa Meilland's Rose Amstelveen

(MEIpopul)

vgl. *Rosa* Amstelveen®

Rosa Meine Oma™ Floribunda Poulsen®

(POUloma) Poulsen (1996)

Die dünnen, aufrecht wachsenden Triebe biegen sich später unter der Last der stark gefüllten (oft geviertelten) rosa Blüten. Sie duften nicht, was ein wenig überraschen mag. Dennoch passen sie gut in romantische Bordüren oder Beete. Der aufgelockert wachsende Strauch trägt nicht nur hängende, circa 6 cm breite Blüten, sondern auch wunderschön glänzendes olivgrünes (später dunkles) Laub.

✲✲ 60–150 cm ✿✿✿ ☁

Meine Oma™ Floribunda Poulsen®

Rosa Melrose

(-) RvS-Melle (1990)

Die anfangs spitzen Knospen öffnen sich bald zur Becherform. Ihre Farbe – ein leuchtendes Rosa – hellt sich rasch beträchtlich auf, sodass ältere Blüten blassrosa sind, wodurch der Strauch zweifarbig wirkt. Die leicht gefüllten Blüten verströmen einen milden und fruchtigen Duft. Sie werden ca. 8 cm breit und reinigen sich bei Regenwetter nur mäßig.

Der Strauch wächst aufrecht, aber durch das starke Breitenwachstum der Basis auch in die Breite. Die wenigen Dornen sind klein und rot. Das anfangs gelbgrüne Laub wird später graugrün.

✲✲ 90 cm ✿✿✿ ☁☁ TOP

Melrose

Rosa Memoire®

(KORzuri) Kordes (1992)

Memoire®

Von fern wirken die Blüten reinweiß, doch zeigen sie aus der Nähe (und bei warmem Wetter) cremeweiße Nuancen und einen Hauch von Rosa. Die ganze Blütezeit wahren sie ihre perfekte Form von Teerosen und verströmen den typischen Duft dieser großblütigen Rosen. Die buschige, verzweigte Pflanze hat auffällig dunkelgrünes Laub.

✲ 90 cm ✿✿✿ ☁☁☁

Rosa Memory Lane

(POUlbella)

vgl. *Rosa* Berleburg™ Castle®

Rosa Metro

(MACbucpal) McGredy (1987)

Der Strauch ist in üppiges, glänzend dunkelgrünes Laub gehüllt. Über das Laubwerk ragen große, gefüllte, lieblich duftende Blüten empor.

Metro

Metro

Diese sind cremeweiß mit einem Hauch von Rosa, der zum Herzen hin stärker wird. Sie blühen den Sommer und Frühherbst hindurch und vertragen schlechtes Wetter gut.

80 cm

Rosa Michael Crawford

(POUlvue)

vgl. *Rosa* Victor Borge™ Hybrid Tea Poulsen®

Rosa Michel Hidalgo

(MEItulandi)

vgl. *Rosa* Hidalgo

Rosa Michelangelo®

(MEItelov) Meilland (1997)

Die gelben, gefüllten Blüten sind kugelrund, obwohl sie aus schlanken Knospen hervorgehen. Mit der Zeit werden die äußeren Blätter cremeweiß. Sie duften wundervoll und gewannen den „Duftpreis" der Rosenausstellung in Den Haag (2001). Ihr Laub ist dunkelgrün. Nicht zu verwechseln mit der Michelangelo (MACtemaik) von McGredy!

60 cm

Michelangelo®

Rosa Michka®

(MEIvaleir) Meilland (1998)

Diese großblütige, goldgelbe Rose zeigt einige pfirsichfarbene Flecken und eine dunkle Äde-

Michka®

rung. Als Kletterrose über 2 m hoch, eignet sie sich für Zäune und Pfeiler. Ohne Kletterhilfe erreicht sie 1,5 m Höhe.

200 cm

Rosa Midget Gem®

(-) Dickson (1994)

Aus aprikosenfarbenen Knospen werden üppige Dolden einfacher gelber Blüten von fast 5 cm Durchmesser. Beim Öffnen hellgelb, verblasst

Midget Gem®

Midget Gem®

ihre Farbe später weiter: Erst nur an den Säumen, dann überall. Die Blüten duften lieblich.
Der Strauch wächst langsam in die Breite, fast schon wie ein Bodendecker. Er trägt spitze, glänzend dunkelgrüne Blätter mit einem Hauch von Bronze.
60 cm

Rosa Mignon

(Pernet-Ducher)
vgl. *Rosa* Cécile Brünner

Rosa Milky Way®

(INTerway) Interplant (1991)
Die rosafarbenen Knospen stehen in kleinen Dolden. Sie werden zu milchweißen Blüten, die bis zu 13 cm breit sind und wundervoll nach Rosen duften. Auf üppige Blütenschübe folgen immer wieder Perioden, in denen sich neue Knospen bilden.
Das junge Laub ist glänzend olivgrün, wird aber mit der Zeit ebenso glänzend dunkelgrün. Der Strauch trägt an der Basis dichtes Laub. Die dicken, stark bedornten Triebe wachsen aufrecht. Weniger attraktiv ist das ausgeprägte Breitenwachstum.
80 cm

Milky Way®

Rosa Milrose®

(DELbir) Delbard (1965)
Die Milrose® ist eine schöne Beetrose. Reiche Dolden halb gefüllter Blüten zieren den ganzen Sommer über einen Strauch mit glänzend dunkelgrünem, bronzefarben überhauchtem Laub, das recht krankheitsresistent ist.

Milrose®

Die nahezu geruchlosen Blüten verblassen mit der Zeit zu einem rosa angehauchten Weiß. Sie sind becherförmig und zeigen die goldenen Pollen ihrer Herzen. Eine nach wie vor empfehlenswerte Rose!
70 cm

Rosa Mirabel

(COCdana)
vgl. *Rosa* Fulton Mackay

Rosa Mirato®

(TANotax) Tantau (1998)
Sicher eine der besten Rosen für öffentliche Anlagen und Naturgärten: Reiche, ausdauernde und kontinuierliche Blüte, hohe Resistenz gegen Krankheiten und ein breiter Wuchs, der sich für niedrige Beete und als Bodendecker anbietet. Bei längeren Schlechtwetterperioden bleiben jedoch die braunen Blätter hängen, obgleich sich die Blüten angeblich gut reinigen.
Die gefüllten, leuchtend rosa Knospen (mit einem Hauch von Orange) werden zu becherför-

Mirato®

migen Blüten, die ihre Herzen mit gelben Pollen zeigen. Die Mirato® duftet schwach. Der Strauch wird ca. 60 cm hoch und so breit, dass vier pro Quadratmeter ausreichen. Das Laub bleibt bis weit in den Herbst hinein hängen.
↔ 60 cm ✿✿✿ ☁ ✚ ADR

Rosa Mirato Dream®

(TANrostax)
vgl. *Rosa* Pearl Mirato®

Rosa Miss Pam Ayres

(KORmarie)
vgl. *Rosa* Bonanza®

Rosa Miss Schweiz

(TANziewsim) Tantau (1995)
Es gibt doch schon so viele scharlachrote großblütige Rosen – warum schuf Tantau dann 1995 noch eine? „Wegen ihrer ungemein üppigen Blütenschübe“, entgegnet der norddeutsche Züchter. Diese sind nicht nur reich, sondern auch ausdauernd. Den ganzen Sommer und Herbst über folgen neue. Die schönen, wohlgeformten Blüten sitzen auf langen, geraden Stielen. Das rot überhauchte Laub wird mit der Zeit glänzend dunkelgrün.
✲ 80 cm ✿✿✿ ☁

Miss Schweiz

Rosa Mister Lincoln

(-) Swim&Weeks (1964)
Die schönen, tiefroten Blüten werden später karminrot. Sie sind gefüllt, duften lieblich und

Mister Lincoln

haben lange Stiele, sodass sie sich gut als Schnittblumen eignen. Im Garten wirkt das dunkelgrüne Laub des Strauches ein wenig ärmlich.
✲ 80 cm ✿✿✿ ☁☁☁

Rosa Mistress Quickly

(AUSky) Austin (1995)
Die Blüten der Mistress Quickly erinnern stark an jene Alter Rosen, allerdings en miniature. Die gefüllten lila Gebilde mögen zwar klein sein, zieren den Strauch aber in solcher Zahl, dass sie wie Farbflächen wirken. Ihr Duft ist sehr schwach. Der Busch wächst aufrecht, sodass man ihn am besten als Hintergrund von Einfassungen pflanzt. Er eignet sich auch als niedrige Kletterrose. Das Laub scheint recht resistent zu sein.
✿GB 120 cm ✿✿✿ ☁ ✚

Mistress Quickly

Rosa Mlle Cécile Brünner

(Pernet-Ducher)
vgl. *Rosa* Cécile Brünner

Rosa Mme A. Meilland

(Meilland)
vgl. *Rosa* Peace®

Rosa Mme Cécile Brünner

(Pernet-Ducher)
vgl. *Rosa* Cécile Brünner

Rosa Mme de Stella

(Margottin)
vgl. *Rosa* Louise Odier

Rosa Mme Giscard d'Estaing

(-) Dorieux (1993)
Für eine einfach blühende Sorte sind die weißen Blüten recht groß. Sie werden ca. 13 cm breit und zieren in Dolden die aufrechten Triebe. Ihr cremiges Weiß kontrastiert schön mit dem ledrigen, matt dunkelgrünen Laub, das einen Hauch von Rot zeigt. Insekten besuchen die gelben Pollen der Blüten, die einen leichten, süßen Rosenduft verströmen.
80 cm

Mme Giscard d'Estaing

Rosa Molineux

(AUSmol) Austin (1994)
Die Molineux eignet sich vor allem für Beete. Für optimale Resultate pflanzt man die kleinen, auf-

Molineux

rechten Sträucher dicht beisammen. Die sattgelben, stark gefüllten Blüten erscheinen in Dolden den ganzen Sommer über.
Ihr Teerosenduft (mit etwas Moschus) sorgte für viele Duftpreise. Die Molineux ist auch sehr resistent: Das dunkelgrüne Laub wird kaum von Pilzen befallen.
GB 90 cm

Rosa Mon Jardin et Ma Maison

vgl. *Rosa* Flora Romantica

Rosa Mondiale®

(KORozon) Kordes (1993)
Die geruchlosen Blüten der Mondiale® sind beliebte Schnittblumen. Das liegt teils an ihrer Ausdauer, aber auch an der Form und der typischen Rosenfarbe. Die Blüten der Mondiale® sind sattrosa, besonders im Herzen und an den Blattsäumen. Außerdem zeigen sie lachsrosa und cremigweiße Nuancen.

Mondiale®

Der ca. 1,2 m hohe Strauch eignet sich auch für Gärten. Er trägt glänzendes, dunkelgrünes Laub.
110 cm

Rosa Monica®

(TANakinom) Tantau (1986)

Die auffallend schlanken Knospen werden zu wohlgeformten, gefüllten Blüten von ungewöhnlicher Farbe. Sie wirken orange, zeigen aber bei näherer Betrachtung subtile Nuancen: Goldgelb mit rotorangen Akzenten, oft wunderschön geädert. Die Blüten stehen gewöhnlich auf langen, geraden Stielen. Die Monica® eignet sich daher gut als Schnittblume, obwohl sie nur schwach duftet. Der kräftige, aufrechte Strauch trägt glänzend dunkelgrünes Laub.
90 cm

Monica®

Rosa Monika

(TANakinom)

vgl. *Rosa* Monica®

Rosa Montana®

(Royal Occasion) Tantau (1974)

Die leuchtend roten Blüten der Montana® konrastieren stark mit dem hellgrünen Laub. Die gefüllten, schwach duftenden Gebilde öffnen sich becherförmig und zeigen am Ende die gelben Pollen ihrer Herzen. Sie stehen in reichen Dol-

Montana®

den, die über die ganze Saison verteilt wachsen. Regen vertragen sie sehr gut. Die aufrechten, reich verzweigten Sträucher sind robust genug für öffentliche Anlagen. Auch Privatgärten verpassen sie eine farbige Note. Ihr Laub wird kaum von Pilzen befallen und bleibt lange am Strauch hängen.
80 cm ADR

Rosa Moon River™

(KORconta)

vgl. *Rosa* Heideschnee®

Rosa Morgenrot®

(KORheim) Kordes (1985)

Morgenrot®

Im Frühjahr ist die Morgenrot® mit einfachen Blüten übersät. Diese sind groß, schalenförmig, leuchtend rot und geruchlos. Insekten gelangen leicht an die gelben Pollen. Die meisten Blütenschübe fallen ins Frühjahr, doch kann man den ganzen Sommer über Blüten sehen. Der reich verzweigte Strauch ist breiter als hoch. Sein anfangs hellgrünes Laub wird mit der Zeit dunkler.
80 cm

Rosa Morgensonne 88®

(KORhoro) Kordes (1988)
Gefüllte, hellgelbe Blüten zieren diese Kletterrose, die 1,8 bis 3 m hoch werden kann. Sie erscheinen während des Frühsommers in großer Anzahl zwischen den glänzenden, mittelgrünen Blättern. Weitere Schübe folgen später in der Saison. Leider duften die Blüten nicht.
200–300 cm

Morgensonne 88®

Rosa Morning Jewel

(-) Cocker (1968)
Auf dem Höhepunkt der Blütezeit (im Frühsommer) überzieht sich die Morning Jewel mit halb gefüllten rosa Blüten. Diese duften leicht und kontrastieren sehr schön mit den frischen, hellgrünen Laubblättern. Die Kletterrose gedeiht sogar an für andere Rosen ungünstigen Standorten, d.h. an stark beschatteten oder windigen Stellen. Weitere Blütenschübe sind nur bei günstigerer Platzierung zu erwarten.
300 cm ADR

Morning Jewel

Rosa Morsdag

(Grootendorst)
vgl. *Rosa* Mothersday

Rosa Mothers Day

(Grootendorst)
vgl. *Rosa* Mothersday

Rosa Mothersday

(-) Grootendorst (1949)
Die kirschroten, halb gefüllten Blüten haben eine ungewöhnliche Form. Das liegt zum Teil an den einander dicht überlappenden Blättern, die meist das ganze Herz verhüllen. Die Blüten duften nicht. Der reich verzweigte Strauch dieser Polyantha-Rose wächst in die Breite. Seine Blütentriebe werden knapp 65 cm hoch. Die langen Blätter sind anfangs oliv-, später hingegen glänzend dunkelgrün.
50 cm

Mothersday

Rosa Mountbatten®

(HARmantelle) Harkness (1982)

Eine der besten gelb blühenden Floribunda-Rosen der 1980er-Jahre. Die wohlgeformten und schichtweise über den ganzen Strauch verteilten Blüten haben dieser Rose zahlreiche Preise eingebracht. Die Säume der kanariengelben, gefüllten Blüten zeigen oft einen Hauch von Rosa. Sie duften schwach. Der aufrechte Strauch ist kräftig. Er trägt zahlreiche kräftige Dornen und viele ungewöhnlich schöne, dunkelgrüne Blätter. Die Mountbatten® eignet sich sogar als Hecke.

✲✲ 110 cm ✿✿✿ ☁☁ ⊕

Mountbatten®

Rosa Mozart

(-) Lambert (1937)

Die langen Stiele der Mozart zieren federartige Dolden aus leuchtend rosa Blüten. Diese haben auffallend weiße Augen mit gelben Pollen und duften schwach nach Zitrone. Ältere verblassen fast völlig, was ihrer Wirkung nicht gerade förderlich ist.

Als Strauch wirkt diese Moschus-Hybride recht unordentlich. Sie scheint ziemlich anfällig für Rußtau zu sein.

☸ 100 cm ✿✿✿ ☁☁

Mozart

Rosa Mr. J.B.C.

(-) DICkson (1993)

Den aufrechten, reich verzweigten Strauch ziert schönes, üppiges Laub. Seine Triebe tragen volle Dolden schalenförmiger, circa 5 cm breiter Blüten. Die reichen Schübe der gelben Gebilde sorgen für ein attraktives Farbenspiel. Ältere färben sich leicht orange. Die Blüten haben jeweils circa zehn Blütenblätter und Herzen voll goldener Pollen. Sie duften mild und fruchtig. Bienen sind hier häufig gesehene Gäste. Die Mr. J.B.C. trägt glänzend olivgrünes Laub.

✲✲ 80 cm ✿✿✿ ☁☁

Mr. J.B.C.

Rosa Mr. Lincoln

(Swim&Weeks)

vgl. *Rosa* Mister Lincoln

Rosa Mrs Doreen Pike

(AUSdor) Austin (1993)

Obwohl die Mrs. Doreen Pike von David Austin sen. gezüchtet wurde, ist sie in erster Linie eine Rugosa-Hybride. In diese Nachfahren der Kartoffelrose kreuzte Austin Merkmale der von ihm gezüchteten Gruppe Englischer Rosen ein. Deshalb bilden die stark gefüllten rosa Blüten auch Rosetten. Überdies verströmen sie einen kräftigen, süßen Duft. Der Strauch wird allerdings breiter als hoch. Seine aufrechten Triebe tragen blassgrüne, runzlige Blätter.

90 cm

Mrs Doreen Pike

Rosa Mrs. Jones

(DELge)

vgl. *Rosa* Centenaire de Lourdes® Rose

Rosa Mullard Jubilee

(Electron) McGredy (1970)

Mullard Jubilee

Mullard Jubilee

Die dicken, roten Knospen öffnen sich zu tiefrosa gefüllten, 15 cm breiten Blüten. Diese stehen in Dolden an den kräftigen dornigen Trieben. Attraktiv geformt, blühen sie weit auf und verströmen einen angenehm süßen Rosenduft. Der aufrecht wachsende Strauch ist bis zur Basis dicht belaubt. Die jungen Blätter sind olivgrün mit einem Hauch von rot. Später werden sie graugrün. Diese schöne Rose hat viele Preise gewonnen.

80 cm

Rosa multiflora

(-) botanische Rose/Wildrose (-)

Die *Rosa multiflora* kommt in Japan, China und Korea wild vor. Bei uns eignet sie sich vor allem für Naturgärten. Der Strauch bildet lange, hängende Triebe. Aufgebunden kann er bis zu 4 m hoch werden, freistehend gut 2 m. Er trägt nur wenige nicht sehr scharfe Dornen. Die cremeweißen Blüten erscheinen im Frühsommer in Dolden. Sie duften leicht fruchtig und verblassen schließlich zu einem reinen Weiß. Im Herbst bilden sich rote Hagebutten. Die *Rosa multiflora* ist die Ahnherrin zahlloser, als Multiflora-Hybriden bezeichneter Kulturformen. Diese erkennt man an den gezahnten Nebenblättern an den Basen aller Blätter. Diese Polyantha-Rose ist ein Beispiel für eine moderne Kreuzung zwischen *Rosa multiflora* und ständig blühenden Chinesi-

Rosa multiflora

schen Rosen. Bei modernen Rosen leitet sich das vielblütige Floribunda-Aussehen von *Rosa multiflora* ab. Die reichen Blütendolden und die spärlichen Dornen haben diese Rose sehr beliebt gemacht.
200 cm

Rosa München 83

(MEIbalbika)
vgl. *Rosa* Iga®'83 München

Rosa Muttertag

(Grootendorst)
vgl. *Rosa* Mothersday

Rosa My Granny

(POUloma)
vgl. *Rosa* Meine Oma™

Rosa Mystic

(POUlor)
vgl. *Rosa* Supreme Cover™ Towne & Country®

Rosa Naheglut

(POUlnorm)
vgl. *Rosa* That's Jazz™ Courtyard®

Rosa Naheglut™ Courtyard®

(POUlnorm)
vgl. *Rosa* That's Jazz™ Courtyard® (POUlnorm)

Rosa Nahema®

(DELéri) Delbard (1998)
Die Blüten dieser Kletterrose haben das romantische Aussehen Alter Rosen. Sie sind stark gefüllt, zartrosa und offen kugelförmig. Ihr intensiver Rosenduft enthält auch einen fruchtigen Hauch. Eine schöne Kletterrose für Gegenden mit heißen, trockenen Sommern.
180 cm

Nahema®

Rosa Nashville

(POUlbico)
vgl. *Rosa* Candy Cover™ Towne & Country®

Rosa Natascha

(HARwharry)
vgl. *Rosa* Malcolm Sargent

Rosa NDR1 Radio Niedersachsen®

(KOReledas) Kordes (1996)
Eine spektakuläre Neuheit auf dem Rosenmarkt: Sie bietet fantastische üppige Blütenschübe, glänzendes, tief olivgrünes Laub, das äußerst resistent gegen Krankheiten bleibt und einfache Blüten, deren Blätter problemlos abfallen und so den Strauch reinigen. Die mittelgroßen, schalenförmigen Gebilde gehen in Dolden aus rosa Knospen hervor. Die altrosa Blüten verblassen mit der Zeit. Sie duften dafür aber mild und frisch. Ihre goldenen Pollen werden oft von Bienen und anderen Insekten besucht. Wegen des

NDR1 Radio Niedersachsen®

kräftigen Wachstums gilt die Pflanze manchmal als Strauchrose. Sehr empfehlenswert!

/↔ 120 cm

Rosa Neige d'Eté®

(-) Lens (1991)

Dies ist eigentlich nur die weiße Ausgabe der Rosa Bouquet Parfait®. Beide Rosen von Louis Lens bilden an den Triebenden reiche Blütendolden. Die Blüten jeder Dolde öffnen sich fast gleichzeitig und wirken so wie ein kompletter Rosenstrauch. Sie sind halb gefüllt, tief becherförmig und schneeweiß. Das Herz birgt goldene Pollen. Die Blüten sind gut als Schnittblumen geeignet, ausdauernd und vertragen auch schlechtes Wetter.

120 cm

Neige d'Eté®

Rosa New Daily Mail

(Tantau)

vgl. *Rosa* Pussta®

Rosa New Dawn

(-) Somerset Rose Nursery (1930)

In den letzten zehn Jahren wurde keine Rose häufiger gepflanzt als die New Dawn. Sie wurde sogar zur „World Rose", d.h. zur beliebtesten Rose der Welt gekürt – und obwohl man es irgendwann müde wird, sie ständig in Gärten aller Art zu sehen, ist ihr Ruhm wohlverdient. Normalerweise wird die New Dawn als Climbing-Rose, besser noch als Kletterrose angeboten. Man kann sie jedoch auf jede andere Weise verwenden: Als Solitärpflanze wird sie fast 2 m hoch, wobei sie lange, fadenartige Triebe in alle Richtungen entsendet. Die Blütentriebe hängen am Ende herab. Man sollte sie aufbinden. Die Blüten zeigen das denkbar zarteste Rosa. Bei sehr sonnigem Wetter wirken sie fast reinweiß. Wenn die Nächte kühler werden, kehrt das Rosa zurück. Die Blüten duften angenehm würzig. Der größte Vorteil der New Dawn sind die lang anhaltenden Blütenschübe, die sich vom Frühsommer bis weit in den Herbst erstrecken. Es gibt auch schwächere Phasen, aber der Strauch ist nie ganz ohne Blüten. Leider sind heute auch New Dawns auf dem Markt, die nicht kontinuierlich blühen. Die Schuld daran tragen Gärtner, die Augen der langen, schnellwüchsigen Triebe aufpfropften (je-

New Dawn

New Dawn

denfalls ein Lieferant, der so vorging, ohne die verheerenden Folgen zu bedenken). Sollten Sie also eine nur einmal blühende New Dawn haben, gibt es nur eine Lösung: Kaufen Sie eine neue!

200–500 cm

Rosa New Face®

(INTerclem) Interplant (1977)

Der Strauch wird breit und nahezu 2 m hoch. Das lässt sich durch stärkeren Rückschnitt eindämmen. Den ganzen Sommer und Herbst über erscheinen an den gebogenen Trieben reiche, lockere Dolden aus einfachen Blüten. Diese sind cremeweiß mit altrosa Flecken, die mit der Zeit ausbleichen. Aufgrund der langen Blütezeit und der leuchtend grünen Blätter ist dies eine ideale Strauchrose für ausreichend große Gärten.

120–200 cm

New Face®

Rosa New Rouge Meilland

(MEImalyna)

vgl. *Rosa* Rouge Meilland®

Rosa New Valencia

(KOReklia)

vgl. *Rosa* Valencia®

Rosa New Zealand

(MACgenev) McGredy (1989)

Die gefüllten Blüten verströmen einen starken, lieblich süßen Duft. Sie weisen auch im fortgeschrittenen Alter schöne Formen und Farben auf (aprikosenfarbene und lachsrosa Töne). Sie brauchen sonniges Klima, da die Blüten und Knospen Regen nur schlecht vertragen und sich dann schlecht reinigen. Das mittelgrüne Laub ist anfällig für Pilzkrankheiten. Der kräftige, aufrechte Strauch ist unregelmäßig gewachsen. Da er nur langsam weiterwächst, folgen die Blütenschübe eher in Wellen.

90 cm

New Zealand

Rosa Night Life

(POUllight)
vgl. *Rosa* Night Light™ Courtyard®

Rosa Night Light™ Courtyard®

(POUllight) Poulsen (1981)
Die roten Knospen öffnen sich zu auffallenden gelben Blüten, die fast 10 cm breit werden. Diese sitzen in kleinen Büscheln an den Triebspitzen dieser strauchartigen Kletterrose.
Das junge Laub ist rötlich, wird aber rasch glänzend mittelgrün.
180 cm

Night Light™ Courtyard®

Rosa Nil Bleu®

(DELnible) Delbard (1976)
Die Knospen der Nil Bleu® verraten noch nichts: Erst beim Entfalten der großen, gefüllten Blüten sieht man die malven- bis lavendelrosa Blätter. Diese kräuseln sich nach außen und die Blüten biegen sich oft unter der eigenen Last. Man könnte meinen, die Sorte sei für windiges regnerisches Klima ungeeignet, doch sind die Blätter dick genug, um schlechtem Wetter zu widerstehen. So überrascht es, dass sie aus dem Delbard-Katalog verschwunden ist. Allerdings kann man sie von anderen Händlern beziehen. Die lieblich duftenden Blüten zieren den ganzen Sommer über einen reich verzweigten, aufrechten Strauch mit graugrünem Laub.
100 cm

Nil Bleu®

Rosa Nirvana®

(MEIrisouru) Meilland (1977)
Die aprikosenfarbenen Knospen öffnen sich zu leuchtend rosa Blüten. Diese sind halb gefüllt und becherförmig. Im Herzen zeigen sie ihre Pollen. Ihr Duft ist schwach und unangenehm. Die Blüten stehen einzeln oder in kleinen Dolden. Das anfangs olivgrüne Laub wird später glänzend graugrün. Der Strauch verzweigt sich reichlich und blüht mäßig üppig. Seine Blüten reinigen sich nach Regenfällen schlecht.
70 cm

Nirvana®

Rosa Noacks Blühendes Barock®

(NOAbell) Noack (1997)
Ab Juli erheben sich Dolden aus Dutzenden fruchtig duftender rosa Blüten über das Laub. Bei dieser üppig blühenden Floribunda-Rose werden

Noacks Blühendes Barock®

sie nur gut 2,5 cm breit. Leider sind sie so gefüllt und stehen in derart dichten Dolden, dass sich die Stiele unter ihrer Last biegen und der Strauch recht niedrig bleibt. Die Noacks Blühendes Barock® trägt viele glänzend oliv- bis dunkelgrüne Blätter, die gegen Rußtau hervorragend und gegen Mehltau hinreichend resistent sind.
70 cm

Rosa Noble Anthony

(AUSway)
vgl. *Rosa* Noble Antony

Rosa Noble Antony

(AUSway) Austin (1995)
Die karminroten Blätter der gefüllten Blüten kräuseln sich rückwärts und werden so kuppelförmig. Dass sie lieblich wie Alte Rosen duftet, hat der Noble Anthony bei Tests in Glasgow (Schottland) einen Duftpreis eingebracht. Der aufrecht wachsende Stauch bleibt niedrig. Er eignet sich als Vordergrund für niedrige Straucheinfassungen, passt aber auch zu Mehrjährigen. Da er anfällig für Rußtau ist, pflanzt man ihn am besten weit weg von anderen Rosen.
GB 90 cm

Noble Antony

Rosa Nordina™ Courtyard®

(POUlskab) Poulsen (2000)
Eine der Neuheiten aus der „Courtyard®"-Serie des dänischen Züchters Poulsen. Es handelt sich um eine niedrige, buschartige Kletterrose, die den ganzen Sommer über große Blüten bildet. Diese halb gefüllten Gebilde sind rosa mit ein wenig Gelb in den offenen Herzen. Das rötlich-grüne Laub hat einen attraktiven Glanz.
180 cm

Nordina™ Courtyard®

Rosa Nostalgie®

(TANeiglat) Tantau (1995)
Eine der bemerkenswertesten Rosen der letzten Jahre: Die kugelrunden Blüten sind zweifarbig (cremeweiße Herzen und vor allem an den Blattspitzen kirschrote äußere Blätter). Sie gelten als duftend, doch wirkt ihr Duft ein wenig enttäuschend. Bei schlechtem Wetter hängen sie recht

Nostalgie®

unattraktiv am Strauch, doch beim Aufklaren werden sie wieder schön. Diese Sorte gehört zu einer Gruppe „nostalgischer" Rosen des Züchters Tantau. Die ebenso schönen wie robusten Pflanzen verstehen sich als Antwort auf die beliebten Englischen Rosen. Das anfangs rote, später dunkelgrüne Laub des aufrechten Strauches ist groß und bleibt schön.
90 cm

Rosa Nuage Parfume

(Tanellis)
vgl. *Rosa* Duftwolke®

Rosa Octavia Hill

(HARzeal) Harkness (1995)
Die rosa Blüten sind stark gefüllt und oft geviertelt. So wirken sie romantisch. Dafür sorgt auch ihr lieblicher, süßlich frischer Rosenduft. Mit der Zeit öffnen sie sich zur Becherform, um sehr reizvoll zu verblassen. Nach einer Woche Regenwetter zeigt die Octavia Hill jedoch ihre Schwächen: Verklumpte Knospen öffnen sich nicht mehr und verblühte Blüten verrotten auf den Stielen. Der Strauch wächst ausgezeichnet. Er bildet reiche, ausdauernde Blütenschübe und verzweigt sich gut, sodass er Bordüren und Beete mit seinen erst oliv-, später glänzend dunkelgrünen Blättern gut ausfüllt.
80 cm

Octavia Hill

Rosa Oh La La

(Tantau)
vgl. *Rosa* Olala®

Rosa Ohlala

(Tantau)
vgl. *Rosa* Olala®

Rosa Olala®

(-) Tantau (1956)
Die halb gefüllten, fast 10 cm breiten Blüten sind zunächst leuchtend rot und verblassen später zu Dunkelrosa. Sie stehen in Dolden und öffnen sich schalenförmig.
Der Strauch bleibt wegen der schrägen Wuchsrichtung der Triebe sehr niedrig, doch gibt es Ausnahmen. Vorteilhaft an dieser Wuchsform ist, dass sie den Boden gut abdeckt. Die Olala® hat mittelgroße, dunkelgrüne Blätter.
70 cm

Olala®

Rosa Old Fragrance

(TANschaubud)
vgl. *Rosa* Duftrausch®

Rosa Old Velvet Moss

(Laffay)
vgl. *Rosa* William Lobb

Rosa Olympic Fire

(TANeuschip 92)
vgl. *Rosa* Olympisches Feuer®

Rosa Olympisches Feuer® 92

(TANeuschip 92) Tantau (1992)
Dies ist die Nachfolgerin der *Rosa* Olympisches Feuer des gleichen Züchters. Die neue Sorte ist viel resistenter und wächst kompakter, d.h. sie verzweigt sich mehr in die Breite. Die 8 cm breiten gefüllten Blüten duften schwach, wirken aber sehr viel stärker durch ihre leuchtend orangerote Färbung. Die jungen Blätter sind mahagonibraun, doch nehmen sie später eine matt graugrüne Farbe an.
❁❁ 70 cm ✿✿✿ ☁ ✪

Olympisches Feuer® 92

Rosa Omi Oswald®

(-) Lens (1988)
Diese Rose zählt mit gutem Grund zu den beliebtesten Moschata-Hybriden von Louis Lens (vgl. auch *Rosa moschata*). Die gelben, orange angehauchten Knospen öffnen sich zu zartgelben Blüten, die schließlich weiß werden. Mit fast 5 cm Durchmesser sind diese Gebilde für eine Moschata-Hybride sehr groß, was sie zu beliebten Schnittblumen macht – schon wenige Stiele füllen eine Vase. Der Strauch wächst aufrecht, ohne dass die Triebe herabhängen.
◉ 80 cm ✿✿✿ ☁

Omi Oswald®

Rosa Opalia®

(NOAschnee)
vgl. *Rosa* Schneeflocke®

Rosa Orange Babyflor®

(TANegnaro) Tantau (1994)
Das leuchtende Orangerot der gefüllten Blüten dieser Zwergrose verführt sehr leicht zu Spontankäufen. Ihre Züchter versichern, dass die Zwergrose im Topf schon früh blüht. Man kann sich erst im Haus an ihr erfreuen, wird sie aber später im Freiland in einen großen Topf oder

Orange Babyflor®

Kübel mit fruchtbarer Erde pflanzen müssen, da sie sonst aufhört zu wachsen und zu blühen. Das junge Laub ist rötlich, wird aber später glänzend dunkelgrün.
30 cm

Rosa Orange Fire®

(INTerfire) Interplant (1987)
Die Dolden aus 8 cm breiten, orangen Blüten stehen leuchtend hoch über dem grünen Laub – geradezu wie Leuchttürme. Manchmal biegen sich die Triebe unter der Doldenlast. Die halb gefüllten Blüten duften nur schwach, allenfalls leicht fruchtig.
Wegen ihrer auffälligen Färbung eignen sie sich eher für Beete als für Einfassungen. Die Farbe kontrastiert schön mit den burgunderroten Blättern und Stängeln, die später graugrün werden. Der aufrechte Strauch ist dicht belaubt und für seine Resistenz gegen Ruß- und Mehltau bekannt.
100–150 cm TOP

Orange Fire®

Rosa Orange Meillandina®

(MEIjikatar) Meilland (1982)
Eine Zwergrose mit orangeroten Blüten, die ihre Farbe auch im Alter bewahren. Der kompakte Strauch wird breiter als hoch. Er kann auch im Topf blühen, gedeiht aber besser, wenn man ihn z.B. als Bordürenkante im Garten auspflanzt.
35 cm

Orange Meillandina®

Rosa Orange Morsdag

(-) Grootendorst (1956)
Diese Variante der *Rosa* Mothersday weicht nur in der Blütenfarbe ab: Diese ist heller mit etwas orange. Die kugelrunden Blüten der Polyantha-Rose werden über 2,5 cm breit und stehen in Dolden. Die nahezu dornenlosen Triebe tragen zunächst oliv-, später dunkelgrüne Blätter. Die Orange Morsdag ist auch als Hochstammrose erhältlich.
50 cm

Orange Morsdag

Rosa Orange Sunblaze

(MEIjikatar)
vgl. *Rosa* Orange Meillandina

Rosa Orange Symphonie®

(MEIninrut) Meilland (1994)
Wenn eine Sorte für eine Zwergrose ein wenig zu groß ist, nennt man sie Patio-Rose. So verhält es sich auch mit der 40 cm hohen Orange Sympho-

Orange Symphonie®

nie®. Dieser Strauch gedeiht sogar in größeren Töpfen gut. Er trägt zahlreiche karmesinrote Blüten, die meist einzeln auf ihren Stielen thronen.
40 cm

Rosa Osiana

(-) Tantau (1989)
Die schlanken Knospen öffnen sich zu schönen, elfenbeinweißen Blüten mit einem Hauch von Rosa. Die gefüllten Gebilde sitzen einzeln auf kräftigen Stielen. Die Osiana ist eine ausgezeichnete Schnittblume, die wunderbar fruchtig duftet. Ihr Laub ist matt graugrün. Leider wird diese Rose kaum angeboten.
80 cm

Osiana

Rosa Othello

(AUSlo) Austin (1986)
Die Othello bildet lange, kräftige Vertikaltriebe mit rötlichen Dornen und matt dunkelgrünen Blättern. Jeder Trieb trägt am Ende eine becherförmige, stark gefüllte Blüte. Ihre Farbe variiert beträchtlich, d. h. von karminrot bis purpurn, ist aber meist leuchtend rot. Obwohl die Blüte sehr stark duften soll, kam sie mir eher mäßig, doch angenehm süß vor, mit dem typischen Aroma Alter Rosen. Die Blüten werden bei schlechtem Wetter rasch unattraktiv. Da zwischen den mäßigen Schüben Pausen eintreten, macht diese Englische Rose nur wenig Eindruck.
GB 120 cm

Othello

Rosa Our Molly

(DICreason) Dickson (1994)
Das leuchtende Rot der einfachen Blüten kontrastiert stark mit den weißen Augen. Sie duften

Our Molly

nur schwach und stehen in dichten Dolden. Im Herbst erscheinen orange Hagebutten. Das matt graugrüne Laub dämpft die Gesamtwirkung etwas. Die Blätter zieren den regelmäßig verzweigten Strauch in großer Zahl.

80 cm

Rosa Pallisade Rose®

(KORdapt)

vgl. *Rosa* Heidekönigin®

Rosa Palmengarten Frankfurt®

(KORsilan) Kordes (1988)

Dies ist eine extrem üppig und ausdauernd blühende Rose. Ihre Blüten stehen in vollen Dolden. Sie sind recht barock, aber empfindlich gegen starken Regen. Sie duften leicht nach Äpfeln. Der Strauch wird gut 80 cm hoch und trägt üppiges, attraktiv glänzendes, hellgrünes Laub. Nach drei Jahren deckt dieses den Boden vollständig ab. Da der Strauch vor allem in die Breite wächst, verwendet man ihn auch als Bodendecker, indem man zwei Pflanzen pro Quadratmeter setzt und sie leicht stutzt. Eine sehr empfehlenswerte, extrem robuste Rose, die nur selten von Pilzkrankheiten befallen wird.

/↔ 70 cm ADR

Palmengarten Frankfurt®

Rosa Panache

(POUltop)

vgl. *Rosa* Top™ Hit®

Rosa Paola®

(TANaloap) Tantau (1981)

Eine der zahlreichen wohlgeformten, leuchtend roten Teerosen. Die gefüllten, samtig roten Blüten gehen aus schlanken Knospen hervor. Sie stehen einzeln auf kräftigen Stielen und duften angenehm mild. Die Paola® ist eine gute Schnittblume. Die großen, matt dunkelgrünen Blätter zieren einen aufrechten, ziemlich robusten Busch. All dies und die ununterbrochene Blüte sorgen dafür, dass er lange attraktiv aussieht.

80 cm

Paola®

Rosa Papa Meilland®

(MEIcesar) Meilland (1963)

Die Papa Meilland® hat samtig rote Blüten von perfekter Tee-Hybridform. Das dunkle, olivgrüne

Papa Meilland®

Laub sorgt für einen schönen Kontrast – und dann der liebliche Duft! Allerdings hat die Papa Meilland® auch Nachteile: Sie blüht nicht den ganzen Sommer, sondern in mehreren kurzen Schüben und ist anfällig für Rosenkrankheiten. Wie beliebt sie auch gewesen sein mag – das ist lange her.

80 cm

Rosa Papi Delbard®

(DELaby) Delbard (1995)

Es war eine gute Idee, die Rose nach dem eigenen Vater zu benennen, erinnert sie doch sehr an die romantischen Alten Rosen. Ihre becherförmigen Blüten sind extrem gefüllt und die Stiele biegen sich unter ihrer Last, bis sie überhängen. Für eine Kletterrose ist dies aber eher ein Vor- als ein Nachteil.

Die Blüten zeigen alle Farbnuancen: Apricot, Zartorange, Bernsteingelb und Lachsrosa. Überdies duften sie wundervoll frisch und fruchtig.

200 cm

Papi Delbard®

Rosa Pariser Charme

(-) Tantau (1965)

Die spitzen Knospen der Pariser Charme öffnen sich zu großen, gefüllten, rein rosa Blüten. Diese werden über 10 cm breit und biegen sich unter der eigenen Last. Ihr Duft ist lieblich und süß. Die ziemlich altmodisch anmutende Rose hat

Pariser Charme

dichtes, olivgrünes Laub, das ziemlich schön bleibt.

70 cm

Rosa Parkdirektor Riggers®

(-) Kordes (1957)

Eine kräftige, robuste Kletterrose, die über 4 m hoch werden kann, wenn man ihr etwas Hilfe bietet. Zwischen den auffallend dunkelgrünen Blättern erscheinen halb gefüllte, leuchtend scharlachrote Blüten. Diese sind geruchlos. Auf den üppigen ersten Schub folgen noch mehrere. Die Pflanze wird ca. 1,5 m breit und eignet sich auch zum Begrünen schattiger Mauern.

200–400 cm ADR

Parkdirektor Riggers®

Rosa Parkjuwel

(-) Kordes (1950)

Wenn die Parkjuwel den ganzen Sommer über blühen würde, wäre sie sehr beliebt. Schließlich sind ihre gefüllten rosa Blüten groß und wohlgeformt. Überdies duften sie wunderschön. Die Rose trägt auch ledrige, graugrüne Blätter. Der Strauch verzweigt sich gut und ist sehr dornig.

150 cm

Parkjuwel

Rosa Parkzauber

(-) Kordes (1956)

Eine einmal blühende Sorte mit rosa Blüten (wie Fuchsien). Sie blüht nur im Frühsommer. Die Blüten sind becherförmig, rund und halb gefüllt. Sie duften lieblich.

Parkzauber

Die *Rosa* Parkzauber wird 1,5 m hoch und verzweigt sich zu einem breiten Strauch. Dieser trägt dunkelgrüne Blätter.

150 cm

Rosa Partridge

(KORweirim)

vgl. *Rosa* Weiße Immensee®

Rosa Parure d'Or®

(DELmir) Delbir (1968)

Die Grundfarbe der halb gefüllten Blüten der *Rosa* Parure d'Or® ist goldgelb mit sehr reizvollen, scharf kontrastierenden orangen bis lachsrosa Blattsäumen.

Die Blüten zieren den ganzen Sommer hindurch diese kräftige, dunkelgrün belaubte Kletterrose.

200 cm

Parure d'Or®

Rosa Pas de Deux™ Courtyard®

(POUlhult) Poulsen (2000)

Wenn sie sich öffnen, sind die Blüten ockergelb, doch später werden sie hellgelb mit einem Hauch von Rosa. Im Herzen der becher- bis schalenförmigen halb gefüllten Gebilde sind die Pollen sichtbar. Sie duften schwach. Der buschig verzweigte Strauch wird als Kletterrose angeboten.

200 cm

Pas de Deux™ Courtyard®

Rosa Pat Austin™

(AUSmum) Austin (1995)

Sobald sich die Knospen öffnen, stehlen die Blüten der Pat Austin™ allen die Show. Erst kugelrund, entfalten sie sich becherförmig, mit reichlich krausen Blättern. Diese sind innen orange und außen messinggelb, sodass sie zweifarbig

Pat Austin™

wirken. Sie duften wie Teerosen. Die matt mittelgrünen Blätter zieren einen buschigen Strauch, der ebenso breit wie hoch wird

GB 120 cm

Rosa Paul Noël

(-) Tanne (1913)

Diese beliebte Kletterrose gibt es schon seit 1913 und man schätzt sie noch heute wegen der gefüllten, fleischfarbenen Blüten, die frisch und fruchtig duften. Sie neigen sich auf den kurzen Stielen seitwärts. Die kletternden Triebe werden angebunden über 3 m hoch. Das dichte Laub ist hellgrün. Auf die reichen ersten Blütenschübe folgen noch schwächere.

300 cm

Paul Noël

Rosa Paul Ricard®

(MEInivoz) Meilland (1994)

Die bernsteingelben Blüten verblassen in der prallen Sommersonne, wahren aber ihre auffällige Form. Sie sitzen auf langen Stielen und eignen sich – auch wegen des würzigen Duftes – gut als Schnittblumen. Die großen Blätter sind matt mittelgrün gefärbt und zieren einen aufrechten Strauch, der häufig etwa 1 Meter hoch wird.

100 cm

Paul Ricard®

Rosa Paul Shirville

(HARqueterwife) Harkness (1983)

Die wohlgeformten Blüten entfalten sich langsam zu gefüllten lachsrosa Blüten. Ihre äußeren Blätter sind heller und der Rest verblasst mit der Zeit. Die Blüten duften angenehm süß und scheinen wie für die Vase gemacht. Sie zieren den ganzen Sommer über (am üppigsten im Juli) einen robust wirkenden Strauch. Die anfangs purpurroten Blätter werden schließlich glänzend dunkelgrün.

90 cm

Paul Shirville

Rosa Paul's Himalayan Musk Rambler

(-) Paul (± 1900)

Diese Moschus-Hybride wächst erschreckend schnell. An einen Baum gelehnt, kann diese Kletterrose den Stamm vollständig umranken, sodass er schließlich selbst gestützt werden muss. Im Hochsommer erscheinen an den Trieben Kaskaden schwach duftender, halb gefüllter zartrosa Blüten. Später bilden sich ovale Hagebutten. An der richtigen Stelle gepflanzt, d.h. wo ihr starkes Wachstum nicht zu Problemen führen kann, entwickelt sich diese Rose zu einer „blühenden Landschaft".

Paul's Himalayan Musk Rambler

200–1000 cm

Rosa Peace®

(-) Meilland (1945)

Ihren Namen verdankt diese legendäre Rose dem Zweiten Weltkrieg. Der Züchter Francis Meilland hatte sie schon 1935 kreiert und nach seiner Mutter „Mme. Meilland" genannt. Direkt vor dem Krieg fand sie größere Verbreitung: In Deutschland nannte man sie „Glorias" und in Italien „Gioia". 1945 – am Tag, als Berlin fiel – brachte eine amerikanische Firma sie unter dem

Peace®

Namen Peace auf den Markt. Diese Rose wird manchmal als *die* Rose des 20. Jahrhunderts bezeichnet – so viele Preise hat sie bei allen möglichen Tests und Ausstellungen gewonnen. Überdies wurden 19 Varianten von ihr abgeleitet und sie diente als „Mutter“ von 157 weiteren Zuchtformen. Kein Wunder – die duftenden Blüten sind groß, zeigen subtile Farben (Cremeweiß, Zartgelb, Hellrosa) und vertragen auch Regen. Der Busch wächst kräftig und trägt große, sehr robuste dunkelgrüne Blätter. Die Peace® zählt heute zu den resistentesten Rosen, obwohl sie nicht immer von Rußtau verschont bleibt.

80 cm

Rosa Peacekeeper

(HARbella) Harkness (1995)

Der Name dieser Floribunda-Rose soll die Arbeit der UN ehren. Der Strauch eignet sich gut für Beete. Im Frühsommer bildet er zahllose Knospen, die sich zu schönen Blüten entfalten. Diese sind anfangs rein orange, werden aber in der Folge erst lachsrosa, dann aprikosenfarben, später gold- und am Ende blassgelb. Nach dem Verblühen reinigen sich die würzig duftenden Blüten gut. Der buschige Strauch wird beinahe so breit wie hoch. Er trägt hellgrünes Laub.

80 cm

Peacekeeper

Rosa Peach Surprise

(POUlrise)

vgl. *Rosa* Kong Frederik den IX™ Hybrid Tea Poulsen®

Rosa Peachy Pink Magic Carpet

(POUlor)

vgl. *Rosa* Supreme Cover™ Towne & Country®

Rosa Pearl Drift®

(LEGgab) Le Grice (1981)

Die halb gefüllten Blüten der Pearl Drift sind becherförmig und zeigen ihre gelben Pollen. Sie duften nur schwach. Das Rosa der Blüten ist so hell, dass sie weiß wirken. Sie gehen den ganzen Sommer über aus den rosa Knospen des kräftigen, dunkelgrün belaubten Strauches hervor.

100 cm

Pearl Drift®

Rosa Pearl Mirato®

(TANrostax) Tantau (2001)

Die Pearl Mirato® weicht nur farblich von der äußerst robusten *Rosa* Mirato® (vgl. Mirato®) ab.

Pearl Mirato®

Die halb gefüllten Blüten der Pearl Mirato® sind hellrosa und außen perlweiß. Der Strauch wird 60 cm hoch und breit. Er blüht den ganzen Sommer über und bis in den Herbst hinein.
↔ 60 cm ✿✿✿ ☁ ✚

Rosa Pearl Meidiland

(MEIplatin) Meilland (1989)
Die halb gefüllten Blüten sind anfangs von zartestem Rosa, verblassen aber schnell zu Perlweiß. Obwohl sie in Dolden stehen, werden sie 8 cm breit. Zur Blütezeit ist der Strauch vollständig mit Blüten bedeckt. Der Strauch verzweigt sich von einem Punkt aus in kniehohe, hängende Triebe, welche den Boden nicht vollständig abdecken. Im Herbst bilden sich rote Hagebutten. Der Strauch ist resistent gegen Mehltau, kann aber von Rußtau befallen werden.
50 cm ✿✿ ☁

Pearl Meidiland

Rosa Peaudouce

(DICjana)
vgl. *Rosa* Elina®

Rosa Pebble Beach

(POUleas)
vgl. *Rosa* Easy Cover™ Towne & Country®

Rosa Peer Gynt®

(-) Kordes (1968)
Die stark gefüllten Blüten dieser großblütigen Rose zeigen als Grundfarbe ein Goldgelb, das in

Peer Gynt®

der Sonne nicht verblasst, sondern sogar noch intensiver wird. Die Blattsäume sind rosenrot. Die kräftigen Stiele, die große Ausdauer der Blüten und der wunderbare Duft machen die Peer Gynt® zu einer idealen Schnittblume. Auch im Garten bewährt sie sich, da sie Regen sehr gut verträgt. Der kräftig aufrecht wachsende Strauch trägt glänzend olivgrüne Blätter.
80 cm ✿✿✿ ☁☁☁

Rosa Pegasus

(Ausmoon) Austin (1995)
Mit den stark hängenden Trieben des niedrigen Busches weicht die Pegasus stark vom gewohnten Bild einer Englischen Rose ab. Ihre Blüten wirken gar nicht wie Rosen! Sie sind so gefüllt (mit rückwärts gebogenen Blattsäumen), dass sie eher an Kamelien erinnern. Die im Herzen aprikosenfarbenen Blüten werden später außen hel-

Pegasus

ler. Ihr schwacher Duft ist jedoch typisch für Teerosen und die Blätter sind so glänzend wie bei den meisten modernen Tee-Hybriden.

GB 90 cm

Rosa Penelope

(-) Pemberton (1924)

Die vollen Dolden orangeroter Knospen entfalten sich zu halb gefüllten, lieblich duftenden Blüten. Neben dem cremigen Weiß findet sich anfangs auch ein zartrosa Ton, der allmählich verblasst. Obwohl diese Rose den ganzen Sommer über blühen soll, kommt es zwischen den Schüben zu Pausen. Dennoch ist diese Moschus-Hybride bei allen, die romantische Gärten schätzen, sehr beliebt. Der Strauch wächst aufrecht und reich verzweigt. Er trägt mattes, graugrünes Laub mit auffällig gezahnten Rändern. Verwechseln Sie diese Penelope nicht mit ihren wenigstens zwei Namensvettern: Achten Sie beim Kauf immer auf den Züchternamen und das Jahr der Zucht!

100 cm

Penelope

Rosa Penny Coelen

(MEInimo)

vgl. *Rosa* Regatta®

Rosa Penny Lane

(HARdwell) Harkness (1998)

Eine reich verzweigte Kletterrose: Ihr glänzend dunkelgrünes Laub wirkt gesund. Die Blüten öffnen sich im Frühsommer. Sie zeigen ein sehr helles Apricot und sind stark gefüllt. Ihr Duft ist

Penny Lane

schwach. Bei gutem Wachstum ist mit mehreren Schüben zu rechnen.

300 cm

Rosa Penthouse

(MACsatur) McGredy (1988)

Die 10 cm breiten Blüten sind stark gefüllt, die gedrungenen Blätter zartrosa. Der angenehme Duft der beliebten Rose wirkt süß, aber frisch. Der Strauch wächst aufrecht, kann aber wegen des unregelmäßigen Wachstums unordentlich wirken. Die großen Blätter sind erst kurze Zeit rot, später aber matt mittelgrün. Sie bleiben bemerkenswert schön.

100 cm TOP

Penthouse

Rosa Perception

(HARzippee) Harkness (1997)

Die gefüllten Blüten werden bei gezielter Pflege 13 cm breit. Ihre Säume sind rosa, die Grundfarbe ist hingegen elfenbeinweiß, oft mit etwas

Perception

Gelb. Sie duften angenehm (ein wenig nach Zitrone). Die Blüten sitzen meist einzeln auf kräftigen Stielen und eignen sich daher gut als Schnittblumen.
Der aufrechte Strauch wird recht hoch, sodass man ihn am besten nach hinten pflanzt. Er trägt große, dunkelgrüne Blätter.
✲ 120 cm ⚘⚘⚘ ☁☁☁

Rosa Perdita®

(AUSperd) Austin (1983)
Die Blüten der Perdita® haben keine Standardfarbe: Manchmal sind sie cremeweiß, manchmal aprikosenfarben und häufig – vor allem gegen Saisonende – zartrosa. Allerdings sind sie immer tief becherförmig und stark gefüllt.
Die Triebe können (vor allem nach Regenfällen) die Last der Blüten nicht mehr tragen und neigen sich daher – und das, obwohl die wundervoll duftenden Blüten aus schlanken, spitzen Knospen hervorgehen. Der aufrechte Strauch trägt glänzend dunkelgrünes Laub.
⚘GB 100 cm ⚘⚘⚘ ☁☁☁☁

Perdita®

Rosa Perle Meillandecor

(MEIplatin)
vgl. *Rosa* Pearl Meidiland

Rosa Perpetually Yours

(HARfable) Harkness (1999)
Die Blüten dieser modernen Kletterrose sind stark gefüllt. Die Herzen der oft geviertelten Blüten umgeben manchmal bis zu 70 Blätter. Diese sind zitronen- bis cremegelb, manchmal mit etwas Apricot im Herzen.
Ihr schwacher Duft ist der einzige Unterschied gegenüber den beliebten Englischen Rosen von David Austin. Die schweren Blüten der matt dunkelgrün belaubten Kletterrose neigen sich seitwärts.
➶ 300 cm ⚘⚘⚘ ☁☁

Perpetually Yours

Rosa Peter Cottrell

(HARentente) Harkness (1999)
Die roten Knospen dieser recht neuen Floribunda-Rose öffnen sich weit. Sie sind gefüllt und zartgelb mit hellrosa Säumen. Ihr Duft ist schwach. Der kugelig geformte Busch wird ca. 90 cm hoch und etwa 60 cm breit. Er trägt auffallend

Peter Cottrell

glänzendes, rötliches Laub, das später dunkelgrün wird.
✲✲ 90 cm ✿✿✿ ☁☁

Rosa Peter Wessel

(TANtide)
vgl. *Rosa* Lübecker Rotspon®

Rosa Petit Four®

(INTerfour) Interplant (1981)
Eine sehr üppig blühende Zwergrose mit ca. 4 cm breiten halb gefüllten Blüten in subtilen Farbnuancen von dunkel- bis hellrosa. Diese zieren

Petit Four®

bis in den Herbst hinein einen kompakten Strauch mit glänzend dunkelgrünem Laub.
▣ 40 cm ✿✿✿ ☁

Rosa Petit Maquis

(KORholst)
vgl. *Rosa* Holstein 87®

Rosa Pheasant

(KORdapt)
vgl. *Rosa* Heidekönigin®

Rosa Phillipa

(POUlheart)
vgl. *Rosa* Julia™ Renaissance®

Rosa Piccola

(TANolokip)
vgl. *Rosa* Piccolo®

Rosa Piccolo®

(TANolokip) Tantau (1984)
Diese Rose ist bemerkenswert proportioniert. Die gefüllten, leuchtend orangeroten Blüten sind wie Teerosen geformt und im Verhältnis zum ungefähr 50 cm hohen Strauch sehr groß. Sie sitzen in Dolden unmittelbar über dem Laub. Die Pflanze blüht den ganzen Sommer und Herbst hindurch und ist sehr regenfest. Kurz gesagt – eine ungewöhnliche Beetrose, die sich auch für niedrige Hecken eignet. Die anfangs burgunderroten Blätter färben sich später glänzend mittelgrün.
✲✲ 50 cm ✿✿✿ ☁

Piccolo®

Rosa Pierette Pavement

(UHLater)
vgl. *Rosa rugosa* Pierette®

Rosa Pierre de Ronsard

vgl. *Rosa* Eden Rose®85

Rosa Pigalle®84

(MEIcloux) Meilland (1985)
Wer die Farbe dieser Rose mit „orange“ umschreibt, wird ihren cremegelben, gelben und orange bis leuchtend roten Nuancen nicht gerecht. Die Blüten stehen in kleinen Dolden und sind für eine Floribunda-Rose recht groß. Der reich verzweigte Strauch trägt mittelgrünes Laub.
80 cm

Pigalle®84

Rosa Pilgrim™

(AUSwalker)
vgl. *Rosa* The Pilgrim™

Rosa Pimpernelle

(DELdog)
vgl. *Rosa* Pimprenelle®

Rosa pimpinellifolia

(-) botanische Rose/Wildrose (-)
Die Bibernell-Rose gedeiht auch auf armen Böden. In Dünen und anderen Gegenden mit

Rosa pimpinellifolia

lockeren Sandböden bevorzugt sie Orte, wo sich Humus und andere Nährstoffe sammeln, ohne aber ärmere Substrate zu meiden. Ihr Verbreitungsgebiet reicht von Nordwesteuropa durch Eurasien bis Korea.
Im Garten wirkt sie am besten auf armen Böden, wo der Strauch üppig aber kompakt wächst. Die einfachen Blüten erscheinen im Hochsommer. Sie sind 2,5 cm breit, cremeweiß und bilden ab August Hagebutten. Sehr gut für die Topfkultur geeignet!
100 cm

Rosa Pimprenelle®

(DELdog) Delbard (1997)
An diesem Strauch fällt zuerst die Stärke der Triebe auf. Für eine gut 75 cm hohe Pflanze sind diese recht dick. Sie tragen große, glänzend dun-

Pimprenelle®

kelgrüne Blätter und Dolden aus fast 10 cm breiten goldgelben Blüten. Diese sind einfach und besitzen auffällige Herzen voller gelber Staubgefäße.
Ihr typischer Rosenduft ist gleichermaßen frisch und intensiv süß. Mit der Zeit verblassen sie zu Hellgelb. Später bilden sich große, hübsch anzusehende Hagebutten.
60 cm

Rosa Pink Abundance

(HARfrothy) Harkness (1999)
Den ganzen Sommer und Herbst über bildet die üppig blühende Floribunda-Rose neue Blüten. Diese sind lachsrosa mit ein wenig Orange in den stark gefüllten Herzen. Sie zieren eine buschige Pflanze mit glänzend dunkelgrünen Blättern, die anfangs rötlich gefärbt sind.
90 cm

Pink Abundance

Rosa Pink Babyflor®

(TANybab) Tantau (1993)
Die stark gefüllten Blüten dieser Zwergrose sind auffallend kugelig, an der Außenseite karminrot und innen eher altrosa. Eine bemerkenswerte Rose für Gegenden mit langen Schönwetterperioden oder für vor Regen geschützte Stellen. Sie eignet sich auch für die Topfkultur und blüht ständig, wenn man sie in nährstoffreiches Substrat pflanzt, das nie austrocknet. Die mittelgrünen Blätter sind recht groß.
40 cm

Pink Babyflor®

Rosa Pink Bassino®

(Korbasren) Kordes (1995)
Der reich verzweigte Busch wird ebenso breit wie hoch. Die anfangs kupferroten Jungblätter werden später hell- und schließlich moosgrün. Das Laub ist sehr robust und auffällig glänzend. Den Sommer über bilden sich neue Dolden einfacher rosa Blüten mit weißen Herzen und gelben Staubgefäßen.
60 cm ADR

Pink Bassino®

Rosa Pink Chimo®

(INTerchimp) Interplant (1989)
Lange, dornige Stiele tragen glänzend hellgrüne Blätter mit hoher Resistenz gegen Pilzkrankhei-

Pink Chimo®

ten wie Mehl- und Rußtau. An den Triebspitzen bilden sich Dolden kleiner Knospen. Sobald diese sich zu einfachen Blüten entfalten, biegen sich die Stiele unter ihrer Last bis zur Erde. Die leuchtend rosa Blüten mit weißen Augen und gelben Pollen blühen geneigt oder auf Unterlagen, da ständig neue Triebe nach oben wachsen und sich über die alten legen. So entsteht eine geschlossene Kuppel, die den ganzen Boden abdeckt.
Die Pink Chimo® eignet sich besonders für öffentliche Grünanlagen und für Naturgärten.
↔ 60 cm TOP

Rosa Pink Cover™ Towne & Country®

(POUlnoz) Poulsen (1991)
Der reich verzweigte Strauch bleibt niedrig. Er trägt kleine, glänzend dunkelgrüne Blätter und einfache, ca. 2,5 cm breite blassrosa Blüten, die üppige Dolden bilden.
60 cm

Pink Cover™ Towne & Country®

Rosa Pink Decumba®

(HANpidec) Hanekamp (1997)
Die niedrige Bodendeckerrose überzieht das Substrat vollständig mit einem Teppich aus einfachen zartrosa Blüten und robusten, olivgrünen Blättern.
Im Herzen der schwach duftenden Blüten sitzen dicke Büschel gelber Staubgefäße. Vier Pflanzen pro Quadratmeter reichen völlig aus.
Die Pink Decumba® eignet sich auch für Naturgärten, vor allem zum Begrünen von Hängen.
↔ 30 cm

Pink Decumba®

Rosa Pink Delight®

(LENpi) Lens (1983)
Die wohlgeformten, gefüllten rosa Blüten ähneln bis auf die Größe großblütigen Rosen, wird doch der ganze Busch kaum 40 cm hoch, während die Breite der Blüten nur ca. 2,5 cm beträgt.
Jeder einzelne Trieb trägt höchstens drei Blüten,

Pink Delight®

doch bilden sich den ganzen Sommer hindurch neue: Eine ausgezeichnete Rose für niedrige Beete, Blumentöpfe oder -kübel. Leider ist die Pink Delight® ein wenig anfällig für Mehltau.
35 cm

Rosa Pink Fire®

(INTerpin) Interplant (1989)

Besonders auffällig sind die gewellten Blattsäume der fast kugelrunden halb gefüllten Blüten: Eine Kombination, die aber oft nur schwer mit Ausdauer einhergeht.
Die Blüten vertragen Regen nur schlecht und büßen dann viel von ihrer Schönheit ein. Die großen, glänzend dunkelgrünen Blätter sind anfangs rötlich.
70 cm

Pink Fire®

Rosa Pink Fizz

(Poulyc001)

vgl. *Rosa* Bournonville™ Courtyard®

Rosa Pink Fringe

(INTerpin)

vgl. *Rosa* Pink Fire®

Rosa Pink Haze®

(TANezahpi) Tantau (2001)

Die glänzend dunkelgrünen Blätter kontrastieren scharf mit den rosa Blüten der Pink Haze®. Jene sind einfach, leicht sternförmig und schwach duftend. Der ca. 65 cm breite Strauch wird nicht

Pink Haze®

ganz so hoch. Sein buschiger Wuchs, die hervorragende Resistenz und die lange Blütezeit machen ihn zu einer beliebten Parkrose, doch eignet er sich auch für Blumenkästen.
↔ 50 cm

Rosa Pink La Sevillana®

(MEIgeroka) Meilland (1984)

Das überaus dichte Laub der Pink La Sevillana® wirkt den ganzen Sommer über wegen der üppigen Blütenschübe rosa. Die halb gefüllten, becherförmigen Gebilde duften schwach, aber unangenehm. Im Herbst bilden sich rote Hagebutten. Die sehr zu empfehlende Sorte ist eine Abart der rot blühenden La Sevillana®, von der sie nur die Farbe unterscheidet. In Beeten wirkt der Strauch schön. Ohne jährlichen Rückschnitt wird er 75 cm hoch und breit und eignet sich gut als Hecke. Das anfangs hellgrüne Laub wird später graugrün. Es ist äußerst resistent gegen Mehltau, aber ein wenig anfällig für Rußtau.
100 cm ADR

Pink La Sevillana®

Rosa Pink Meidiland®

(MEIpoque) Meilland (1984)

Eine sehr bemerkenswerte Strauchrose: Die lachsrosa Blüten haben helle Herzen und ändern ihre Farbe während der Blüte erheblich. Sie verblassen stark und wirken dann manchmal marmoriert. Die Pink Meidiland® gehört zu den kräftigsten Strauchrosen für Parks und Naturgärten: Sie wächst in die Breite, ist dicht belaubt und sehr resistent gegen Mehltau (wenn auch etwas anfällig für Rußtau). So überrascht es kaum, dass sie wichtige Preise gewann. Sie eignet sich auch für niedrige Hecken.

60 cm ADR TOP

Pink Meidiland®

Rosa Pink Nature®

(INTernatro) Interplant (1998)

Die aprikosenfarbenen Knospen werden zu einfachen, becherförmigen, 8 cm breiten Blüten, die frisch nach Rosen duften. Anfangs sind sie aprikosengelb mit orangeroten Säumen. Das Gelb verblasst später, sodass ein weißes Herz mit zartrosa Rändern zurückbleibt. Die Pollen der korallenroten Staubgefäße locken viele Bienen an. Der aufrechte Strauch ist an der Basis dicht belaubt. Die robust wirkenden Blätter sind erst oliv-, später glänzend graugrün.

80 cm

Pink Nature®

Rosa Pink Panther®

(MEIcapinal) Meilland (1982)

Viele großblütige Rosen sind anfällig für Krankheiten wie Mehl- und Rußtau. Die Pink Panther® bildet da eine Ausnahme. Ihr matt bronzegrünes Laub bleibt den ganzen Sommer und Herbst hindurch schön, während der Strauch kontinuierlich blüht. Vor allem bei warmer Witterung sind die Blüten zweifarbig, d.h. rosa mit dunkleren, rosenroten Säumen. Sie sind wohlgeformt und thronen auf langen Stielen, die sie zu guten Schnittblumen machen.

80 cm ADR

Pink Panther®

Rosa Pink Pavement®

(HANbau) Baum (1991)

Diese Rugosa-Hybride ist ein Abkömmling der Ramanas-Rose. Der Strauch wächst aufrecht, verzweigt sich aber gut und wird fast so breit wie hoch. Er trägt viele schöne, mittelgrüne Blätter und halb gefüllte violette Blüten, die einen wun-

Pink Pavement®

derbaren Duft verströmen. Schon im Sommer beginnen sich orangerote Hagebutten zu bilden, doch blüht der Strauch – wenn auch spärlicher – bis in den Herbst. Er wird durch Stecklinge vermehrt und ist oft in Grünanlagen zu sehen, eignet sich aber auch für Naturgärten. Insekten besuchen die Blüten, während Vögel die Hagebutten verspeisen.

80 cm

Rosa Pink Pirouette

(HARboul) Harkness (1998)

Der niedrige Strauch verschwindet oft hinter den üppigen rosa Blütendolden. Diese sind halb gefüllt und öffnen sich rasch zu becherförmigen Gebilden, deren gelbe Herzen große Büschel blassgelber Staubgefäße zeigen. Die glänzend dunkelgrünen Blätter zieren einen verzweigten Strauch, der ebenso breit wie hoch wird.

50 cm

Pink Pirouette

Rosa Pink Robin®

(-) Lens (1992)

Dies ist eine rosa blühende Verwandte der bekannteren Pink Panther® (ebenfalls von Louis Lens). Der Strauch wird zwischen 1,5 und 2 m hoch und wegen der zur Seite geneigten Triebe auch sehr breit. Die Pink Robin® blüht natürlich rosa, die Red Robin® dagegen karminrot mit einem weißen Streifen. Den ganzen Strauch bedecken wundervoll duftende Blüten. Sein Laub ist graugrün.

170 cm

Pink Robin®

Rosa Pink Robusta®

(KORpinrob) Kordes (1986)

Anders als ihr Name vermuten lässt, ist die Pink Robusta® nicht sehr resistent gegen Rußtau. Dies ist ungewöhnlich, stammt sie doch von der Ramanas-Rose (*Rosa rugosa*) ab, die kaum unter Rosenkrankheiten leidet. Davon abgesehen wird die Pink Robusta® leicht ca. 1,5 m hoch. Der aufrechte Strauch bildet reich verzweigte, dornige

Pink Robusta®

Triebe. Die halb gefüllten Blüten sind rosa mit cremeweißen Herzen und gelben Staubgefäßen. Sie verströmen einen milden, frischen Duft.

130 cm

Rosa Pink Spray®

(LENray) Lens (1980)

Diese Kulturform und ihre weiß blühende Schwester White Spray® (s. ebd.) behalten ihr frisches grünes Laub bis in den Herbst. In ungewöhnlich milden Wintern bleibt es sogar am Strauch hängen. Dieser überzieht sich im Frühsommer mit rosa Blüten, die weiße Augen haben. Sie sind einfach und duften schwach. Das Entfernen verblühter Dolden fördert die ständige Blüte. Ohne diese Maßnahme käme es nur zu wiederholten Schüben. Die Triebe werden bis zu 1,5 m lang. Wenn sie Unterstützung finden, wachsen sie in die Höhe. Ansonsten biegen sie sich und bedecken den Boden.

↔ 50 cm

Pink Spray®

Rosa Pink Sunsation

(KORpinka)

vgl. *Rosa* Sommermärchen®

Rosa Pink Torch®

(INTertor) Interplant (1987)

Eine sehr bemerkenswerte Rose: Die aufrecht wachsenden Triebe tragen reiche Blütendolden. Diese bilden bis zu 50 cm lange „Federbüsche". Die 4 cm breiten Blüten sind sehr regelmäßig geformt: Einfach, mit runden, leuchtend roten Blättern und einem Herz voll goldener Pollen. Obwohl sie kaum duften, stellen sich häufig Bie-

Pink Torch®

nen und andere Insekten ein. Die robusten und äußerst krankheitsresistenten Blätter sind glänzend dunkelgrün.

100–150 cm ✚

Rosa Pink Traumland®

(TANipilanmau) Tantau (1996)

Diese schöne Floribunda-Rose bildet ungemein üppige Dolden. Die gefüllten, leuchtend rosa Blüten sind becherförmig und zeigen voll entfaltet ihre Herzen.

Die rötlichen Triebe verzweigen sich reichlich und hängen graziös herab. So bilden sie einen breiten Strauch, der sich als niedriger Busch eignet und den Boden gut abdeckt. Die Farbe der

Pink Traumland®

robusten, glänzend hellgrünen Blätter passt gut zu den Blüten und Trieben.

70 cm

Rosa Pink™ Hit®

(POUltipe) Poulsen (1996)

Dies ist eine wunderschöne Floribunda-Rose, wenn auch en miniature. Das silbrige Rosa der gefüllten Blüten kontrastiert schön mit dem glänzend dunkelgrünen Laub. Ideal für große Blumentöpfe oder -kästen, aber auch für niedrige Beete und als Vordergrund von Einfassungen.

50 cm

Pink™ Hit®

Rosa Piroschka®

(TANpika) Tantau (1972)

Piroschka®

Die frisch wirkenden rosa Blüten duften intensiv nach Rosen. Sie sind halb gefüllt und behalten auch bei regnerischem Wetter lange ihre Form. Die Blüte hält den ganzen Sommer und Herbst an. Das dunkelgrüne Laub ziert einen reich verzweigten, in die Breite wachsenden Strauch.

80 cm

Rosa Play Rose®

(MEInoiral) Meilland (1989)

Eine sehr robuste ADR-Preisträgerin mit glänzend mittelgrünen Blättern. Der Strauch wird 75 bis 100 cm hoch und bildet den ganzen Sommer über reiche Blütenschübe. Die gefüllten Blüten sind oft so perfekt geformt, dass sie künstlich wirken. Sie duften schwach, aber lieblich und frisch nach Rosen. Die Play Rose® eignet sich für Beete und gemischte Einfassungen.

90 cm ADR

Play Rose®

Rosa Playtime

(KORpeahn)

vgl. *Rosa* Roselina®

Rosa Pleine de Grâce®

(LENgra) Lens (1984)

Im Juni überzieht sich der riesige Strauch mit weißen, einfachen, über 2,5 cm breiten Blüten. Sie gehen aus cremeweißen Knospen hervor, die so regelmäßig an den Trieben angeordnet sind, dass die wunderbar duftenden Blüten geschlossene Reihen bilden. Insekten besuchen die gelben Pollen. Nach der Bestäubung werden die Blüten zu orangeroten Hagebutten. So ist die Pflanze zweimal jährlich schön anzusehen. Die Pleine de

Pleine de Grâce®

Grâce® wird bis zu 2 m hoch und mindestens ebenso breit, mit Unterstützung bis etwa 4 m.

200 cm

Rosa Poker

(MElpazdia) Meilland (1998)

Verwechseln Sie diese cremeweiße bis hellgelbe Rose mit dem rosa Herz nicht mit der rosa Poker® (HAVaps) des Züchters Ted Verschuren. Die abgebildete Rose stammt von der Familie Meilland und gehört wegen des kräftigen, würzigen Rosendufts zur Serie „Parfums de Provence®". Ihre langen Stiele machen diese Rose zu einer guten Schnittblume.

80 cm

Poker

Rosa Poker®

(HAVaps) Verschuren (1984)

Die kräftigen, aufrechten Triebe krönen große, gefüllte Blüten. Ihre Farbe ist ein intensives, aber

Poker®

helles Rosa. Auch wegen des wunderbaren Duftes eignet sich diese Poker® gut als Schnittblume. Der kräftige Strauch wächst aufrecht und trägt große dunkelgrüne Blätter. Den ganzen Sommer und Herbst über bildet er Blüten. Die Poker® ist eine exzellente Rose, die sich auch bei Regenwetter gut reinigt. Verwechseln Sie die Sorte nicht mit der gleichnamigen Rose von Meilland!

90 cm TOP

Rosa Polar Star

(TANlarpost)

vgl. *Rosa* Polarstern®

Rosa Polarstern®

(TANlarpost) Tantau (1982)

Den robusten, aufrechten Strauch zieren den ganzen Sommer und Herbst über schöne, gefüllte Blüten. Diese sind weiß mit einem Hauch von Zitronengelb. Die langen, geraden Stiele und der schwache, aber angenehme Duft machen sie zu guten Schnittblumen.

Polarstern®

Im Freiland sind sie sehr wetterbeständig und reinigen sich gut. Der Strauch trägt viele matt dunkelgrüne Blätter. Zu mehreren füllt er leicht ein Beet aus. Wegen des kräftigen Wachstums lässt er sich gut mit halbhohen Mehrjährigen kombinieren. 1985 war die Polarstern® in Großbritannien „Rose des Jahres".
100 cm

Rosa Polka®91

(MEItosier) Meilland (1996)

Obwohl die Polka® eine Kletterrose ist, kann man sie auch vor einen Pfeiler pflanzen. Dann wird sie nur so hoch wie dieser. Die Blüten erscheinen in Dolden und zeigen ein heute beliebtes Apricot mit einem Hauch von Lachsrosa. Sie duften mild, aber lieblich. Diese Kletterrose wächst stark, aber nicht zügellos und trägt schöne, glänzend mittelgrüne Blätter.
120–250 cm

Polka®91

Rosa Ponderosa

(KORedan)

vgl. *Rosa* Blühwunder®

Rosa Porcelain

(KORflüg)

vgl. *Rosa* Flamingo®

Rosa Portmeirion

(AUSguard) Austin (1999)

Viele Englische Rosen werden recht hoch und breit. Als Strauchrosen eignen sie sich vor allem

Portmeirion

als Hintergrund von Einfassungen oder zur farbigen Belebung von Buschgruppen. Für kleinere Gärten und den Vordergrund von Bordüren züchtet die Firma David Austin Roses heute niedrige Sorten wie die Portmeirion. Diese wird knapp 1 m hoch und breit und verzweigt sich stark seitwärts. Den Sommer über bildet sie Dolden aus leuchtend rosa gefüllten Blüten. Diese sind flach becherförmig und etwa 8 cm breit. Sie haben den lieblichen Duft Alter Rosen.
GB 90 cm

Rosa Postillion®

(KORtionza) Kordes (1998)

Die Blütenfarbe der robusten Strauchrose lässt sich am besten als „warmgelb mit einem Hauch von Apricot" umschreiben. Die gefüllten Blüten gehen aus kupferroten Knospen hervor. Sie duften lieblich und wirken locker, sodass sie gut in romantische Gärten passen. Das kräftige, glänzend dunkelgrüne Laub des robusten Strauches

Postillion®

wird kaum von Krankheiten befallen. Die Postillion® gewann in Kortrijk (Belgien) und Madrid Silbermedaillen.

150 cm ADR

Rosa Preference

(MEImagarmic)

vgl. *Rosa* Princesse de Monaco®

Rosa Prestige de Lyon

(MEInimo)

vgl. *Rosa* Regatta®

Rosa Pride of England

(HARencore) Harkness (1998)

Mit ihren ca. 1,5 m hohen Trieben ist die Pride of England kaum zu übersehen. Auch ihre gefüllten, samtroten, 13 cm breiten Blüten bieten eine imposanten Anblick. Sie gehen aus dunkelroten Knospen hervor, die anfangs fast schwarz wirken. Die stark gefüllten Blüten sind perfekt sternförmig und öffnen sich langsam, sodass sie ihre Form gut bewahren. Das gilt auch für die Farbe (unabhängig vom Wetter). Sie duften kaum. Die Pride of England bildet einen schönen, gesund anmutenden Strauch mit dichtem Laub. Die anfangs hellgrünen Blätter werden mit der Zeit matt dunkelgrün.

120 cm

Pride of England

Rosa Prima

(HARwanted)

vgl. *Rosa* Many Happy Returns

Rosa Primaballerina®

(-) Tantau (1957)

Die gefüllten Blüten zeigen ein schönes und intensives Dunkelrosa mit einem silbrigen Hauch. Ihr Duft ist sehr lieblich. Sie sitzen auf kräftigen Stielen über dem ebenso schönen dunkelgrünen Laub.

Der kräftige Strauch verzweigt sich reichlich und wächst gut.

70 cm

Primaballerina®

Rosa Prince Meillandina®

(MEIrutral) Meilland (1988)

Die Prince Meillandina® ist eine echte, ca. 40 cm hohe Zwergrose, die sich daher auch sehr gut für Kleingärten, Töpfe und Blumenkästen eignet. Die leuchtend roten Blüten sind relativ breit (bis zu 5 cm). Sie duften nicht, blühen aber den

Prince Meillandina®

ganzen Sommer hindurch. Der kleine Strauch verzweigt sich schön und trägt matt dunkelgrünes Laub.
40 cm

Rosa Prince Sunblaze

(MEIrutral)
vgl. *Rosa* Prince Meillandina®

Rosa Princess Alice

(HARtanna) Harkness (1985)
Die gelben Blütendolden erscheinen den ganzen Sommer über und sitzen an langen Trieben. Sie erheben sich gut 1 m über den Boden, sodass man sie auch als Schnittblumen in die Vase stellen kann. Anfangs sind sie wegen der gewellten Blattsäume pomponförmig. Später öffnen sie sich zur Becherform und zeigen ihre roten Staubgefäße mit gelben Pollen. Das glänzend mittelgrüne Laub ziert einen aufrechten, reich verzweigten Strauch, der bis zu 75 cm breit wird.
110 cm

Princess Alice

Rosa Princess Grace

(MEImagarmic)
vgl. *Rosa* Princesse de Monaco®

Rosa Princess Grace Kelly

(MEImagarmic)
vgl. *Rosa* Princesse de Monaco®

Rosa Princess of Monaco

(MEImagarmic)
vgl. *Rosa* Princesse de Monaco®

Rosa Princess of Wales

(HARdinkum) Harkness (1997)
Die ungemein aprikosenfarben und zartrosa gefärbten Knospen werden zu weißen, gefüllten Blüten. Beim Öffnen zeigen sich die auffällig kleinen Herzen mit goldenen Pollen. Der üppig verzweigte, kompakte Strauch trägt viele glänzend mittelgrüne Blätter.
80 cm

Princess of Wales

Rosa Princess Preference

(MEImagarmic)
vgl. *Rosa* Princesse de Monaco®

Rosa Princesse de Monaco®

(MEImagarmic) Meilland (1982)
Das reine, cremige Weiß (mit zartrosa Blattsäumen) passt gut zu der nach dem Filmstar Grace Kelly benannten Rose. Sie blüht praktisch den ganzen Sommer und Herbst über. Ihre Blüten duften nur sehr schwach und stehen einzeln auf kräftigen Trieben, sodass sich die Princesse de

Princesse de Monaco®

Monaco® gut als Schnittblume eignet. Der 80 cm hohe Strauch wächst aufrecht.

80 cm

Rosa Princesse Grace de Monaco

(MEImagarmic)

vgl. *Rosa* Princesse de Monaco®

Rosa Prinsesse Alexandra™ Renaissance®

(POUldra) Poulsen (1998)

Die „Renaissance®"-Serie des dänischen Züchters Poulsen versucht die guten Eigenschaften ständig blühender moderner Sorten mit dem lieblichen Duft Alter Rosen zu verbinden. Mit den gefüllten altrosa Blüten und dem wunderbaren Duft ist die Princess Alexandra ein gutes Beispiel. Die Blüten zieren den ganzen Sommer einen Strauch mit stark glänzendem, dunkelgrünem Laub. Sie vertragen auch schlechtes Wetter gut.

110 cm

Prinsesse Alexandra™ Renaissance®

Rosa Pristine

(JACpico) Warriner (1978)

Beim Öffnen bewahren die äußeren Blütenblätter kurze Zeit das Rosa der Knospen. Wenn sich die Blüten ganz entfalten, bleibt auf ihrem Elfenbeinweiß nur ein Hauch von Rosa zurück. Dank ihrer Form und enormen Größe ist die Pristine eine beliebte Schnittblume, die leicht und lieblich duftet. Allerdings blüht sie nie sehr üppig. Das tiefrote bis dunkelgrüne Laub bildet einen schönen Kontrast. Der Strauch wächst aufrecht.

100 cm

Pristine

Rosa pteragonis 'Cantabrigiensis'

vgl. Rosa 'Cantabrigiensis'

Rosa Puccini®

(-) Lens (1984)

Eine Moschata-Hybride (s.a. *Rosa moschata*) mit bemerkenswert aufrechtem Wuchs. Die Trie-

Puccini®

be werden fast 75 cm hoch. Ihre Spitzen tragen sehr reiche Dolden aus spitzen Knospen. Diese öffnen sich zu einfachen rosa Blüten mit helleren Herzen. Es bilden sich ständig neue Blütentriebe, doch kann man den Prozess durch Entfernung verblühter Dolden fördern. Wenn man im August aufhört, entstehen im Herbst runde, etwa murmelgroße rote Hagebutten. Sie wirken um so schöner, da sie an den Triebspitzen sitzen.

70 cm

Rosa Purple Haze®

(TANrupeza) Tantau (1998)

Die purpurroten Blüten werden mit der Zeit violett. Sie sind circa 6 cm breit und einfach. Das Herz voller gelber Staubgefäße kontrastiert schön mit dem Rest der Blüte. Den ganzen Sommer und Herbst hindurch bilden sich über dem stark glänzenden dunkelgrünen Laub üppige Blütendolden.

Der niedrige Strauch verzweigt sich reich und deckt so auch den Boden gut ab. Diese Sorte wird häufig wegen ihrer hohen Krankheitsresistenz in Grünanlagen eingesetzt.

Diese Bodendeckerrose wird durch Stecklinge vermehrt und gehört zur „Stecktii®"-Serie des Züchters Tantau.

↔ 60 cm

Purple Haze®

Rosa Purple Pavement

(Baum)

vgl. *Rosa* Rotes Meer

Rosa Pussta®

(New Daily Mail) Tantau (1972)

Pussta®

Mit dieser schönen Rose lässt sich ein Beet vollständig in Rot tauchen. Der Strauch wächst sehr kräftig und trägt vor allem an der Basis sehr dichtes Laub. Er bildet lange und in großer Zahl dunkelrote, doch leuchtende Blüten. Diese sind fast 10 cm breit, bleiben die ganze Blütezeit über schön und fallen schließlich restlos ab. Leider ist die Pussta fast geruchlos. Die großen, ovalen, anfangs hellgrünen Blätter werden mit der Zeit matt dunkelgrün. Sie bleiben die ganze Saison über schön und deshalb gehört auch diese alte Floribunda zum neuen, krankheitsresistenten Sortiment des Züchters Tantau.

90 cm ADR

Rosa Pyrenees

(POUlcov)

vgl. *Rosa* White Cover™ Towne & Country®

Rosa Queen Adelaide

(MEIvildo)

vgl. *Rosa* Yves Piaget®

Rosa Queen Elizabeth®

(-) Lammerts (1954)

Dies ist zu Recht eine der berühmtesten Rosen des 20. Jahrhunderts. Der Strauch wächst kräftig aufrecht, wobei die Blütendolden hoch auf ihren langen Stielen thronen. Die Queen Elizabeth® eignet sich daher ausgezeichnet als Hintergrund von Bordüren. Je nach Standortbedingungen

Queen Elizabeth®

kann der Strauch 75 bis 175 cm hoch werden. Die gefüllten rosa Blüten erscheinen den ganzen Sommer und Herbst über. Sie duften aber leider nur schwach. Das dunkelgrüne, lederartige Laub ist recht resistent gegen Rosenkrankheiten.
☼☼ 150 cm ✿✿✿ ∽∽ ✚ TOP

Rosa Queen Margrethe

(POUlskov)
vgl. *Rosa* Dronning Margrethe™ Palace®

Rosa Queen Mother®

(KORquermu) Kordes (1998)
Die einfachen zartrosa Blüten stehen in dichten Dolden. Sie blühen lange und üppig, duften dafür aber kaum. Die gelben Staubgefäße im Herzen der 8 cm breiten schalenförmigen Blüten sind gut zu sehen.
Die kleinen Blätter sind hellgrün, glänzend und gegen typische Krankheiten sehr resistent. Der Busch bleibt niedrig und verzweigt sich mit solcher Regelmäßigkeit, dass er wie eine Bodendeckerrose wirkt.
☼☼ 40 cm ✿✿✿ ∽ ✚ ADR

Queen Mother®

Rosa Queen Nefertiti®

(AUSap) Austin (1988)
Diese Englische Rose kommt langsam außer Mode. Die Knospen sind rot, öffnen sich aber überraschenderweise zu cremefarbenen, 8 cm weiten Blüten mit zart aprikosenfarbenen Herzen. Diese sind stark gefüllt und wohlgeformt wie Teerosen. Ihre Säume sind rosa. Die Blüten verströmen einen schwachen, doch frischen und fruchtigen Duft. Ältere riechen manchmal widerlich. Der Strauch verzweigt sich regelmäßig. Er trägt viele hellgrüne Blätter, die mit der Zeit dunkelgrün werden. Lauter gute Eigenschaften – warum also hat Züchter Austin diese nach einer Pharaonin benannte Sorte aus dem Katalog genommen? Die Sorte eignet sich nur für warme, trockene Klimate: Andernfalls werden die Blattsäume schmuddelig und die Blüten reinigen sich schlecht.
✿GB 90 cm ✿✿✿ ∽∽

Queen Nefertiti®

Rosa Queen of Hearts

(Lens)
vgl. *Rosa* Dame de Coeur

Rosa Queen of Roses

(KORbico)
vgl. *Rosa* Königin der Rosen®

Rosa Queen of the Violettes

(Millet-Malet)
vgl. *Rosa* Reine des Violettes

Rosa Queen's™ Palace®

(POUlelap) Poulsen (1997)
Eine Zwergrose von denkbar zartestem Rosa. Die gefüllten Blüten kontrastieren schön mit dem glänzend dunkelgrünen Laub des niedrigen Strauches. Die Queen's™ Palace® eignet sich für Kleingärten, große Töpfe und Pflanzenkübel.
50 cm

Queen's™ Palace®

Rosa Rainbow Nation

(DELstricol)
vgl. *Rosa* Camille Pisarro®

Rosa Rainy Day®

(MACraida) McGredy (1982)
Der regelmäßige, aufrechte Wuchs und der schöne Kontrast zwischen dem Dunkelgrün reifer Blätter und dem Rosa der Blüten schaffen eine ideale Beetrose. Diese sind gefüllt, becherförmig, 10 cm breit und reinigen sich gut. Leider ist die Rose anfällig für Rußtau. Sie duftet schwach, aber frisch und fruchtig. Sobald sich ihre Herzen zeigen, werden sie von fleißigen Bienen besucht.
80 cm TOP

Rainy Day®

Rosa Raubritter®

(-) Kordes (1936)
Die kugelrunde Form der kleinen rosa Blüten zieht alle Blicke auf sich. Viele Blätter überlappen einander. Diese Alte Rose ist wegen der ungewöhnlichen Blütenform noch im Handel, da sie sonst wenig zu bieten hat: Sie blüht nur einmal, hat keinen interessanten Duft, dünne Triebe und ledriges, mittelgrünes Laub, das leicht von Mehltau befallen wird. Wegen des lockeren Wuchses passt sie gut zu Mehrjährigen. Sie ist auch als Kletterrose geeignet.
100–250 cm

Raubritter®

Rosa Rebecca®

(TANrekta) Tantau (1970)

Die auffallenden zweifarbigen Blüten der Rebecca® sind gefüllt und wohlgeformt. Ihre Blätter sind außen gelb, innen hingegen rot gefärbt. Im Jahre 1972 erhielt sie den begehrten ADR-Titel und bei späteren Tests in Rosengärten kam sie in die Gruppe der resistentesten großblütigen Rosen. Wegen ihres sehr schwachen Dufts und der derzeit nicht modernen Farben dürfte die Rebecca® höchstwahrscheinlich aus dem Sortiment verschwinden. Den kräftigen, aufrechten Strauch zieren große, ziemlich robuste mittelgrüne Blätter.

80 cm ADR

Rebecca®

Rosa Rebell®

(KORvegata) Kordes (1996)

Die mittelgroßen, gefüllten Blüten der Rebell® sind leuchtend scharlachrot. Sie sitzen einzeln oder zu mehreren auf einem Stiel. Die aufrechte Wuchsform des Strauches macht sie zu idealen Schnittblumen. Leider duften sie nur schwach. Die Blätter sind anfangs olivgrün und werden später blaugrün. Der Strauch erreicht eine Höhe von 65 bis 90 cm. 1974 brachte Kordes eine gleichnamige Sorte mit dem Patentnamen FEYbell auf den Markt. Sie ist nicht mehr lieferbar, aber in manchen (Rosen-) Gärten noch vertreten.

70 cm

Rebell®

Rosa Red Ballerina

(HARhero)

vgl. *Rosa* City Livery®

Rosa Red Blanket®

(INTercel) Interplant (1981)

Die einfach bis halb gefüllten Blüten sind rosenrot, werden aber zum Herzen hin weiß. Bei jungen Blüten sorgen die goldgelben Pollen für einen schönen Kontrast. Sie sind geruchlos und werden beinahe 5 cm breit. Der Strauch blüht den ganzen Sommer über und weit in den Herbst hinein. Er wird bis zu 1 m hoch. Man verwendet ihn überwiegend für öffentliche Anlagen, doch kommt er auch in großen Naturgärten zur Geltung. Das anfangs graugrüne Laub färbt sich später glänzend dunkelgrün.

120 cm

Red Blanket®

Rosa Red Coat

(-) Austin (1973)

Diese Strauchrose bildet den ganzen Sommer und Herbst über reiche Schübe einfacher karminrosa Blüten mit leichtem Moschusduft.

150 cm

Red Coat

Rosa Red Dagmar Hastrup

(SPEruge)
vgl. *Rosa* Red Dagmar®

Rosa Red Dagmar®

(SPEruge) Spek-Geers (1997)
Die Red Dagmar® ist eine Rugosa-Hybride, die der *Rosa* Dagmar Hastrup ähnelt, aber viel niedriger bleibt und dunkler blüht. Auch diese Form der Kartoffelrose sieht man häufig in Grünanlagen. Die einfachen karminroten Blüten verströmen einen lieblichen, süßen Rosenduft, der Bienen anzieht. Im Frühsommer blüht die Pflanze etwas üppiger. Später zieren kontinuierliche, aber spärlichere Blüten das runzlige Laub.
50 cm

Red Dagmar®

Rosa Red Decumba®

(KORmarec) Kordes (1998)
Die Red Decumba® ist eine robuste Bodendeckerrose mit glänzend bronzegrünem Laub und vollen Dolden aus leuchtenden, einfachen Blüten mit goldgelben Pollen.
Der zur „Stecktii®"-Serie gehörende Strauch wird durch Stecklinge vermehrt und eignet sich gleich gut für Anlagen und Privatgärten. Er wird bis zu 75 cm breit.
↔ 40 cm

Red Decumba®

Rosa Red Dorothy Perkins

(Walsh)
vgl. *Rosa* Excelsa

Rosa Red Dot®

(INTermunder) Interplant (1989)
Die weißen Augen der leuchtend roten Blüten scheinen den Betrachter anzustarren. Die auffällig goldgelben Pollen sind ebenso attraktiv wie die Blüte selbst. Bei Bienen und anderen Insek-

Red Dot®

ten ist er beliebt. Den ganzen Sommer über zieren den glänzend olivgrün belaubten Strauch neue Blütendolden.

100 cm

Rosa Red Flower Rain

(TANklesant)

vgl. *Rosa* Santana®

Rosa Red Friendship

(HAVership) Verschuren (1986)

Die Blüten sind nur gut 2,5 cm breit, doch bedecken sie den Strauch vollständig. Sie sind kirschrot, halb gefüllt, geruchlos und sitzen in extrem reichen Dolden an den Spitzen der langen Triebe. Diese biegen sich unter ihrer Last und sind deshalb gute Bodendecker – um so mehr, da sie auch reiches Laubwerk aus robust wirkenden Blättern tragen. Jedes Blatt besteht aus sieben bemerkenswert langen, glänzend mittelgrünen Blättchen.

90 cm

Red Friendship

Rosa Red Haze®

(TANzahde) Tantau (1999)

Wer ein Stück Boden mit einem leuchtend roten Teppich bedecken will, sollte zur Red Haze® greifen. Das glänzend dunkelgrüne Laub des weit verzweigten Strauches versinkt manchmal förmlich unter roten, einfachen Blüten. Die goldenen Pollen der Herzen sorgen für Kontrast. Die Blüte dauert den ganzen Sommer und Herbst an. Diese

Red Haze®

Eigenschaft und die hohe Resistenz machen die Red Haze® zu einer guten Wahl für öffentliche Anlagen. Sie wird als Steckling geliefert.

↔ 50 cm

Rosa Red Meidiland®

(MEIneble) Meilland (1989)

Dank seiner überhängenden Form passt der Strauch ideal in „informelle" Gärten. Das Laub bleibt lange schön, ist aber anfällig für Rußtau. Die einfachen roten Blüten haben weiße Augen mit gelben Staubgefäßen. Nach ihrer Bestäubung werden sie zu roten Hagebutten. Dennoch blüht der Strauch den ganzen Sommer hindurch.

60 cm

Red Meidiland®

Rosa Red Meilove®

(MEIrokad) Meilland (1999)

Die halb gefüllten Blüten dieser ungefähr 50 cm hohen Patio-Rose erscheinen in reichen Dolden.

Sie duften nicht und ziehen keine Insekten an. Im Herzen finden sich manchmal weiße Streifen. Der Strauch wächst in die Breite, ist aber dennoch kein Bodendecker.
50 cm

Red Meilove®

Rosa Red Nostalgie®

(TANumleh) Tantau (1996)

Die runden Knospen entfalten sich zu stark gefüllten, bemerkenswert großen dunkelroten Blüten. Obwohl sie sich weit öffnen, vertragen sie Regen recht gut. Dank ihrer kräftigen Stiele sind sie gute Schnittblumen, die allerdings kaum duften. Der Strauch trägt große, glänzend dunkelgrüne Blätter.
80 cm

Red Nostalgie®

Rosa Red Peace

(Lens)

vgl. *Rosa* Dame de Coeur

Rosa Red Rugostar®

(MAGseed) Meilland (1995)

Eine typische Tochter der Kartoffelrose (*Rosa rugosa*) mit vertikalen Trieben, die etwa 75 cm hoch und gut 50 cm breit wird. Die einfachen Blüten sind kirschrot mit hellen, offenen Herzen und gelben Staubgefäßen. Sie duften nur schwach, blühen aber für eine Rugosa-Hybride sehr lange. Auch als Hecke geeignet.
70 cm

Rosa Red Sunblaze

(MEIrutral)

vgl. *Rosa* Prince Meillandina®

Rosa Red Velvet®

(NOAre)

vgl. *Rosa* Alcantara®

Rosa Red™ Paillette®

(POUlsint) Poulsen (1998)

Obwohl für Schnittblumen eigentlich langstielige Rosensorten dienen, brachte der dänische Züchter Poulsen die „Paillette®"-Serie auf den Markt, zu der als Schnittblumen geeignete Zwergrosen gehören. Jeder Stiel trägt hier reiche Dolden. Für das Freiland ist die Sorte nicht geeignet.
50 cm

Red™ Paillette®

Rosa Redouté

(AUSpale) Austin (1992)

Eine Mutante der auch in unserem Buch behandelten *Rosa* Mary Rose. Mutanten sind spontan

auftretende Abarten. Im Falle der Redouté weicht nur die Farbe ab: Hier findet sich ein zarteres Rosa.
Die stark gefüllten Blüten stehen in Dolden an den Triebspitzen. Geöffnet sind sie erst kugelig, dann stärker aufgelockert. Sie werden über 8 cm breit und reinigen sich perfekt. Sie verströmen einen süßen frischen Rosenduft. Der reich verzweigte Strauch trägt zahlreiche matt mittelgrüne Blätter, die lange schön bleiben.
GB 110 cm

Redouté

Rosa Redwood

(POUltry)
vgl. *Rosa* Kronborg™ Castle®

Rosa Regatta®

(MEInimo) Meilland (1994)

Regatta®

Im Lachsrosa der gefüllten Blüten der Regatta schlägt deutlich das Gelb durch. Ihr wundervoller Duft hat der Regatta 1989 den Duftpreis von Genf eingebracht. Der Strauch wächst aufrecht, trägt matt dunkelgrünes Laub und nur wenige Dornen. Für eine großblütige Rose ist er recht resistent gegen Krankheiten.
70 cm

Rosa Reikor

(KORrei)
vgl. *Rosa* Träumerei®

Rosa Reine des Neiges

(Lambert)
vgl. *Rosa* Frau Karl Druschki

Rosa Reine des Roses

(KORbico)
vgl. *Rosa* Königin der Rosen®

Rosa Reine des Violettes

(-) Millet-Malet (1860)
Die karminroten Blüten dieser Remontant-Rose färben sich später violett. Sie blüht in jeder Saison mehrmals und duftet süß. Der Strauch hat fast dornenlose Triebe und graugrüne Blätter. Die anfangs aufrechten Triebe biegen sich später. Der Strauch wird ca. 2 m hoch und breit.
200 cm

Reine des Violettes

Rosa Reine Victoria

(-) Schwarz (1872)

Reine Victoria

Eine alte Bourbon-Rose mit becherförmigen, gefüllten rosa Blüten. Diese duften wunderbar. Der stärkste Blütenschub erfolgt im Frühsommer, ein weiterer, schwächerer im Spätsommer. Der Strauch wächst aufrecht, wird aber nicht so hoch wie viele andere Alte Rosen. Das graugrüne Laub ist anfällig für Rußtau.

100 cm

Rosa Relax Meidiland®

(MEIdarwet) Meilland (1993)

Dieser Rose verleihen vor allem die lachsrosa (später rosa) Blüten einen unverwechselbaren Touch. Die halb gefüllten Gebilde duften leicht nach Äpfeln. Sie werden von Insekten besucht und bilden im Herbst rote Hagebutten. Der Strauch wächst kräftig bis in Hüfthöhe und kann auch den Boden bedecken. Sein Laub ist mittelgrün. Anfangs glänzt es stark und zeigt eine leichte Anfälligkeit gegenüber Rußtau.

Relax Meidiland®

70 cm TOP

Rosa Relax Meillandecor

(MEIdarwet)

vgl. *Rosa* Relax Meidiland®

Rosa Release

(-) McGredy (1984)

Eine schöne Rose für trockene Klimate, deren Blüten sich aber auch nach Regen gut reinigen. Ansonsten eine wunderschöne Sorte: Die bernsteingelben, gefüllten Blüten sind schön geformt. Sie öffnen sich zur Becherform und werden dann cremegelb.

Die graugrünen Triebe tragen auffallend wenige Dornen. Sie wachsen aufrecht, verzweigen sich aber so gut in die Breite, dass ihre großen, fast 3 cm breiten und 8 cm langen Blätter mühelos ein Beet abdecken können. Sie sind anfangs rosenrot, später in der Saison oliv- und am Ende glänzend dunkelgrün.

80 cm

Release

Rosa Remembrance

(HARxampton) Harkness (1992)

Die leuchtend roten gefüllten Blüten werden 8 cm breit und zieren in Dolden zu 5–7 Stück den ganzen Sommer über einen buschigen Strauch mit glänzend dunkelgrünem Laub.

Pflanzen sie diese Rose in Beete oder als niedrige

Remembrance

Hecke in einer Reihe. Sie bildet auch an den Seiten des Busches Blüten.

80 cm

Rosa Rendez-vous®

(MEIpobil) Meilland (1987)

Die kirschroten, gefüllten Blüten dieser Rose aus der Serie „Parfums de Provence®" des Züchters Meilland duften wunderbar fruchtig. Die Rendez-vous® gewann 1990 in Belfast den Duftpreis. Der aufrechte Strauch wird etwa 90 cm hoch und trägt leuchtend grünes Laub. Auch als Schnittblume geeignet! Bitte nicht mit der Strauchrose Rendez-vous (LUCdod) verwechseln!

90 cm

Rendez-vous®

Rosa Repandia

(KORsami) Kordes (1982)

Diese Rose eignet sich als Bodendecker, doch dauert es mehrere Jahre, bis der Teppich aus glänzenden dunkelgrünen Blättern komplett ist. Die gebogenen Triebe wachsen bis zu 3 m in alle Richtungen. Im Frühsommer bilden sich Dolden einfacher zartrosa Blüten, die schwach duften. Ihr elfenbeinweißes Herz birgt goldgelbe Staubgefäße.

↔ 50 cm ADR

Repandia

Rosa Riberhus™ Floribunda Poulsen®

(POUlriber) Poulsen (1998)

Diese Floribunda-Rose blüht manchmal derart üppig, dass der gesamte Strauch mit Blüten überzogen ist. Die gefüllten Gebilde sind fast 10 cm breit und ein wenig zu hell und orange, um als lachsrosa gelten zu können. Sie duften frisch und fruchtig. Der Strauch ist schön und kompakt,

Riberhus™ Floribunda Poulsen®

sein olivgrünes Laub sehr krankheitsresistent. Diese Rose hat zahlreiche Preise gewonnen.
✲✲ 80 cm ❀❀❀ ☁☁ ⊕

Rosa Rita Barbera

(POUlen002)
vgl. *Rosa* Solo Mio™ Renaissance®

Rosa Roberta

(AUSblush)
vgl. *Rosa* Heritage®

Rosa Robusta

(KORgosa) Kordes (1979)
Wer diesen Abkömmling der Kartoffelrose in einer Reihe pflanzt, erhält eine undurchdringliche Hecke. Der dichte Busch wächst aufrecht und hat sehr dornige Triebe. Diese tragen schöne, große, glänzend dunkelgrüne Blätter, die für eine geschlossene Hecke sorgen. Die ersten Blüten erscheinen im Mai. Darauf folgen noch mehrere weitere Schübe. Die großen, scharlachroten Gebilde vertragen schlechtes Wetter gut, duften aber nur schwach. Es gibt zwei weitere Sorten namens Robusta: Eine großblütige rosa Kletterrose und eine stark gefüllte alte Bourbon-Rose.
◍ 200 cm ❀❀ ☁ ⊕ ADR

Robusta

Rosa Rock 'n' Roll

(MACfirwal) McGredy (1988)
Die sehr reichen Blütenschübe (aus vielblütigen Dolden) machen sie zu einer guten Rose für An-

Rock 'n' Roll

lagen oder Gärtner, denen ihre gewagte Farbe zusagt.
Die jungen Blüten zeigen ein leuchtendes, sehr auffälliges Orange. Die älteren verblassen an den Säumen und den cremeweißen Augen sehr stark. Das kann man deutlich sehen, wenn sich die halb gefüllten Blüten becherförmig öffnen und ihre gelben Pollen zeigen.
Der Strauch wächst aufrecht und trägt viele anfangs oliv-, später dunkelgrüne Blätter.
◍ 80 cm ❀❀❀ ☁

Rosa Rody®

(TANydor) Tantau (1994)
Selten sieht man Rosen mit so vielen Blüten und Blättern: Der Strauch trägt reiche Dolden aus halb gefüllten, leuchtend johannisbeerroten Blü-

Rody®

ten, die 5 cm breit sind. Leider duften sie kaum. Die Triebe neigen sich unter ihrer Last und ruhen auf den unteren. So entsteht ein dichter Strauch aus Blättern und Blüten, über die sich später eine neue Schicht von Trieben legt. So wird der Boden völlig dem Blick entzogen.
Die Rody® wird wegen ihrer Bodendeckerqualitäten und hohen Resistenz häufig in Parkanlagen gepflanzt, eignet sich aber auch gut für private Gärten.
↔ 80 cm

Rosa Rokoko®

(TANokor) Tantau (1987)
Die sehr großen, gefüllten Blüten sind ungewöhnlich weiß, mit einem Hauch von Rosa. Sie öffnen sich weit, duften wie Wildrosen und zeigen deutlich die goldenen Pollen ihrer Herzen. Die Blätter sind schön gebogen. Solche Blüten würde man bei einer Strauchrose nicht erwarten. Der Strauch wird 1,5 m hoch. Er verzweigt sich gut (auch in die Breite) und braucht daher viel Platz. Die großen Blätter sind glänzend mittelgrün.
130 cm

Rokoko®

Rosa Romance

(TANezamor)
vgl. *Rosa* Romanze®

Rosa Romantic Days

(MEIparnin)
vgl. *Rosa* Honoré de Balzac

Rosa Romantic Meillandina®

(MEIdanclar) Meilland (1991)
Die äußeren Blätter dieser gefüllten Zwergrose sind dunkelrosa, bleichen aber später aus. Von Duft ist nichts zu spüren. Der kompakte Strauch trägt glänzend dunkelgrünes Laub. Sehr gut geeignet für Blumentöpfe und -kästen!
40 cm

Romantic Meillandina®

Rosa Romantic Occasion

vgl. *Rosa* Cesar

Rosa Romantic Serenade

vgl. *Rosa* Abbaye de Cluny

Rosa Romantique Meillandina

(MEIdanclar)
vgl. *Rosa* Romantic Meillandina®

Rosa Romanze®

(TANezamor) Tantau (1984)
Die Romanze® ist in erster Linie ein aufrechter, reich verzweigter Strauch mit vielen Dornen. So kann die Pflanze zu einer undurchdringlichen Hecke werden. Sie bildet reiche, ausdauernde Schübe aus großen, halb gefüllten rosa Blüten, die schwach duften.
Das glänzend dunkelgrüne Laub zeigt eine hohe

Romanze®

Resistenz gegen Pilzkrankheiten, wofür diese Rose allgemein bekannt ist.

◉ /↔ 120 cm ✾✾✾ ☁☁ ✚ ADR

Rosa Romeo Meilove

(MEIvapium) Meilland (1998)

Diese kräftig in die Breite wachsende Patio-Rose blüht hellrosa. Die halb gefüllten Blüten sind geruchlos. Zehn Pflanzen pro Quadratmeter decken den Boden vollständig ab.

▣/↔ 50 cm ✾✾✾ ☁

Romeo Meilove

Rosa Rosali® 83

(TANilasor) Tantau (1983)

Diese niedrige Floribunda-Rose eignet sich hervorragend für Beete und niedrige Hecken. Reiche Dolden aus rosa Blüten zieren den kompakten

Rosali® 83

Strauch den ganzen Sommer und Herbst über. Die Blüten sind sehr groß und gefüllt. Nach dem Verblühen reinigen sich die geruchlosen Gebilde perfekt. Von Krankheiten verursachte Schäden gleicht diese sehr robuste Rose schnell aus.

✲✲ 60 cm ✾✾✾ ☁

Rosa Rosalina™

(KORpeahn)

vgl. *Rosa* Roselina®

Rosa Rosalinde

(-) Krause (1944)

Die reichen Dolden sind für diese Rose einfach zu schwer. Deshalb biegen sich die aufrechten Triebe bald unter der Last der gefüllten rosa Blüten. Die runden Knospen öffnen sich zu schönen, becherförmigen Gebilden, die den ganzen Sommer und Herbst über blühen. Ihr schwacher Duft ist widerlich. Die mittelgrünen Blätter sind recht klein.

✲✲ 100 cm ✾✾✾ ☁

Rosalinde

Rosa Rosalita®

(-) Lens (1997)

Für eine Moschata-Hybride (vgl. auch *Rosa moschata*) hat die Rosalita® relativ große Blüten: Sie werden über 5 cm breit. Das Gelb der Knospen ist in den Herzen der geöffneten Blüten noch erkennbar. Diese werden schließlich reinweiß, mit einem schönen Büschel gelber Staubgefäße und Pollen. Sie duften leicht nach Moschus. Die aus großen Blättchen bestehenden Blätter sind braungrün. Der erst aufrechte, später zur Seite geneigte Strauch wird 110 bis 150 cm hoch.

130 cm

Rosalita®

Rosa Rosario®

(TANoras) Tantau (1993)

Die halb gefüllten zartrosa Blüten sind etwa 8 cm breit und zieren den Strauch in üppigen Dolden. Die Triebe biegen sich unter ihrer Last. Sie duften schwach, aber lieblich nach Rosen. Leider reinigen sie sich nach dem Regen schlecht. Wegen ihrer hohen Resistenz und des dichten Laubes pflanzt man die Sorte oft in Grünanlagen.

Rosario®

Die schönen Blätter sind glänzend und werden mit der Zeit dunkelgrün.

100 cm

Rosa Rosarium Glücksburg

(AUSren)

vgl. *Rosa* Charles Rennie Mackintosh

Rosa Rosarium Uetersen®

(KORtersen) Kordes (1977)

Diese Kletterrose eignet sich auch als Solitärpflanze. Dann bildet sie am Ende eine große Kuppel. Der Strauch trägt glänzend mittelgrüne Blätter.

Auf dem Höhepunkt der Blütezeit überzieht er sich mit etwa 8 cm breiten gefüllten Blüten. Diese duften nur schwach, zeigen aber ein schönes Dunkelrosa, das mit der Zeit silberweiß wird. Auf den Hauptschub folgt im Spätsommer oder Herbst ein schwächerer zweiter. Im Herbst bilden sich oft Hagebutten.

/ 150–300 cm

Rosarium Uetersen®

Rosa Rose Cascade®

(DELcouro) Delbard (1995)

Eine gute Rose, um Gegenstände unterschiedlicher Höhe im Garten – Mauern oder Steintröge – bewachsen zu lassen. Die gebogenen Triebe tragen frische, schlanke, grüne Blätter. Vor allem im

Rose Cascade®

Frühsommer schmückt sich die Cascade® mit Dolden einfacher rosa Blüten. Diese haben weiße Augen und gelbe Pollen.
↔ 80 cm

Rosa Rose des Cisterciens®

(DELarle) Delbard (1998)
Die 900-Jahr-Feier des Klosters Cîteaux bot den Anlass, diese Rose nach dem Orden der „Weißen Mönche" zu taufen, obwohl sie an sich zu der Serie gehört, die der Züchter Delbard nach Impressionisten benannte. Die Blüten sind stark gefüllt, haben gebogene Enden und variieren farblich stark. Am selben Strauch können so verschiedene Töne wie Cremeweiß, Hellrosa und Altrosa vorkommen, oft mit etwas Gelb an den Blattbasen. Die Rose des Cisterciens® gibt es auch als Hochstammrose.
100 cm

Rose des Cisterciens®

Rosa Rose Gaujard®

(GAUmo) Gaujard (1957)
Die Rose Gaujard® hat im Grunde nicht allzu viel zu bieten. Das olivgrüne Laub des recht unregelmäßig gewachsenen Strauches wird später glänzend mittelgrün.
Allerdings tragen die rötlichen Triebe den Sommer und Herbst hindurch lockere Dolden auffällig gefärbter Blüten: Diese sind innen leuchtend rot und außen blassrosa, sodass sie zweifarbig wirken.
Ihr frischer Duft ist zwar schwach, hat aber ein eindeutiges, typisches Rosenaroma.
90 cm

Rose Gaujard®

Rosa Rose Iga

(MEIbalbika)
vgl. *Rosa* Iga®'83 München

Rosa Rosehill

(POUlrohill)
vgl. *Rosa* Egeskov™ Castle®

Rosa Roselina®

(KORsaku) Kordes (1992)
An sonnigen Stellen wird die Roselina® höchstens 40 cm hoch, während sie es im Schatten auf 1,5 m bringt. Bemerkenswert für eine Nachkomme der Kartoffelrose ist ihre lange Blütezeit. Die Blüten verströmen den milden Duft Alter Rosen. Ein kleiner Teil des Herzens ist weiß. Sie duften schwach und obwohl die Staubgefäße recht farbenfroh aussehen, locken sie nur wenige In-

Roselina®

sekten an. Der kompakt gewachsene Strauch trägt üppiges, grasgrünes Laub, das lange schön bleibt.

100–150 cm

Rosa Rosemary Harkness

(HARrowbond) Harkness (1985)

Die „Mutter" dieser großblütigen Sorte ist die beliebte Kletterrose *Rosa* Compassion, von der sie den lieblichen Duft und die subtile Farbe ihre Blüten geerbt hat. Die anfangs überwiegend orangen Gebilde werden später erst aprikosenfarben und schließlich zart lachsrosa. Die äußeren Blätter der gefüllten Blüten sind eher orangegelb. Sie erscheinen in Wellen. Der buschige Strauch trägt zahlreiche glänzend mittelgrüne Blätter. Er wird bis zu 1 m hoch.

110 cm

Rosemary Harkness

Rosa Rosenborg™ Castle®

(POUlasor) Poulsen (2000)

Die rosa Knospen der ungemein üppigen Dolden werden zu becherförmigen gefüllten Blüten von zartestem Rosa. Ein Duft ist nicht wahrnehmbar. Die Blüten zieren einen niedrigen Strauch, den der dänische Züchter in seine „Castle®"-Serie einordnete. Bei manchen Gärtnern gilt er als niedrige Strauchrose.

60 cm

Rosenborg™ Castle®

Rosa Rosenburg Riederburg

(POUldron)

vgl. *Rosa* Schackenborg™ Castle®

Rosa Rosenprofessor Sieber®

(KORparesni) Kordes (1997)

Rosenprofessor Sieber®

Diese Sorte gehört zu einer neuen Generation von Floribunda-Rosen: Ihre hellgrünen, später dunkleren Blätter bleiben recht schön. Den ganzen Sommer hindurch erheben sich gefüllte rosa Blüten, die später noch heller werden, über das Laub. Ihr Duft ist nicht zu intensiv, sondern eher frisch und erinnert an Äpfel. Der Strauch wird 65 bis 100 cm hoch. Eine ausgezeichnete Rose für Beete und niedrige Einfassungen (zusammen mit Mehrjährigen).
☼☼ 70 cm ✿✿✿ ☁☁ ✚ ADR

Rosa Rosenresli®

(KORresli) Kordes (1986)
Die Blüten der Rosenresli® verströmen einen intensiven Duft mit herrlich traditionellem Teerosen-Aroma. Sie sind gefüllt und tiefrot, doch mit subtilen Nuancen von Karminrot, Lachsrosa und Apricot. Sie stehen einzeln oder in kleinen Dolden. Da die Rose kräftig nach oben wächst und weit überhängt, bildet sie große Büsche. Sie eignet sich auch als niedrige Kletterrose. Das glänzend dunkelgrüne Laub ist sehr resistent gegen Pilzkrankheiten. Sehr empfehlenswert!
☼ / ⇗ 120–220 cm ✿✿✿ ☁☁☁☁ ✚ ADR

Rosenresli®

Rosa Rosy Carpet®

(INTercarp) Interplant (1984)
Die äußerst reichen Blütenschübe und das Breitenwachstum machen diese Rose sehr geeignet für öffentliche Anlagen. Die Basis trägt üppiges mittelgrünes Laub. Von dort sendet die Pflanze dornige Triebe aus, deren Spitzen Dolden mit

Rosy Carpet®

schlanken Knospen tragen. Obwohl jene lang und die Dolden schwer sind, bleiben sie aufrecht. Die einfachen, karminrosa Blüten duften schwach. Sie sind 2,5 cm breit und haben weiße Augen mit gelben Pollen im Herzen.
☼ 100 cm ✿✿✿ ☁ TOP

Rosa Rosy Cushion®

(INTerall) Interplant (1981)
Die Rosy Cushion® bildet den ganzen Sommer und Herbst hindurch einfache Blüten. Diese wirken rosa wegen der bis auf einen kleinen Busch gelber Pollen praktisch weißen Herzen. Sie duften schwach und werden bis zu 5 cm breit. Der kräftig wachsende Strauch trägt glänzend dunkelgrüne Blätter. Obwohl diese Sorte viele Preise bekommen hat und für öffentliche Grünanlagen gedacht war, ist sie anfällig für Mehltau.
☼ 120 cm ✿✿✿ ☁

Rosy Cushion®

Rosa Rotary International

(-) Leenders (unbekannt)

Rosen mit solchen Blüten sollten Erfolg haben: Das zarte Rosa bewegt sich unentschieden zwischen Orange und Lachsrosa. Die Blätter glänzen satinartig. Leider blüht diese großblütige Sorte nur spärlich. Sie erträgt keinen Regen und reinigt sich schlecht. Daher nimmt ihre Beliebtheit beim Kunden ab.

80 cm

Rotary International

Rosa Rote Max Graf®

(KORmax) Kordes (1980)

Dies ist eine der zahlreichen Abarten der *Rosa* x *kordessii*, einer Kreuzung zwischen *Rosa wichuriana* und *Rosa rugosa*, die wir dem Züchter Wilhelm Kordes verdanken. Die Blüten der Max Graf® sind rot mit etwas Weiß in den offenen Herzen. Die einfachen, schwach duftenden Gebilde bilden sich im Frühsommer am vorjährigen Holz. Der Rückschnitt sollte daher unmittelbar nach dem Verblühen erfolgen. Die Triebe des kräftig wachsenden Strauches hängen über, sodass er sich als Bodendecker eignet. Das Laub bleibt lange Zeit hängen. Es ist resistent gegen Mehltau, aber ein wenig anfällig für Rußtau.

/↔ 80 cm

Rote Max Graf®

Rosa Rotes Meer

(-) Baum (1986)

Eine der resistentesten und robustesten Rosen – kein Wunder, dass man sie gern in Parkanlagen pflanzt (auch weil sie sehr pflegeleicht ist). Ihre Wuchsform entspricht einer normalen Rugosa-Hybride mit dichten, aufrechten Trieben. Das Breitenwachstum erfolgt durch Ausläufer und Verzweigung der Triebspitzen während der Blütezeit. Schon im Juni tragen die Triebe große, halb gefüllte purpurrote Blüten. Diese duften wundervoll und locken viele Insekten an. Den Sommer hindurch folgen spärliche Schübe. Gleichzeitig beginnen sich große, orangerote Hagebutten zu bilden, die später zusammen mit dem herbstlich gefärbten Laub eine Zierde des Strauches bilden. Die Sorte Rotes Meer eignet sich auch als Hochstammrose.

100 cm ADR

Rotes Meer

Rosa Rotilia®

(KORvillade) Kordes (2000)

Eine der jüngsten niedrigen Floribunda-Rosen, vor allem für Beete gedacht. Der Strauch trägt den ganzen Sommer und bis in den Herbst karminrote, halb gefüllte Blüten, die schwach duften. Die jungen Blätter sind olivgrün und haben Ränder von der Farbe des Laubes Roter Beete. Später werden sie matt dunkelgrün.

60 cm

Rotilia®

Rosa Rouge Meilland®

(MEImalyna) Meilland (1984)

Der aufrechte Strauch wird über 1 m hoch und trägt große, glänzend dunkelgrüne Blätter. Die großen, gefüllten, samtig roten Blüten erscheinen in recht geringer Zahl den ganzen Sommer und Herbst über. Sie verströmen einen schwachen, frischen Rosenduft. Dennoch ist die Rouge Meilland® eine schöne Schnittblume, die lange attraktiv bleibt.

110 cm

Rouge Meilland®

Rosa Rouge Meillandecor

(MEIneble)

vgl. *Rosa* Red Meidiland®

Rosa Roy Black™

(POUlari)

vgl. *Rosa* Karen Blixen™ Hybrid Tea Poulsen®

Rosa Roy Castle Rose

(POUlduf)

vgl. *Rosa* Courage™ Paramount®

Rosa Royal Bassino®

(KORfungo) Kordes (1991)

Der Strauch ist breiter als hoch und wird daher auch als Bodendeckerrose bezeichnet. Wenn man mehrere Rosen im Abstand von 1 m nebeneinander pflanzt, werden ihre großen, wundervoll glänzenden, dunkelgrünen Blätter und die leuchtend roten, halb gefüllten Blüten den Boden verdecken. Jene verblassen mit der Zeit zu Rosenrot. Verblühte Blätter fallen ab, sodass sich der Strauch perfekt reinigt.

/↔ 60 cm

Royal Bassino®

Rosa Royal Bonica®

(MEImodac) Meilland (1994)

Die Royal Bonica® entstand als Mutante der beliebten Strauchrose Bonica®. Ihre Blüten wirken größer und außerdem sind sie farbfester und gefüllter als jene der Bonica®. Sie duften schwach, vertragen aber schlechtes Wetter gut und zieren den aufrechten Strauch den ganzen Sommer und Herbst hindurch. Die matt mittelgrünen Blätter sitzen an einem kräftigen Strauch, der große

Royal Bonica®

Flächen abdecken kann, aber durchaus auch als Hecke geeignet ist.

70 cm

Rosa Royal Dane

(POUltroi)

vgl. *Rosa* Troika™ Hybrid Tea Poulsen®

Rosa Royal Occasion

(Tantau)

vgl. *Rosa* Montana®

Rosa Royal Philharmonic

(HARdeed) Harkness (1997)

Die schönen gefüllten Blüten öffnen sich sternförmig über dem dunklen Laub. Sie sind nicht ganz weiß, sondern vor allem im Herzen rosa überhaucht und duften lieblich, was zu ihrer Beliebtheit als Schnittblumen beiträgt. Die Royal Philharmonic zählt zu den robusteren großblütigen Rosen. Ihre Blätter sind recht resistent gegen

Royal Philharmonic

Pilzkrankheiten. Die lange Blütezeit macht sie zu einer der beliebtesten Tee-Hybriden.

90 cm

Rosa Royal William

(KORzaun)

vgl. *Rosa* Duftzauber 84®

Rosa rubiginosa – Schottische Zaunrose, Weinrose

(-) botanische Rose/Wildrose (-)

Die Weinrose ist weniger für ihre Blüten, sondern für ihre nach Äpfeln duftenden Blätter bekannt. Diese Wildrose kommt in ganz Europa und den benachbarten Regionen Asiens und Afrikas vor. Der Strauch wächst stark in die Breite und bildet im Frühsommer etwa 4 cm breite rosa Blüten. Im Herbst schmückt sich der Strauch mit orangeroten Hagebutten.

200–300 cm

Rosa rubiginosa

Rosa rubra

vgl. *Rosa gallica*

Rosa rubrifolia

vgl. *Rosa glauca*

Rosa rubus

(-) botanische Rose/Wildrose (-)

Diese 1888 entdeckte Wildrose aus Westchina wird auch als Brombeerrose bezeichnet, weil

Rosa rubus

man glaubte, dass ihre Blätter denen von Brombeeren ähneln. Das Laub ist behaart. Im Sommer erscheinen einfache weiße Blüten mit cremegelben Herzen. Diese duften angenehm nach Moschus. Der Strauch kann über 3 m hoch und breit werden, doch bleibt er in unseren Gärten meist kleiner. Man kann ihn in botanischen Gärten sehen, aber nur selten kaufen.

200 cm

Rosa Rugelda®

(KORruge) Kordes (1989)

Die meisten Nachkommen der Kartoffelrose (*Rosa rugosa*) blühen entweder rot oder rosa. Die Rugelda® hat gefüllte, praktisch geruchlose, zitronengelbe Blüten, die aus dicken, roten Knospen hervorgehen. Ihr Blätter haben manchmal rote Säume. Die Blüten erscheinen in Schüben. Der aufrechte Strauch wird bis zu 2 m hoch und über 1 m breit. Daher eignet er sich hervorragend als Hecke. Um die beste Blüte zu erzielen,

Rugelda®

sollte man die Triebe im Frühjahr um maximal ein Drittel kürzen. Die glänzend dunkelgrünen Blätter sind sehr resistent gegen Krankheiten.

180 cm ADR

Rosa Rugelda® Pavement®

(KORgeru) Kordes (1998)

Die Rugelda® Pavement® ist bis auf einen Punkt mit der *Rosa* Rugelda® identisch: Sie wird durch Stecklinge vermehrt und gehört daher zu den „Stecktii®“-Rosen. Diese sind in erster Linie als Pflanzen für öffentliche Grünanlagen gedacht.

180 cm

Rugelda® Pavement®

Rosa rugosa – Weißblühende Kartoffelrose

(-) botanische Rose/Wildrose (-)

Die Kartoffelrose gedeiht in unseren Gefilden so gut, dass man sie für eine Einheimische halten könnte. Sie stammt jedoch aus Ostasien (u.a. Japan). Deshalb heißt sie manchmal auch Japanische Rose. An den Boden stellt sie keine beson-

Rosa rugosa

deren Anforderungen. Selbst auf Sandböden wachsen die sehr dornigen Triebe stark in die Breite und bilden unterirdische Ausläufer. Die Blätter sind recht rau und runzlig. Die einfachen, karminroten bis rosa Blüten erscheinen im Frühsommer an den Triebspitzen. Sie sind relativ groß und duften kräftig. Obwohl die Kartoffelrose den ganzen Sommer hindurch blüht, fällt der Höhepunkt der Blütezeit in die Monate Juni/Juli. Die späteren Schübe sind nur „Zugaben". Die Rose hat aber noch mehr zu bieten: Sie bildet große, orangerote Hagebutten, die bei Vögeln sehr beliebt sind. Grünfinken schätzen die Samen besonders. Überdies nimmt das Laub eine wunderbar gelbe bis orange Herbstfärbung an. Die Kartoffelrose ist die Ahnherrin zahlloser Kreuzungen, die in unserem Buch als Rugosa-Hybriden aufgeführt sind. Manche werden schöner als das Original, andere bleiben recht niedrig und wieder andere blühen besser. Die Kulturform wird oft als „Teppichrose" bezeichnet.
❀/☀ 130 cm ✿✿✿ ☁☁☁☁ ✚

Rosa rugosa Foxi®

(UHLwa) Uhl (1989)
Obwohl sich schon sehr früh dicke, runde Hagebutten bilden, blüht diese Kulturform der Kartoffelrose den ganzen Sommer über. Die großen, halb gefüllten Blüten duften lieblich. Ihre offenen Herzen präsentieren gelbe Pollen. Der Strauch wächst kompakt. Vier Pflanzen reichen pro Quadratmeter aus. Deshalb und wegen seiner ausgezeichneten Resistenz gegen Krankheiten pflanzt man ihn gern in öffentlichen Anlagen.
☀ 80 cm ✿✿✿ ☁☁☁☁ ✚ ADR

Rosa rugosa Foxi®

Rosa rugosa Pierette®

(UHLater) Uhl (1988)
Für einen Abkömmling der Kartoffelrose bildet der Strauch bemerkenswert waagerechte Triebe. Diese wachsen anfangs aufrecht, später jedoch überwiegend seitwärts. Im Sommer und Frühherbst erscheinen zwischen den großen, hellgrünen Blättern große, halb gefüllte altrosa Blüten. Sie duften lieblich und werden zu großen orangeroten Hagebutten. Junge Triebe bilden ständig neue Blüten. Eine ausgezeichnete und überaus krankheitsresistente Sorte.
☀ 100 cm ✿✿✿ ☁☁☁ ✚ ADR

Rosa rugosa Pierette®

Rosa rugosa scabrosa

vgl. *Rosa* Scabrosa

Rosa rugosa Schnee-Eule®

(UHLensch) Uhl (1989)
Das Breitenwachstum dieser Rugosa-Hybride kann den Beetboden völlig dem Blick entziehen, obwohl sie kein typischer Bodendecker ist. Die

Rosa rugosa Schnee-Eule®

halb gefüllten schneeweißen Blüten zieren den Sommer über einen reich verzweigten Strauch. Sie duften lieblich. Nach der Blüte fallen die Blätter vor dem Verwelken ab – sehr gute Selbstreinigung! Bereits im Sommer bilden sich zahlreiche große, orangerote Hagebutten.

100 cm

Rosa rugosa superba

vgl. *Rosa* Scabrosa

Rosa Rush®

(LENmobri) Lens (1983)

Die kirschroten Knospen der Dolden entfalten sich zu elfenbeinweißen, einfachen Blüten mit rosa Rand, die Apfelblüten ähneln. Sie sind ca. 6 cm breit. Die schwach duftenden Gebilde ragen weit über das Laubwerk empor. Dieses ist anfangs hellgrün mit roten Blattstielen und wird später glänzend dunkelgrün. Der reich verzweigte Strauch trägt viele Blätter.

Diese Rose ist ungemein beliebt und kann eine lange Reihe von Preisen für sich verzeichnen, auch wenn sie nicht sonderlich krankheitsresistent ist. Das liegt u. a. an der langen, kontinuierlichen Blütezeit (von Juli bis Winteranfang). Der Strauch eignet sich besonders für größere Naturgärten und öffentliche Anlagen. Bei kräftigem Rückschnitt passt die Rush® auch in Beete.

150 cm

Rush®

Rosa Rushing Stream

(AUStream) Austin (1996)

David Austin, der „Vater" der berühmten Englischen Rosen, schuf auch mehrere Sorten, die

Rushing Stream

nicht zu dieser Gruppe gehören, u. a. die Rushing Stream. Sie ist eine Bodendeckerrose mit kleinen, einfachen weißen Blüten, die manchmal ein wenig Apricot zeigen.

Ihre Dolden erscheinen im Sommer und Frühherbst in großer Zahl. Der Strauch trägt hellgrünes Laub. Im Herbst bilden sich leuchtend rote Hagebutten.

↔ 50 cm

Rosa Sahara®

(TANarasah) Tantau (1996)

Die gefüllten Blüten haben die Form großblütiger Tee-Hybriden, doch zieren sie den ganzen Sommer hindurch eine Strauchrose, die über 1 m hoch wird. Das mittelgrüne, rötlich getönte Laub kontrastiert sehr schön mit den goldgelben bis orangen Blüten.

110 cm

Sahara®

Rosa Saint-Vincent®

(DELtrap) Delbard (1993)

Die Spitzen der robusten, aufrechten Triebe tragen üppige Knospendolden. Die Blütenstiele sind lang und dünn. So hängen die halb gefüllten scharlachroten Blüten zur Seite. Sie blühen den ganzen Sommer und Herbst über dem niedrigen Strauch. Seine jungen Triebe sind mahagonifarben, später jedoch dunkelgrün.

Trotz der schwächlichen Stiele sehr empfehlenswert!

70 cm

Saint-Vincent®

Rosa Salita®

(KORmorlet) Kordes (1987)

Die langsam kletternde Salita® wird beinahe 2 m hoch. Die auffallend rotorangen Blüten sind zu schwer für die dünnen Triebe und hängen herab. So kann man sie jedoch besser bewundern. Die mittelgroßen, gefüllten Gebilde sind fast geruchlos und zieren die Kletterrose beständig, sodass sie praktisch nie ohne Blüten dasteht.

Das rötliche Laub wird mit der Zeit matt olivgrün.

180 cm /

Salita®

Rosa Samaritan

(HARverag) Harkness (1991)

Über den gut 75 cm hohen, über 50 cm breiten Strauch ragen gefüllte Blüten mit bis zu neunzig Blättern empor. Sie zeigen viele Farben, von Orange über Bernsteingelb und Pfirsichfarben bis Lachsrosa. Diese verschmelzen miteinander und wirken deshalb so zart. Die Blüte setzt früh ein und dauert den ganzen Sommer. Die Samaritan duftet schwach und lieblich.

80 cm

Samaritan

Rosa Samba®

(KORcapas) Kordes (1964)

Die jungen Blüten der Samba® sind vorwiegend goldgelb, färben sich aber allmählich vom Rand

Samba®

her rot und werden so zweifarbig. Sie sind gefüllt und duften schwach. Ihre Dolden zieren einen niedrigen Strauch, der sich gut verzweigt und glänzend blaugrüne Blätter trägt.

50 cm

Rosa Sander's White Rambler

(-) Sander&Sons (1912)

Die Blüte dieser Kletterrose erreicht ihren Höhepunkt Anfang Juli. Dann bedeckt sich die Pflanze mit halb gefüllten weißen Blüten, die leicht fruchtig duften. Nach wenigen Wochen endet die Blütenpracht.

Die langen, dünnen Triebe können mit ein wenig Hilfe 4 m lang werden. Ohne Unterstützung wachsen sie kriechend. Ihr wohlgeformten Blätter bestehen meist aus sieben Blättchen. Diese sind glänzend mittelgrün und bleiben lange schön.

300 cm

Sander's White Rambler

Rosa Sander's White

vgl. Rosa Sander's White Rambler

Rosa Sandton Smile

(KORmetter)

vgl. *Rosa* Trier 2000®

Rosa Santana®

(TANklesant) Tantau (1985)

Die Santana® ist eine Kletterrose mit scharlachroten, gefüllten Blüten. Diese duften nur schwach. Sie zeichnet sich vor allem durch ihre

Santana®

Wetterfestigkeit aus: Ihre Blüten bleiben auch nach langen Regenperioden schön. Überdies verzweigt sie sich gut, sodass auch die Basis (sofern man sie aufbindet) mit Laub und Blüten bedeckt ist. Das lederartige Laub ist glänzend mittelgrün und bleibt lange schön.

300 cm

Rosa Satellite®

(DELsatel) Delbard (1982)

Die gefüllten orangen Blüten sind breit und locker geformt und die Satellite® ist als Schnittblume anscheinend ausdauernd. Sie duftet leicht würzig. Der mäßig wachsende Strauch trägt glänzend dunkelgrüne Blätter.

90 cm

Satellite®

Rosa Satina®

(TANinaso) Tantau (1992)

An einem in die Breite wachsenden Strauch mit stark glänzenden hellgrünen Blättern entwickeln sich den Sommer und Herbst hindurch zahlreiche halb gefüllte zartrosa Blüten mit gelben Herzen und gut sichtbaren Staubgefäßen. Die Blüten sind sehr wetterfest und reinigen sich gut. Sie duften nicht. Eine ausgezeichnete Rose für öffentliche Anlagen und Beete in Naturgärten, selbst in Blumenkübeln. Der Strauch wird ca. 50 cm hoch und breit. Die Vermehrung erfolgt durch Stecklinge.

/↔ 50 cm

Satina®

Rosa Savoy Hotel

(HARvintage) Harkness (1989)

Eine der robustesten und beliebtesten großblütigen Rosensorten, die derzeit zu haben sind. Sie kam zwar bereits 1989 auf den Markt, aber trotzdem erwies sie sich bei jüngeren ADR-Tests großblütiger Rosen immer noch als eine der gesündesten Sorten.

Die flachen Knospen entfalten sich zu spitzen Blüten. Bei ausreichender Düngung und Wärme blühen sie, wenn man verwelkte Blüten rechtzeitig entfernt, in Europa den ganzen Sommer über. Falls man dies unterlässt, bilden sich grüne Hagebutten.

90 cm

Savoy Hotel

Rosa Saxo

(HARqueterwife)

vgl. *Rosa* Paul Shirville

Rosa Scabrosa

(-) Harkness (1950)

Die einfachen Blüten der Scabrosa erscheinen nicht nur im Frühjahr und Frühsommer, sondern auch während der übrigen Saison, wenngleich in geringerer Zahl. Sie sind über 10 cm breit, magentarot und duften süßlich nach Aas – ein Leckerbissen für Insekten! Schon im Sommer bilden sich große Hagebutten, die im Spätsommer erst orange und dann leuchtend rot werden. Diese dienen dann Vögeln als Nahrung.

Der über 1,5 m hohe Strauch wächst kräftig in die Breite. Eine ausgezeichnete Wahl, wenn man eine raue Hecke braucht oder Tiere in den Garten locken will.

180 cm

Scabrosa

Rosa Scarlet Meidiland®

(MEIkrotal) Meilland (1987)

Der Strauch bildet kräftige Triebe, die sich unter dem eigenen Gewicht biegen, sodass er wie ein Bodendecker wirkt. Die dunkelgrünen Blätter sind etwas anfällig für Rußtau, bleiben aber von Mehltau verschont. Die halb gefüllten, kirschroten Blüten erscheinen den Sommer und Herbst über in reichen Dolden. Sie duften schwach und öffnen sich nur bei warmem Wetter ganz.

60 cm

Scarlet Meidiland®

Rosa Scarlet Meillandecor

(MEIkrotal)

vgl. *Rosa* Scarlet Meidiland®

Rosa Scarlet™ Hit®

(POUlmo) Poulsen (1996)

Die scharlachroten, gefüllten Blüten dieser Zwergrose öffnen sich becherförmig. Sie zieren den ganzen Sommer über einen niedrigen Strauch mit glänzend mittelgrünem Laub.

40 cm

Scarlet™ Hit®

Rosa Scarlet Pavement®

(HANuhl) Uhl (1991)

Die Scarlet Pavement® gehört zu den Rugosa-Hybriden. Die Rippen der dunkelgrünen Blätter liegen etwas tiefer, sodass jene runzlig wirken. Die halb gefüllten Blüten sind karminrot und duften wundervoll. Im Sommer werden sie zu roten Hagebutten, während der Strauch munter weiterblüht. Da sie relativ niedrig und buschig bleibt, pflanzt man die Rose meist in Parkanlagen.

80 cm

Scarlet Pavement®

Rosa Scented Dawn

(MEItosier)

vgl. *Rosa* Polka®91

Rosa Scepter'd Isle

(AUSland) Austin (1996)

Scepter'd Isle

Der kräftig aufrecht wachsende Strauch bildet Dolden aus zartrosa Blüten. Diese sind gefüllt, becherförmig und öffnen sich schließlich so weit, dass man die gelben Pollen sieht. Sie duften lieblich nach Myrrhe und Alten Rosen. Die großen, matt graugrünen Blätter zieren einen niedrigen Strauch.

✿GB 90 cm ✿✿✿ ☁☁☁

Rosa Schackenborg™ Castle®

(POUldron) Poulsen (1998)

Die stark gefüllten lachsrosa bis orangerosa Blüten stehen in Dolden über dem glänzend dunkelgrünen Laub. Eine schöne Rose für kleine Gärten, die sich auch für große Töpfe und Blumenkästen eignet. Diese Floribunda gilt manchen Leuten als niedrige Strauchrose.

✲✲ 60 cm ✿✿✿ ☁

Schackenborg™ Castle®

Rosa Scharlachglut

(-) Kordes (1952)

Scharlachglut

Diese Strauchrose ist nach wie vor sehr beliebt, obwohl sie oft bis zu 2 m hoch und breit wird. Im Juni/Juli bildet der Strauch üppige Schübe großer, einfacher, scharlachroter Blüten. Sie sind geruchlos, doch ihre Pollen ziehen Insekten an. Im Herbst bilden sich große, orangerote Hagebutten. Die rötlichen Triebe tragen graugrüne Blätter.

❀ 200 cm ✿ ☁ ✚

Rosa Schleswig 87®

(KORtara) Kordes (1987)

Bestimmte Rosen ohne negative Merkmale sind aus unverständlichen Gründen nicht übermäßig beliebt: Die Schleswig 87® bspw. verdient eigentlich mehr Beachtung – und sei es nur wegen ihrer hohen Krankheitsresistenz. Der Strauch wächst aufrecht, verzweigt sich aber gut. Er bildet ausdauernde Dolden halb gefüllter Blüten, die auch schlechtes Wetter überstehen. Sie reinigen sich gut. Die silbern bis lachsrosa überhauchten Blüten sind ein schöner Blickfang.

✲✲ 80 cm ✿✿✿ ☁ ✚

Schleswig 87®

Rosa Schloss Balthasar®

(KORpalmor) Kordes (1997)

Die großen, halb gefüllten lachsrosa Blüten dieser Floribunda-Rose duften leicht und frisch nach Äpfeln. Im Hochsommer werden sie zu schlanken Hagebutten. Da Rosen nun einmal blühen, um Samen zu bilden, hören sie damit auf, sobald diese Aufgabe erfüllt ist. Man kann sie jedoch überlisten, indem man verwelkte Blüten entfernt, sodass keine Früchte entstehen. Später kann man die Hagebutten als Herbst-

Schloss Balthasar®

schmuck und Vogelfutter stehen lassen. 2001 erhielt die Sorte Schloss Balthasar® auf der internationalen Rosenausstellung in Den Haag die höchste Auszeichnung.
✲✲ 60 cm ✿✿ ☁ ✚

Rosa Schloss Herrenchiemsee

(POUlmax)
vgl. *Rosa* Fredensborg™ Castle®

Rosa Schloss Linderhof

(POUltry)
vgl. *Rosa* Kronborg™ Castle®

Rosa Schloss Mannheim®

(KORschloss) Kordes (1975)
Eine üppig blühende, über 50 cm hohe Floribunda-Rose, die sich gut verzweigt und ebenso breit wie hoch wird. Im Sommer erscheinen reiche Dolden halb gefüllter orangeroter Blüten. Sie sind becherförmig. Da die Blätter zum Herzen hin kürzer werden, wirken die gefüllten Blüten kugelrund. Sie duften schwach. Die langen, üppigen Blütenschübe, das schöne Laub und die sich gut reinigenden Blüten haben der Rose den ADR-Titel eingebracht.
✲✲ 60 cm ✿✿✿ ☁☁ ✚ ADR

Schloss Mannheim®

Rosa Schloss Neuschwanstein

(POUlreb)
vgl. *Rosa* Marselisborg™ Castle®

Rosa Schloss Neuschwanstein™ Castle®

(POUlreb)
vgl. *Rosa* Marselisborg™ Castle®

Rosa Schnee-Eule®

(UHLensch)
vgl. *Rosa rugosa* Schnee-Eule®

Rosa Schneeflocke®

(NOAschnee) Noack (1991)
Die guten Eigenschaften dieser Bodendeckerrose werden allgemein anerkannt: Sie bildet Dolden aus bis zu 25 halb gefüllten, geruchlosen, reinweißen Blüten. Jede davon wird über 5 cm breit. Die Blüte setzt im Mai ein und dauert bis in den Herbst an. Das glänzend graugrüne Laub ist sehr resistent gegen Pilzkrankheiten und bleibt bis zum Herbst hängen. Schon im zweiten Jahr deckt die Schneeflocke® den Boden zu 90% ab.
↔ 60 cm ✿✿✿ ☁ ✚ ADR TOP

Schneeflocke®

Rosa Schneekönigin

(Lambert)
vgl. *Rosa* Frau Karl Druschki

Rosa Schneekönigin®

(TANigino) Tantau (1992)
Die weißen, halb gefüllten Blüten mit gelben Herzen schmücken in großer Zahl die hängenden Triebe. So bildet sich schließlich so etwas wie ein Bodendecker voller schwach duftender Blüten. Man findet die Rose vor allem in Parkanlagen, da sie eine hervorragende Resistenz gegen Ruß- und Mehltau zeigt. Die Schneekönigin® eignet sich auch sehr gut für Privatgärten, da man sie in einem „natürlichen" Ambiente gut mit Mehrjährigen kombinieren kann.
↔ 80 cm ✿✿✿ ☁☁ ✚ ADR

Schneekönigin®

Rosa Schneesturm®

(TANmurse) Tantau (1990)
Wenn man zwei Pflanzen pro Quadratmeter setzt, deckt der kräftige, reich verzweigte Strauch in zwei Jahren 70% des Bodens ab. Den Sommer und Herbst hindurch bildet er üppige Dolden cremeweißer Blüten, die manchmal auch rosa werden können. Die halb gefüllten Gebilde duften schwach. Man setzt die Schneesturm® in öffentlichen Anlagen ein, doch eignet sie sich auch für Gärten, ja sogar Töpfe und Tröge. Obwohl sie den ADR-Titel erhielt und auf viele Rosenkrankheiten getestet wurde, ergaben ausgiebige Tests in Dresden, dass sie für Rußtau ein wenig, für Mehltau sogar sehr anfällig ist.
↔ 80 cm ✿✿✿ ☁ ADR

Schneesturm®

Rosa Schneewalzer®

(TANrezlaw) Tantau (1987)
Die Blüten von Kletterrosen sind oft weniger schön geformt als die von Strauchrosen. Die Schneewalzer® bildet eine Ausnahme: Die großen, gefüllten Blüten sind geradezu klassisch geformt und reinweiß, mit etwas Cremeweiß im Herzen. Sie duften süß und zieren den ganzen Sommer über eine kräftig verzweigte Kletterrose mit großen, dunkelgrünen Blättern. Gegen Rosenkrankheiten ist sie recht resistent.
200–300 cm ✿✿✿ ☁☁ ✚

Schneewalzer®

Rosa Schneewittchen®

(KORbin) Kordes (1958)

Eine wirklich legendäre Rose: Perfekt geformt, schneeweiß, frisch duftend, wetterfest, reich blühend, aufgelockert wachsend und somit hervorragend für romantische Gärten geeignet (zusammen mit Mehrjährigen), überdies auch recht resistent. Manchmal wird sie allerdings von Mehltau befallen. Die langen Triebe tragen nur wenige Dornen und schlanke, matt mittelgrüne Blätter. 1983 wurde die Schneewittchen zur besten Rose der Welt proklamiert. Man kann sie als Solitär oder Floribunda-Rose kultivieren, bei schwächerem Rückschnitt auch als Strauchrose.

/ 80–120 cm ADR TOP

Schneewittchen®

Rosa Schöne Berlinerin®

(TANireb) Tantau (1986)

Außerhalb Deutschlands wird diese großblütige Rose vor allem in südeuropäische Länder verkauft, wo sie wunderbar wächst und blüht. Die lachsrosa Blüten wirken wie Bonbons. Sie stehen einzeln über dem glänzend mittelgrünen Laub. Obwohl die Blüten nur schwach duften, eignen sie sich gut als Schnittblumen.

80 cm

Schöne Berlinerin®

Rosa Schubert

(LENmor) Lens (1984)

Eine schöne, niedrig bleibende Moschata-Hybride (vgl. *Rosa moschata*). Die Spitzen der Triebe tragen reiche Dolden einfacher, becherförmiger Blüten. Die Säume sind karminrot, die Herzen weiß. Ihre gelben Pollen werden rasch braun, während die Blüten den Strauch lange zieren. Dieser wächst aufrecht und trägt lange, dunkelgrüne, robust wirkende Blättchen.

80 cm

Schubert

Rosa Schwarze Madonna®

(KORschwama) Kordes (1992)

Die Schwarze Madonna® ist eine perfekt geformte großblütige Rose. Die samtige, tiefrote Farbe der Blüten kontrastiert sehr schön mit den grasgrünen Blättern, die anfangs weinrot sind. Eine gute, leider nur schwach duftende Schnittblume. Der Strauch wächst aufrecht und reich verzweigt.

80 cm

Schwarze Madonna®

Rosa Schwarzwaldfeuer

(POUlharmu)

vgl. *Rosa* Charming Cover™ Towne & Country®

Rosa Seagull

(-) Pritchard (1907)

Die Seagull gehört wegen ihrer reichen Blütenschübe zu den beliebtesten weißen Kletterrosen, auch wenn diese nur kurz andauern. Im Juli überzieht sie sich 2 bis 3 Wochen lang mit lieblich duftenden weißen Blüten. Die Herzen der einfachen bis halb gefüllten Gebilde zeigen Büschel goldgelber Staubgefäße. Die späteren Hagebutten sind nicht besonders dekorativ. Die Blätter bestehen aus 7 bis 9 großen, glänzend graugrünen Blättchen. Die Nebenblätter an der Basis belegen ihre Verwandtschaft mit *Rosa multiflora* (s. ebd.). Die Seagull bildet lange Triebe mit rückwärts gekrümmten Dornen, mit denen sie in große Höhen klettern kann.

500 cm

Seagull

Rosa Sebastian KNEIPP®

(KORpastato) Kordes (1997)

Die lockere Wuchsform des Strauches harmoniert perfekt mit der duftigen Farbe der stark gefüllten, geviertelten Blüten. Diese duften lieblich-süß und stehen in kleinen Dolden.

Die Sebastian KNEIPP® eignet sich sehr gut für romantische Gärten und auch in Kombination mit Mehrjährigen.

Diese schöne, großblütige Rose blüht cremeweiß und zartrosa, was sehr schön mit dem glänzend dunkelgrünen Laub kontrastiert.

80 cm

Sebastian KNEIPP®

Rosa Selfridges

(KORpriwa)

vgl. *Rosa* Berolina®

Rosa Senator Burda®

(MEIvestal) Meilland (1988)

Die breiten, gefüllten, leuchtend roten Blüten der Senator Burda® duften intensiv nach Äpfeln und Rosen. Diese Sorte gewann 1985 in Den Haag den Duftpreis. Die Blüten stehen einzeln auf kräftigen Trieben, sodass sie perfekte Schnittblumen abgeben. Der kräftige, buschig wachsende Strauch wird 1 m hoch.

110 cm

Senator Burda®

Rosa Senteur des Iles

(COCdana)

vgl. *Rosa* Fulton Mackay

Rosa Senteur Royale

(TANschaubud)
vgl. *Rosa* Duftrausch®

Rosa Sentinel

(LENblank)
vgl. *Rosa* White Dream®

Rosa Serpent Vert

(Lens)
vgl. *Rosa* Green Snake®

Rosa Sharifa

(AUSreef)
vgl. *Rosa* Sharifa Asma

Rosa Sharifa Asma

(AUSreef) Austin (1989)
Die stark gefüllten, oft geviertelten Blüten duften süß nach Rosen. Sie stehen manchmal einzeln, meist jedoch in Dolden an den Spitzen dünner Triebe, die sich leicht biegen. Bisweilen brechen sie sogar unter der Last der becherförmigen Blüten. Deren äußere Blätter sind blassrosa, die inneren hingegen intensiver gefärbt. Wenn auf Regen pralle Sonne folgt, öffnen sich die Blüten bisweilen nicht so gut, sodass sie schließlich als Knospen verrotten. Man kann sie durch manuelles Öffnen retten (vgl. „Mumifizierung" im Kapitel „Die Pflege der Rosen"). Geöffnet verströmen sie einen intensiven süßen Duft. Der Strauch wächst zunächst kräftig aufrecht, erhält aber durch das Gewicht der Blüten eine breite Form. Das reife Laub ist dunkelgrün.
GB 120 cm

Sharifa Asma

Rosa Sharifa Asthma

(AUSreef)
vgl. *Rosa* Sharifa Asma

Rosa Sharon's Love®

(-) Lens (1998)
An den großen, einfachen Blüten dieser niedrigen ständig blühenden Strauchrose fallen die rosa Staubgefäße ins Auge. Die 10 cm breiten Blüten besitzen fünf gewellte Blätter von zartestem Rosa. Das dunkelgrüne Laub ziert einen aufrechten Strauch.
130 cm

Sharon's Love®

Rosa Shocking Blue®

(KORblue) Kordes (1975)

Shocking Blue®

Wenn man die Shocking Blue® beschreiben will, fallen die Worte Lila, Magenta und Mauve. Bemerkenswert ist die Farbe auf jeden Fall. Die halb gefüllten Blüten öffnen sich spiralig. Sie duften stark und eignen sich als Schnittblumen. Entfernen Sie alte Blüten, um neue Schübe anzuregen. Der Strauch wird ca. 1 m hoch und trägt große, glänzend dunkelgrüne Blätter.

80 cm

Rosa Shogun®

(TANugosh) Tantau (1999)

Der Züchter Tantau hat sich auf robuste Rosensorten spezialisiert, die resistent gegen Pilzkrankheiten sind. Dies ist eine neue Kletterrose. Ihre wohl geformten, gefüllten Blüten überstehen auch schlechtes Wetter. Die kräftige Kletterrose zeigt selten irgendwelche Krankheitsschäden. An ihre karminrosa Blüten muss man sich aber erst gewöhnen.

300–400 cm

Shogun®

Rosa Showbiz

(TANweieke)

vgl. *Rosa* Ingrid Weibull®

Rosa Sibelius®

(-) Lens (1984)

Die Sibelius® ist eine Moschata-Hybride (vgl. *Rosa moschata*), deren Blüten stark jenen der Kletterrose *Rosa* Veilchenblau ähneln. Sie sind lavendelrosa mit weißen Flecken und halb gefüllt.

Ihre üppigen Dolden zieren einen höchstens 1 m hohen Strauch, der in die Breite wächst. Seine Blätter sind leicht gerippt und dunkelgrün.

90 cm

Sibelius®

Rosa Silver Anniversary

(POUlari)

vgl. *Rosa* Karen Blixen™ Hybrid Tea Poulsen®

Rosa Silver Jubilee

(-) Cocker (1978)

Der schottische Züchter Cocker brachte diese großblütige Rose schon vor längerer Zeit auf den

Silver Jubilee

Markt. Sie ist jedoch immer noch sehr beliebt. Seinerzeit gewann sie eine ganze Reihe wichtiger Preise und Auszeichnungen. Die gefüllten Blüten werden gut 13 cm breit und sind perfekt geformt. Sie zeigen verschiedene Rosatöne, duften schwach und eignen sich als Schnittblumen. Der Strauch wächst buschig, verzweigt sich gut und trägt viele glänzend dunkelgrüne Blätter.

110 cm

Rosa Silver Queen

(INTerway)

vgl. *Rosa* Milky Way®

Rosa Silver River®

(-) Lens (1989)

Aus dem Herzen des Strauches wachsen die Triebe schräg nach oben. Sie tragen relativ große Blätter mit maximal sieben glänzend dunkelgrünen Blättchen an roten Stielen. An den Spitzen der Triebe sitzen reiche Dolden aus knapp 5 cm breiten elfenbeinweißen Blüten. Diese sind einfach und zeigen neben einem Hauch von Rosa goldgelbe Pollen, die zahlreiche Insekten speisen. Die Silver River® duftet sehr schwach und frisch. Ihre Triebe sind ca. 75 cm lang, doch wird der Strauch höchstens 50 cm hoch, da sie sich neigen und den Boden abdecken.

↔ 50 cm TOP

Silver River®

Rosa Sissi

(TANnacht)

vgl. *Rosa* Mainzer Fastnacht

Rosa Smarty®

(INTersmart) Interplant (1977)

Die äußerst dornigen Triebe wachsen aufrecht, neigen sich aber bald unter der Last der sehr üppigen Blütendolden. Indem sie sich verzweigen, bilden sie einen über 1 m hohen und breiten Strauch.

Die einfachen, über 5 cm breiten Blüten sind anfangs zartrosa, werden aber später fast weiß. Im Herzen zeigen sich attraktive Büschel gelber Pollen. Die Blüten duften lieblich, leicht und fruchtig. Das dunkle graugrüne Laub ist ein wenig anfällig für Rußtau.

100–150 cm

Smarty®

Rosa Snow Ballet®

(Claysnow) Clayworth/Harkness (1977)

Harkness brachte diese in Neuseeland gezüchtete Sorte auf den Markt. Sie eignet sich als Hochstamm-Kaskadenrose, aber auch als niedrige Strauchrose für niedrige Beete oder am Rande von Einfassungen.

Die Blütentriebe neigen sich stark, am Ende bis zum Boden. Die schwach duftenden, bis zu 10

Snow Ballet®

cm breiten Blüten sind empfindlich gegen Regen. Sie sind gefüllt und erscheinen den Sommer über in Dolden mit roten Stielen.

40 cm

Rosa Snow Cover™ Towne & Country®

(POUlmulti) Poulsen (1996)

Die weißen, gefüllten Blüten bilden Dolden mit rötlichen Stielen. Sie werden knapp 2,5 cm breit, zieren aber den niedrigen, eher breiten als hohen Strauch in großer Anzahl.

Die Blätter sind relativ klein und glänzend dunkelgrün.

40 cm

Snow Cover™ Towne & Country®

Rosa Snow Goose

(AUSpom) Austin (1996)

Mit ihren länglichen weißen Blättern wirken die stark gefüllten Blüten wie riesige Gänseblümchen. Sie duften nach Moschus und zieren eine niedrige Kletterrose, die höchstens 3 m hoch wird, aber meist kleiner bleibt. Diese Sorte wird manchmal auch als *Rosa* Snow Goose Climbing angeboten.

250 cm

Snow Goose

Rosa Snow on the Heather

(KORconta)

vgl. *Rosa* Heideschnee®

Rosa Snow Owl

(UHLensch)

vgl. *Rosa rugosa* Schnee-Eule®

Rosa Snow Queen

(Lambert)

vgl. *Rosa* Frau Karl Druschki

Rosa Snow Waltz

(TANrezlaw)

vgl. *Rosa* Schneewalzer®

Rosa Snowcap

(HARfleet) Harkness (1999)

Die zahlreichen pomponförmigen Blüten gehen aus rötlichen Knospen hervor. Sie zieren einen niedrigen Strauch, der gleich hoch und breit wird. Die stark gefüllten, cremeweißen Blüten haben buttergelbe Herzen.

45 cm

Snowcap

Rosa Snow™ Hit®

(POUlsnows) Poulsen (2000)

Die Snow™ Hit® ist eine Zwergrose mit weißen, gefüllten, 5 cm breiten Blüten. Diese duften schwach und erblühen über dem glänzend dunkelgrünen Laub. Gut geeignet für niedrige Hecken, Beete in Kleingärten und als Topfpflanze.

40 cm

Snow™ Hit®

Rosa Snowwhite

(HARfleet)

vgl. *Rosa* Snowcap

Rosa Snowy Summit

(DELblan)

vgl. *Rosa* Clos Fleuri® Blanc

Rosa Sofiero™ Castle®

(POUlsak) Poulsen (2000)

Sofiero™ Castle®

Eine der jüngsten Sorten aus der „Castle®"-Serie, in welcher der dänische Züchter Poulsen Floribunda-Rosen zusammenfasste, die recht niedrig bleiben und daher manchen als niedrige Strauchrosen gelten. Über die buschig verzweigte Pflanze erheben sich gefüllte lachsrosa (manchmal orange) Blüten. Diese sind geruchlos.

60 cm

Rosa Sogno Rosa

(TANipilanmau)

vgl. *Rosa* Pink Traumland®

Rosa Solliden

(POUlmax)

vgl. *Rosa* Fredensborg™ Castle®

Rosa Solo Mio™ Renaissance®

(POUlen002) Poulsen (2000)

Eine schöne Rose für romantische Gärten. Die gefüllten Blüten haben die Form Alter Rosen und sind zartgelb. Sie duften nur schwach und eignen sich für Gegenden mit trockenem Klima.

110 cm

Solo Mio™ Renaissance®

Rosa Sommerabend®

(KORmarec) Kordes (1995)

Der erste Blütenschub der Sommerabend® ist ungemein üppig. Dann überzieht sich das glänzend mittelgrüne, überaus robuste Laub dieser Bodendeckerrose mit einem Teppich einfacher roter

Sommerabend®

Blüten. Später folgen regelmäßig weitere Schübe, sodass der Strauch selten ohne Blüten dasteht. Die Triebe kriechen vom Zentrum aus etwa 1 m in alle Richtungen und decken so wirksam den Boden ab.

↔ 40 cm ✿✿ ☁ ✚ ADR

Rosa Sommerduft®

(TANfundermos) Tantau (1986)

Die wohlgeformten gefüllten Blüten dieser großblütigen Sorte sind tiefrot gefärbt und verströmen einen angenehm würzigen Duft. Sie sitzen auf kräftigen Stielen. Auch die großen Blätter sind recht robust. In der Jugend burgunderrot, werden sie später glänzend dunkelgrün.

80 cm ✿✿✿ ☁☁☁

Sommerduft®

Rosa Sommermärchen®

(KORpinka) Kordes (1992)

Dieser Strauch wird etwa 50 cm hoch und 1 m breit. Die kräftig verzweigten Triebe entziehen

Sommermärchen®

den Boden völlig dem Blick. Während der ersten Blütenschübe im Frühsommer kann man das auffällig glänzende, dunkelgrüne Laub nur hie und da sehen, da es ansonsten völlig mit üppigen Dolden kirschroter Knospen und halb gefüllter dunkelrosa Blüten überzogen ist. Letztere reinigen sich gut. Obwohl die Sommermärchen® als recht krankheitsresistent gilt, wird sie ab und zu von Rußtau befallen.

/↔ 50 cm ✿✿ ☁ TOP

Rosa Sommerwind®

(KORlanum) Kordes (1985)

Die Blattspitzen der Sommerwind® haben gekräuselte Säume. Die halb gefüllten hellrosa Blüten sind ca. 8 cm breit und stehen in lockeren Dolden. In üppigen Schüben zieren sie einen ca. 75 cm hohen Strauch. Da die Rose in die Breite wächst und sich üppig verzweigt, kann sie als Bodendecker gelten. Ihr frisches, glänzendes Laub ist recht resistent gegen Mehltau, wird aber oft von Rußtau befallen, ohne dass ihr Wachstum

Sommerwind®

stockt. Die Sorte entstand aus der *Rosa* The Fairy, die mit Pollen unbekannter Herkunft bestäubt wurde.
Die beständigen Blütenschübe (bis in den Herbst) haben ihr viele Preise und Auszeichnungen eingebracht
/↔ 70 cm ❀❀❀ ☁ ✚ ADR TOP

Rosa Sonia Meilove®

(MElprille) Meiland (1998)
Die Sonia Meilove® ist eine kompakte, etwa 50 cm hohe Patio-Rose. Ihre leuchtend rosa Blüten sind stark gefüllt und geruchlos. Verkauft wird sie im Topf.
50 cm ❀❀❀ ☁

Sonia Meilove®

Rosa Sonnenschirm®

(TANmirsch) Tantau (1993)

Sonnenschirm®

Diese Bodendeckerrose wird durch Stecklinge vermehrt und vor allem in Parkanlagen eingesetzt. Mit ihren üppigen, ausdauernden Schüben becherförmiger gefüllter Blüten, die schließlich ihre Herzen zeigen, passt sie auch gut in den Garten. Das Zitronengelb der Blüten passt gut zu den glänzend mittelgrünen Blättern. Im Sommer verströmen die Dolden einen lieblichen frischen Duft – so wurde die Sorte zu einer der beliebtesten Bodendeckerrosen.
↔ 60 cm ❀❀❀ ☁☁☁

Rosa Sophia Renaissance

(POUlen002)
vgl. *Rosa* Solo Mio™ Renaissance®

Rosa Sophy's Rose

(AUSlot) Austin (1997)
Die gefüllten rosa Blüten der Sophy's Rose sind offen und rosettenförmig. Sie verströmen einen schwachen Teerosenduft und zieren einen reich verzweigten Strauch mit länglichen Blättern.
❀GB 90 cm ❀❀❀ ☁☁

Sophy's Rose

Rosa Sorbet®

(MElpeluj) Meilland (1993)
Die großen, hell lachsrosa Blüten dieser mäßig stark wachsenden Kletterrose hängen locker seitwärts. In der Blütenfarbe herrschen cremegelbe

Sorbet®

Töne vor. Der breite, aufrechte Strauch trägt olivgrünes Laub. Die Sorbet® wird selten angeboten.
150–200 cm

Rosa Søren Kanne™ Floribunda Poulsen®

(POUlege) Poulsen (1996)
Die halb gefüllten Blüten sind orangerot mit subtilen Nuancen von Rosa. Sie werden fast 10 cm breit und stehen in Dolden auf der buschig verzweigten Pflanze.
100 cm

Søren Kanne™ Floribunda Poulsen®

Rosa Sourire Rose®

(-) Lens (1996)
Die Sourire Rose® ist eine Moschata-Hybride (vgl. *Rosa moschata*) mit üppigem, mittelgrünem Laub. Der Strauch wächst aufrecht. Seine vertikalen Triebe enden in Blütendolden. Die halb gefüllten Blüten sind ca. 6 cm breit. Anfangs zart-

Sourire Rose®

rosa (was schön mit den goldenen Pollen harmoniert), verströmen sie einen frischen Duft. Ältere Blüten verblassen zu Elfenbeinweiß.
150 cm

Rosa Southampton

(-) Harkness (1972)
Dass diese alte Floribunda-Rose immer noch im Handel ist, spricht für ihre Qualitäten. Sie bildet den ganzen Sommer über Dolden halb gefüllter Blüten. Diese sind anfangs orange, zeigen aber später viele Nuancen zwischen Ockergelb und Lachsrosa. Sie duften lieblich und zieren einen aufrechten Strauch mit dunkelgrünen Blättern.
100 cm

Southampton

Rosa Souvenir de Louis Amade®

(DELalac) Delbard (1998)
Die gefüllten rosa Blüten öffnen sich becherförmig und zeigen dann Büschel gelber Pollen. Neue Schübe folgen (vor allem in warmen Gegenden) den ganzen Sommer hindurch. Dort

Souvenir de Louis Amade®

duften auch die Blüten intensiver. Ihr frischer Duft erinnert an Anis. Die Souvenir de Louis Amade® gibt es auch als Hochstammrose.
80 cm

Rosa Souvenir de Marcel Proust®

(DELpapy) Delbard (1993)
Diese neue großblütige Sorte zeigt viele Merkmale Alter Rosen. Die dünnen Triebe biegen sich unter der Blütenlast. Die Blüten sind klassisch geformt: Kugel- bis becherförmig, mit vielen einander überlappenden gelben Blättern. Das macht die Pflanze empfindlich gegen schlechtes Wetter. Man sollte sie nur kaufen, wenn man in einer Gegend mit warmen, trockenen Sommern lebt. Dort erreicht auch der frische süße Duft der Blüten seine höchste Intensität.
90 cm

Souvenir de Marcel Proust®

Rosa Souvenir de Rose-Marie®

(LENtrita) Lens (1998)
Eine Moschata-Hybride (vgl. *Rosa moschata*) mit cremeweißen Blüten. Die aprikosenfarbenen

Souvenir de Rose-Marie®

Knospen entfalten sich zu anfangs gelben, lachsrosa überhauchten Blüten. Mit 5 cm Breite sind die gefüllten Gebilde für eine Rose dieses Typs sehr groß. Die Souvenir de Rose-Marie® eignet sich auch als Schnittblume. Der halbhohe Strauch blüht sehr lange.
110 cm

Rosa Sparkler

(POUlcov)
vgl. *Rosa* White Cover™ Towne & Country®

Rosa Sparkling Pink

(POUleas)
vgl. *Rosa* Easy Cover™ Towne & Country®

Rosa Sparkling White

(POUlcov)
vgl. *Rosa* White Cover™ Towne & Country®

Rosa Sparkling Yellow

(POUlgode)
vgl. *Rosa* Golden Cover™ Towne & Country®

Rosa Speelwark®

(KORwarpeel) Kordes (1999)
Die großen, gefüllten Blüten wirken zweifarbig: Pfirsichfarbene bis gelbe Herzen mit rosa Flecken, die später dunkler werden. Sie duften intensiv nach frischen Äpfeln und ein wenig nach Vanille. Die auffällig glänzenden Blätter

Speelwark®

sind anfangs weinrot und werden später dunkelgrün. Die Speelwark® hat eine aufrechte Wuchsform.

80 cm

Rosa Spellbound

(POUlrim)

vgl. *Rosa* Flora Danica™ Paramount®

Rosa Spirit of Youth

(MEIvestal)

vgl. *Rosa* Senator Burda®

Rosa Spring Fragrance

(Kordes)

vgl. *Rosa* Frühlingsduft

Rosa Spring Gold

(Kordes)

vgl. *Rosa* Frühlingsgold

Rosa St. Cecilia

(AUSmit) Austin (1987)

Die Blüten der St. Cecilia sind anfangs kugelrund. Später bilden sie tiefe Becher, deren Blätter einander dicht überlappen. Jene zeigen ein sehr zartes (später fast reinweißes) Hellrosa mit einem Hauch Apricot. Die Blüten stehen einzeln oder in kleinen Dolden und biegen sich an ihren Stielen. Ihr auffälliger, durchdringender Geruch erinnert an Birnen. Der unregelmäßig aufrecht wach-

St. Cecilia

sende Strauch bildet dornige Triebe mit graugrünen Blättern. Das Laub ist leider etwas für Rost anfällig.

GB 100 cm

Rosa St. John

(HARbilbo) Harkness (1995)

St. John

Der Strauch wird beinahe so breit wie hoch und bildet eine Kuppel. Daher eignet er sich in Kombination mit Mehrjährigen hervorragend als Bordüre. Den ganzen Sommer hindurch stehen cremeweiße Blüten über dem glänzend mittelgrünen Laub. Die 5 cm breiten Gebilde erscheinen in großer Zahl. Sie sind halb gefüllt und duften schwach.

100 cm

Rosa St. Swithun™

(AUSwith) Austin (1993)

Die zartrosa Becherblüten der St. Swithun™ sind

St. Swithun™

rosettenförmig. Im Herzen der stark gefüllten Gebilde sitzen krause Blätter. Die Säume der wundervoll duftenden Blüten werden am Ende fast weiß. Die Blüten zieren den ganzen Sommer über einen reich verzweigten Strauch. Er eignet sich auch als niedrige Kletterrose (unter dem Namen *Rosa* St. Swithun Climbing). Je nach Qualität der Unterlage und Art des Aufbindens kann er 1,2 bis 2 m hoch werden.
🌹GB/⇗ 120–240 cm 🌹🌹🌹 ☁☁☁☁

Rosa St. Vincent

(DELtrap)
vgl. *Rosa* Saint-Vincent®

Rosa Stadt Eltville®

(TANelliv) Tantau (1990)
Die leuchtend roten, gefüllten Blüten erscheinen den ganzen Sommer über in üppigen Dolden. Der Strauch wächst reich verzweigt und stark in die Breite, sodass sein glänzend mittelgrünes Laub ein Beet gut abdeckt. Die Blätter sind anfangs tiefrot und passen gut zu den Blüten. Jene sind praktisch geruchlos.
❀❀ 80 cm 🌹🌹🌹 ☁

Stadt Eltville®

Rosa Stardust®

(INTerdust) Interplant (1993)
Die rötlichen Triebe wachsen hauptsächlich in die Breite und bilden so einen niedrigen, dicht verzweigten Busch von etwa 40 cm Höhe. Dieser trägt zahlreiche glänzend dunkelgrüne Blätter und Dolden geruchloser, halb gefüllter, 5 cm breiter gelber Blüten. Sie verblassen mit der Zeit. Die Sorte ist vielfältig verwendbar: Als Bodendecker, Patio-Rose und sogar Topfpflanze (dann allerdings in großen Töpfen bzw. Kübeln).
↔/PA 40 cm 🌹🌹🌹 ☁

Stardust®

Rosa Starlight™ Parade®

(POUlstar) Poulsen (1996)
Die Rosen der „Parade®"-Serie des dänischen Züchters Poulsen lassen sich drinnen und

Starlight™ Parade®

draußen kultivieren. Im Haus brauchen sie einen kühlen, hellen Standort, um optimal zur Geltung zu kommen. Draußen gedeihen sie am besten in Töpfen, Blumenkästen oder Kübeln. Die gefüllten Blüten sind weiß, das Laub matt mittelgrün.
40 cm

Rosa Stella Dorata

(TANtern)
vgl. *Rosa* Goldstern®

Rosa Stella Polara

(TANlarpost)
vgl. *Rosa* Polarstern®

Rosa Stretch Johnson

(MACfirwal)
vgl. *Rosa* Rock 'n' Roll

Rosa Sue Hipkin

(HARzazz) Harkness (1997)
Die stark gefüllten Blüten dieser großblütigen Rose sind becherförmig. Im Herzen zeigt sich reines Orange. Zum Saum hin wird es erst aprikosenfarben, dann gelb und am Ende hellrosa. Die Blüten stehen einzeln oder in kleinen Dolden an kräftigen Trieben und duften wunderbar.
100 cm

Sue Hipkin

Rosa Suffolk

(KORmixel)
vgl. *Rosa* Bassino®

Rosa Suffolk

(POUlgode)
vgl. *Rosa* Golden Cover™ Towne & Country®

Rosa Sugar Baby®

(TANabagus) Tantau (1997)
Die gefüllten rosa Blüten sind becherförmig und zeigen ein wenig von ihren Pollen. Obwohl recht klein, sind sie schön geformt. Ihre Farbe erregt auch von weitem Aufmerksamkeit. Die Rose lässt sich manchmal schwer mit anderen Blumen kombinieren. Am besten pflanzt man sie in ein Beet. Der niedrige Strauch hat olivgrünes Laub.
50 cm

Sugar Baby®

Rosa Summer Dance®

(INTerdan) Interplant (1993)
Die üppigen Dolden rosenroter Blüten biegen sich unter der eigenen Last. Die einfachen, 8 cm breiten Blüten haben elfenbeinweiße Herzen. Dort sitzen anfangs gelbe Pollen, die sich später schwarz färben. Dann haben die Blüten längst

Summer Dance®

ihren Reiz eingebüßt. Der Strauch wächst erst aufrecht und dann in die Breite. Er trägt große, glänzend dunkelgrüne Blätter.
140 cm

Rosa Summer Fragrance

(TANfundermos)
vgl. *Rosa* Sommerduft®

Rosa Summer Gold

(POUlreb)
vgl. *Rosa* Marselisborg™ Castle®

Rosa Summer Lady®

(TANydal) Tantau (1991)
Aus spitzen Knospen gehen wohlgeformte, gefüllte, hellrosa Blüten hervor. Obwohl sie nur schwach duften, eignen sie sich gut als Schnittblumen. Der aufrechte Strauch blüht kontinuierlich.
90 cm

Summer Lady®

Rosa Summer Wine

(KORizont) Kordes (1985)
Eine ungewöhnliche Farbe für eine Kletterrose: Die korallenrosa Knospen entfalten sich zu lachsrosa Blüten. Diese sind halb gefüllt und becherförmig. Ihre Herzen zeigen deutlich die tiefrote Basis der Staubgefäße. Sie blühen den ganzen Sommer über in Schüben. Sie duften wunderbar fruchtig. Diese Kletterrose wird 2 bis

Summer Wine

3 m hoch. Sie eignet sich gleich gut für Rosenbögen und -pfeiler bzw. als Wandbegrünung. Die glänzenden Blätter zeigen ein sehr dunkles Grün.
200–300 cm

Rosa Summer™ Palace®

(POUlcape) Poulsen (1998)
Die Summer™ Palace® ist eine typische Zwergrose mit weißen, gefüllten Blüten. Diese duften schwach und können ca. 8 cm breit werden. Das Laub ist glänzend dunkelgrün. Die Rose eignet sich für Kübel, Blumenkästen und große Töpfe. Bei ausreichender Wässerung und Düngung blüht sie den ganzen Sommer.
50 cm

Summer™ Palace®

Rosa Sun Cover™ Towne & Country®

(POUlurt) Poulsen (1996)
Der niedrige Strauch mit dem schönen glänzend dunkelgrünen Laub trägt Dolden aus halb gefüll-

Sun Cover™ Towne & Country®

ten bis gefüllten Blüten von zartem Gelb. Die 5 cm breiten Gebilde sind locker becherförmig. Sie verströmen den milden Duft wilder Rosen.

40 cm

Rosa Sunblest

(Tantau)

vgl. *Rosa* Landora®

Rosa Sun™ Hit®

(POUlsun) Poulsen (1996)

Die über 5 cm breiten becherförmigen Blüten sind dauerhaft goldgelb gefärbt. Für den niedrigen Strauch sind sie relativ groß.

Die Sun™ Hit® eignet sich auch als Topfpflanze,

Sun™ Hit®

doch pflanzt man sie besser in ein Beet oder als Vordergrund einer Bordüre. Das glänzend dunkelgrüne Laub ist recht robust.

50 cm

Rosa Sunset Boulevard

(HARbabble) Harkness (1997)

Diese Rose wurde gleich nach ihrer Markteinführung preisgekrönt, nicht nur wegen ihren wohlgeformten Knospen, den schön gefüllten Blüten, den subtilen Farben (von zartem Orange bis Lachsrosa) und den langen Blütenschüben, sondern auch wegen ihrer Resistenz gegen Pilzkrankheiten. Der kompakte Strauch wächst kräftig verzweigt.

90 cm

Sunset Boulevard

Rosa Sunset Celebration™

(FRYxotic)

vgl. *Rosa* Warm Wishes

Rosa Sunshine®

(NOAson)

vgl. *Rosa* Celina®

Rosa Sunsprite

(KORresia)

vgl. *Rosa* Friesia®

Rosa Suntan®

(INTerbronzi) Interplant (1990)

In den halb gefüllten Blüten der Suntan® bemerkt man die Farben Apricot, Gelb und Lachsrosa. Sie zieren den ganzen Sommer über einen ca. 40 cm hohen und breiten Strauch. Die glänzend dunkelgrünen Blätter wirken frisch und zieren die Zwergrose lange Zeit.

40 cm

Suntan®

Rosa Super Star®

(TANorstar) Tantau (1960)

Die korallenroten Blüten dieser bereits etwas älteren Rose ziehen die Blicke auf sich und passen daher schlecht zu anderen Farben. Deshalb pflanzt man diese allzeit beliebte Sorte am besten als Solitär, in Beete oder als Schnittblume.

Die Blüten duften fruchtig. Sie sitzen auf langen, kräftigen Stielen, die sie zu beliebten Schnittblumen machen, zumal die Blüten sehr lange schön bleiben. Der Strauch wächst etwas unregelmäßig aufrecht. Er trägt glänzend graugrünes Laub. Die Blätter sind anfällig für Mehltau.

100 cm

Super Star®

Rosa Superba

vgl. *Rosa* Scabrosa

Rosa Supreme Cover™ Towne & Country®

(POUlor) Poulsen (1996)

Die halb gefüllten, ca. 8 cm breiten Blüten sind locker aufgebaut. Sie duften nicht und sind überwiegend rosa, zeigen aber auch rote und gelbe Töne. Ihre Dolden zieren den ganzen Sommer hindurch den niedrigen, glänzend mittelgrün belaubten Strauch.

40 cm

Supreme Cover™ Towne & Country®

Rosa Surrey

(KORlanum)

vgl. *Rosa* Sommerwind®

Rosa Susan Ann

(Harkness)

vgl. *Rosa* Southampton

Rosa Swany®

(MEIburenac) Meilland (1978)

Eine Zwergrose mit Weltmeisterqualitäten: Äußerst üppige und dauerhafte Blütenschübe, ungemein gefüllte weiße Blüten und ein kräftiges Wachstum, sodass die weißen Blüten und das schöne, glänzend bronze-, später dunkelgrüne Laub den Boden vollständig dem Blick entzie-

hen. Der Busch wird breiter als hoch. Die Swany® ist resistent gegen Mehl- und Rußtau.
50 cm

Rosa Sweet Dream

(FRYminicot) Fryer (1988)

Die Sweet Dream ist eine bemerkenswert niedrige Floribunda-Rose mit schönen aprikosenfarbenen Blüten, die oft lachsrosa Nuancen zeigen. Die 5 cm breiten Blüten sind becherförmig und stark gefüllt. Sie verströmen einen leichten, süßen Rosenduft. Obwohl der Strauch schönes, dunkelgrünes Laub trägt, wirkt er oft etwas kahl. Die Sweet Dream eignet sich auch für Blumentöpfe und -kästen. Man könnte sie leicht als Patio-Rose einstufen.
40 cm

Sweet Dream

Rosa Sweet Juliet™

(AUSleap) Austin (1989)

Es hängt von Ihnen ab, wie sie Englische Rosen beschneiden: Ein leichter Rückschnitt führt zu zahlreichen, dafür aber kleinen Blüten, während ein härterer für wenige, doch größere sorgt. Dies gilt auch für die kräftig aufrecht wachsende Sweet Juliet™. Bei ihr ist es sehr wichtig, dass man die schwächeren Triebe entfernt. Wenn sie stehen bleiben, behindern sie die Blütenbildung. Nach dem Schnitt kann man sich im Spätfrühjahr an den rosettenartigen gefüllten Blüten erfreuen. Ihr zartes Apricot verblasst an den Säumen. Sie duften schwach nach Teerosen und blühen in Schüben. Bei mäßigem Rückschnitt

Sweet Juliet™

setzt man sie in Bordüren besser nach hinten, sodass die Blüten die anderen Pflanzen überragen. Die lanzettförmigen Blätter sind anfangs bronzegrün und färben sich später mittelgrün.
GB 120 cm

Rosa Sweet Magic

(DICmagic) Dickson (1987)

Wenn man Orange liebt, ist die Sweet Magic die richtige Wahl. Ihre halb gefüllten Blüten scheinen wegen des dunkelgrünen Laubes aus dem Strauch hervorzubrechen. Sie öffnen sich rasch zur Becherform. Dann zeigt sich das Goldgelb, welches die Pollen im Herzen umgibt. Die Blüten

Sweet Magic

duften schwach fruchtig. Der Busch wird ebenso breit wie hoch und trägt viele robust wirkende Blätter.
❀ 70 cm 🌹🌹🌹 ☁☁

Rosa Sweet Revelation

(HARzazz)
vgl. *Rosa* Sue Hipkin

Rosa Sweetheart Rose

(Pernet-Ducher)
vgl. *Rosa* Cécile Brünner

Rosa Sympathie®

(-) Kordes (1964)
Eine kräftig wachsende Kletterrose mit schönen, gefüllten Blüten von tiefem Scharlachrot, die auch schlechtes Wetter vertragen. Sie zieren den ganzen Sommer über diese kräftige Kletterrose. Dabei neigt sie dazu, im unteren Bereich kahl zu werden. Kräftiger Rückschnitt kann hier Abhilfe schaffen. Die Blüten stehen in dichten Dolden und verströmen einen wunderbar altmodischen Rosenduft. Das dunkelgrüne Laub ist recht krankheitsresistent. Viele halten die Sympathie® für eine der besten roten Kletterrosen.
⇗ 200–400 cm 🌹🌹🌹 ☁☁☁ ✚ ADR

Sympathie®

Rosa Taboo™

(TANelorak)
vgl. *Rosa* Barkarole®

Rosa Tango

(MACfirwal)
vgl. *Rosa* Rock 'n' Roll

Rosa Tapis d'Orient

(Harkness)
vgl. *Rosa* Yesterday

Rosa Tapis Rouge

(INTerop)
vgl. *Rosa* Eyeopener®

Rosa Tapis Volant®

(LENplat) Lens (1982)
Die langen, hellgrünen, dornenlosen Triebe wachsen vom Herzen des Strauches nach außen, biegen sich aber bald und bedecken den Boden im Umkreis von 1 m mit glänzend hellgrünen Blättern. An ihrer Unterseite sitzen krumme Dornen. Die einfachen hellrosa Blüten bilden üppige Dolden. Ihr zartes Rosa zeigt ein weißes Auge, das mit der Zeit größer wird. Am Ende ist die Blüte fast ganz weiß. Die 5 cm breiten Gebilde ziehen vor allem Schwebfliegen an. Von Ruß- und Mehltau wird diese Bodendeckerrose nur selten befallen.
↔ 50 cm 🌹🌹🌹 ☁ ✚

Tapis Volant®

Rosa Tea Time®

(TANetee) Tantau (1994)

Die gefüllten Blüten der Tea Time® zeigen eine Mischung von Orange und Messinggelb. Sie sitzen einzeln oder in kleinen Gruppen auf langen Stielen und eignen sich auch als Schnittblumen. Sie gehen zylinderförmig aus spitzen Knospen hervor und sind nahezu geruchlos. Das burgunderrote Laub färbt sich später dunkelgrün.

80 cm

Tea Time®

Rosa Teasing Georgia

(AUSbaker) Austin (1998)

Es mag unfair erscheinen, die Blüten dieser Englischen Rose mit einem Frühstücksei zu vergleichen, doch die Ähnlichkeit überrascht: Die stark gefüllten, oft geviertelten Blüten haben dottergelbe Herzen und viel hellere, rückwärts gerollte Außenblätter. Sie duften lieblich wie Teerosen. Der kräftig wachsende Strauch wird bis zu 1 m hoch, eignet sich aber auch als Kletterrose: Mit der richtigen Hilfe bringt er es auf 3 m. Aus gutem Grund wird die Sorte daher auch unter dem Namen *Rosa* Teasing Georgia Climbing angeboten.

GB/ 120–300 cm

Teasing Georgia

Rosa Telluride

(POUlbut)

vgl. *Rosa* Butterflies Cover™ Towne & Country®

Rosa Tempesta di Neve

(TANmurse)

vgl. *Rosa* Schneesturm® (TANmurse)

Rosa Tendresse

(DELtendre)

vgl. *Rosa* Comtesse de Segur®

Rosa Tercentenary

(TANtasch)

vgl. *Rosa* Goldschatz®

Rosa Terra Jubilee

(-) Zary (1995)

Die wohlgeformten Knospen öffnen sich zu schönen, becherförmigen Blüten. Diese sind halb gefüllt und haben offene Herzen mit roten Staubgefäßen und gelben Pollen.

Terra Jubilee

Junge Blütenblätter sind an ihrer Basis goldgelb mit Nuancen von Apricot und Zartrosa. Die älteren, bis zu 10 cm breiten Blüten werden später in der Saison blassgelb bis elfenbeinweiß. Diese Gebilde mit dem frischen Rosenduft zieren einen niedrigen, nur mäßig wachsenden Strauch.
Das junge Laub ist anfangs noch rötlich, doch wird es schließlich matt graugrün. Es ist leider etwas anfällig für Rußtau.
✲✲ 70 cm ✿✿✿ ☁☁

Rosa Tess of the d'Urbervilles

(AUSmove) Austin (1998)
Die karminroten Blüten öffnen sich becherförmig und bilden schließlich lockere, gefüllte Pompons. Dass sich die Stiele unter der Blütenlast biegen, verstärkt ihre dekorative Wirkung noch. Die Blüten zieren einen sehr reich verzweigten Strauch, der ebenso breit wie hoch wird.
Die Sorte eignet sich auch als niedrige Kletterrose und wird dann als Rosa Tess of the d'Urbervilles Climbing angeboten. Die großen graugrünen Blätter harmonieren hervorragend mit den kräftig gefärbten, schon aus großer Entfernung sichtbaren Blüten.
✿GB/✐ 120–210 cm ✿✿✿ ☁☁

Tess of the d'Urbervilles

Rosa Testa Rossa

(KORdiam)
vgl. *Rosa* Holsteinperle®

Rosa That's Jazz™ Courtyard®

(POUlnorm) Poulsen (1999)
Die wunderschöne Form der roten, gefüllten Blüten erinnert an klassische großblütige Rosen. Allerdings zieren diese schwach duftenden Gebilde eine bis zu 3 m hohe Kletterrose. Das glänzende Laub ist mittelgrün gefärbt. Diese Rose wirkt strauchartig und wird an der Basis nicht kahl.
✐ 250 cm ✿✿✿ ☁☁

That's Jazz™ Courtyard®

Rosa The Alexandra Rose

(AUSday) Austin (1992)
Die großen, matt blaugrünen Blätter und die langen Triebe deuten auf die Alba-Wurzeln dieser Rose hin. Ihre kleinen Blüten erscheinen vom Frühsommer an, jedoch nicht kontinuierlich. Sie sind einfach, außen rosa und zum Herzen hin zartgelb. Ihre Herzen bergen große Staubgefäßbüschel. Sie duften nur schwach nach Mo-

The Alexandra Rose

schus. Die Triebe bilden einen hohen Strauch, doch kann man sie auch als niedrige Kletterrose aufbinden.
140–200 cm

Rosa The Conductor

(Tantau)
vgl. *Rosa* Dirigent®

Rosa The Cottage Rose

(AUSglisten)
vgl. *Rosa* Cottage Rose

Rosa The Countryman®

(AUSman) Austin (1987)
Die Countryman® blüht meist zweimal: Erst im Sommer, dann im Spätsommer oder Herbst. Wenn man die verblühten Blüten des ersten Schubs entfernt, wird der zweite erheblich begünstigt. Die rosa Blüten sind stark gefüllt und rosettenförmig. So ähneln sie kleinen Pfingstrosen. Sie erblühen zwischen und über dem mittelgrünen Laub und duften wie Alte Rosen (und ein wenig fruchtig). Der buschige Strauch verzweigt sich üppig. Er wird häufig breiter als hoch.
GB 90 cm

The Countryman®

Rosa The Dark Lady

(AUSbloom) Austin (1991)
Trotz seines mäßigen Wachstums produziert dieser gedrungen wirkende Strauch nur wenige Blü-

The Dark Lady

ten. Diese sind samtig karminrot und ähneln den auf chinesischen Drucken oft zu sehenden Pfingstrosen. Beim Öffnen sind die stark gefüllten Blüten zunächst spitz. Später werden sie rosettenförmig, da sich ihre Form durch das Zurückkrümmen der äußeren Blätter auflockert. Sie duften wie Alte Rosen und haben matt dunkelgrünes Laub.
GB 90 cm

Rosa The Dove

(TANamola 85)
vgl. *Rosa* La Paloma® 85

Rosa The Fairy

(-) Bentall (1932)
Die dichte Wuchsform des niedrigen Strauches und die überwältigende Fülle der halb gefüllten, hellrosa Blüten machen die Rose zu einer der beliebtesten Sorten. Diese stehen in Dolden über

The Fairy

dem schönen, glänzend mittelgrünen Laub. Die Blüte setzt später ein und erfolgt in Wellen, doch ist der Strauch nie blütenlos. Er ist vielfältig verwendbar: Unbeschnitten als niedrige Strauchrose, Bodendecker und Randpflanze, beschnitten als niedrige Strauchrose und Hochstamm-Kaskadenrose. Die Fairy ist resistent gegen Mehltau und wird nur selten von Rußtau befallen.
⊛ /⊞ 70 cm ❀❀❀ ☁ ✚ TOP

Rosa The Herbalist™

(AUSsemi) Austin (1991)

Die becherförmigen, halb gefüllten Blüten der Herbalist™ verströmen einen süßen fruchtigen Duft. Die rosa Blätter überlappen einander und zeigen die weißen Herzen. Hinter den gelben Pollen bemerkt man aprikosenfarbene Nuancen. Die Blüten bilden sich den Sommer hindurch auf dünnen Stielen, die dennoch aufrecht bleiben. Der Strauch verzweigt sich gut und trägt an der Basis üppiges Laub. Die jungen Blätter sind hellgrün, werden aber später graugrün.
❀GB 100 cm ❀❀❀ ☁☁☁

The Herbalist™

Rosa The Mayflower

(AUStilly) Austin (2001)

Englische Rosen haben oft einen schlechten Ruf, wenn es um ihre Resistenz gegen Krankheiten geht. Die kontinentaleuropäischen Sorten sind besonders anfällig für Mehl- und Rußtau sowie Rost. Um so mehr Beachtung verdient die The Mayflower: David Austin bezeichnet diese Neuheit als wahren Durchbruch. Auf dem Testfeld

The Mayflower

zeigte ihr mattgrünes Laub keine Anzeichen von Befall. Und obwohl die Rose keine üppigen Schübe bildet, blühen die stark gefüllten rosa Blüten den ganzen Sommer über. Sie verströmen den lieblichen Duft Alter Rosen. Der Strauch wächst buschig und reich verzweigt.
❀GB 120 cm ❀❀❀ ☁☁☁ ✚

Rosa The McCartney Rose®

(MEIzeli) Meilland (1995)

Paul McCartney kann mit dieser nach ihm benannten Rose vollauf zufrieden sein: Bei Spezialtests für den Titel „Anerkannte Deutsche Rose“ (ADR) schnitt die gefüllte, leuchtend rosa Sorte sehr gut ab. Bei diesen sehr strengen, 1995 bis 1998 in verschiedenen deutschen Rosengärten durchgeführten Tests erwies sich, dass die The McCartney Rose® sehr resistent gegen Rosenkrankheiten ist. Ihre wohlgeformten Knospen entfalten sich zu perfekt gefüllten, becherförmigen Tee-Hybridblüten, die einen unglaublich

The McCartney Rose®

süßen Duft verströmen. Der Strauch wächst aufrecht, aber ziemlich unregelmäßig. Die jungen Blätter sind olivgrün, die reifen extrem groß (bis zu 13 x 8 cm) und matt graugrün gefärbt.
90 cm

Rosa The New Dawn

(Somerset Rose Nursery)
vgl. *Rosa* New Dawn

Rosa The Pilgrim™

(AUSwalker) Austin (1991)
Die zarten Farben Englischer Rosen machen es

The Pilgrim™

leicht, sie mit andersfarbigen Blumen zu kombinieren. Auch das zarte Gelb der stark gefüllten Blüten der The Pilgrim™ passt gut zu anderen Bordürenpflanzen. Die sehr dicht stehenden Blütenblätter sind im Herzen zartgelb, weiter außen hingegen fast weiß. Die Blüten duften schwach nach Vanille, was sie als Schnittblumen noch attraktiver macht. Sie sind so schwer, dass sich die Stiele biegen.
Der kräftig aufwärts wachsende Strauch dient meist als Busch, eignet sich aber aufgebunden auch als Kletterrose. Dann wird er als *Rosa* The Pilgrim Climbing angeboten. Sein Laub ist glänzend mittelgrün.
GB/ 120–250 cm

Rosa The Queen Elizabeth Rose

(Lammerts)
vgl. *Rosa* Queen Elizabeth®

Rosa The Royal Brompton Rose

(MEIvildo)
vgl. *Rosa* Yves Piaget®

Rosa The Scotsman™ Paramount®

(POUlscots) Poulsen (2001)
Das Mauve der gefüllten Blüten kontrastiert schön mit den glänzend dunkelgrünen Blättern. Die Sorte gehört zu „Paramount®"-Serie des Züchters Poulsen, in der jener niedrige, großblütige Rosen zusammenfasste. Die Blüten der Scotsman™ werden ca. 10 cm breit. Sie duften schwach.
80 cm

The Scotsman™ Paramount®

Rosa The Times Rose

(KORpeahn)
vgl. *Rosa* Mariandel®

Rosa The Wife of Bath

(AUSwife)
vgl. *Rosa* Wife of Bath

Rosa The World

(DieKOR)
vgl. *Rosa* Die Welt®

Rosa The Wyevale Rose

(MEIbalbika)
vgl. *Rosa* Iga®'83 Munchen

Rosa The Yeoman

(AUSyeo) Austin (1969)

Eine der älteren Englischen Rosen: Die The Yeoman wächst nicht kräftig genug, um den ganzen Sommer neue Blütenschübe zu bilden und sie ist empfindlich gegen Insekten. Obwohl die gefüllten Blüten nicht sehr schwer sind, biegen sich ihre Stiele. Beim Aufspringen der Knospen hellrosa, verblassen sie rasch zu Elfenbeinweiß. Sie duften mild und frisch. Der aufrechte Strauch trägt matt mittelgrünes Laub. Heute gibt es bessere Englische Rosen, sodass sich die The Yeoman allmählich „verabschiedet".

GB 150 cm

The Yeoman

Rosa Thornhem

(INTerway)

vgl. *Rosa* Milky Way®

Rosa Tintinara™

(DICuptight) Dickson (1999)

Tintinara™

Die halb gefüllten Blüten sind nicht sehr schön geformt, aber farbenprächtig. Die Palette reicht von Orange bis Lachsrosa, mit allen denkbaren Zwischenstufen. Sie stehen einzeln oder in kleinen Gruppen auf langen Stielen über dem hellgrünen Laub. Der erste Blütenschub ist sehr üppig. Anschließend bildet der Busch laufend neue Blüten. Diese duften schwach.

80 cm

Rosa Tivoli 150™ Hybrid Tea Poulsen®

(POUlduce) Poulsen (1996)

Der niedrige, weit verzweigte Strauch bildet an langen Vertikaltrieben, die über 1 m lang werden können, Dolden und Einzelblüten. Die zartgelben, gefüllten Blüten sind kugelrund und circa 13 cm breit. Ihr leichter Duft ist typisch für Rosen. Das Laub langweilt ein wenig: Anfangs olivgrün, färbt es sich später matt dunkelgrün.

100 cm

Tivoli 150™ Hybrid Tea Poulsen®

Rosa Tivoli Gardens

(POUlduce)

vgl. *Rosa* Tivoli 150™ Hybrid Tea Poulsen®

Rosa Tojo®

(-) McGredy (1978)

Die Tojo® ist eine gute Beetrose – und sei es nur wegen des dichten Laubes, das jedes Beet ausfüllt. Die großen Blätter sind erst rötlich, dann gelb- und am Ende dunkelgrün. Die orange- bis scharlachroten Blüten stehen in üppigen Dolden und sind ausdauernd. Die Blütenblätter der ge-

Tojo®

füllten, becherförmigen Gebilde überlappen einander. Sie duften nur schwach. Der relativ niedrige Strauch wächst in die Breite und verzweigt sich gut.

✲✲ 70 cm ❀❀❀ ☁ TOP

Rosa Top™ Hit®

(POUltop) Poulsen (1996)

Die Rosa Top™ Hit® zählt zu den beliebten Zwergrosen des dänischen Züchters Poulsen. Ihre gefüllten Blüten sind becherförmig und über 5 cm breit. Sie duften nicht. Junge Triebe sind weinrot gefärbt. Später werden sie glänzend dunkelgrün mit einem Stich ins Rote.

▣ 40 cm ❀❀❀ ☁

Top™ Hit®

Rosa Topkapi™ Palace®

(POUlthe) Poulsen (1996)

Das dunkle Rosa der gefüllten Blüten weckt orientalische Assoziationen: Benannt ist die Sorte nach dem Sultanspalast in Istanbul. Eine schöne Zwergrose für große Töpfe oder Kästen, aber

Topkapi™ Palace®

auch für Beete in kleineren Gärten. Sie duftet schwach nach Wildrosen.

▣ 50 cm ❀❀❀ ☁☁

Rosa Tornado®

(KORtor) Kordes (1973)

Im Sommer und Herbst erheben sich Blütendolden über das frischgrüne Laub. Sie duften schwach, sind halb gefüllt und leuchtend orangerot. Der niedrige, reich verzweigte und robuste Strauch reinigt sich gut: Nach dem Verblühen fallen die Blätter restlos ab: Ideal für Beete, Einfassungen und Grünanlagen.

✲✲ 60 cm ❀❀❀ ☁ ✚ ADR

Tornado®

Rosa Toscana

(KORstesgli)

vgl. *Rosa* Gärtnerfreude®

Rosa Toulouse Lautrec®

(MEIrevolt) Meilland (1994)

Diese nach einem Maler benannte großblütige Rose hat die Farbe und den Duft von Zitronen. Die Blüten erinnern an aufgelockerte Pfingstrosen. Sie sitzen meist einzeln an mittelgrün belaubten Trieben.

Die Rose bildet hübsche, kompakte Sträucher. Trotz ihres ungewöhnlichen Aussehens ist die Toulouse Lautrec® eine gute Schnittblume.

80 cm

Toulouse Lautrec®

Rosa Toynbee Hall

(KORwonder)

vgl. *Rosa* Bella Rosa®

Rosa Träumerei®

(KORrei) Kordes (1974)

Die wohlgeformten Blüten sind korallenrot bis lachsrosa gefärbt. Die gefüllten Gebilde zieren den ganzen Sommer und Herbst hindurch einen reich verzweigten Strauch, der schöne Sträuße für die Vase liefert. Sie duften lieblich, reinigen sich gut und sind wetterbeständig. Das anfangs rötlich getönte Laub färbt sich allmählich dunkelgrün um.

70 cm

Träumerei®

Rosa Travemünde®

(-) Kordes (1968)

Die gefüllten Blüten der Travemünde® sind ausgesprochen dunkelrot. Sie stehen in üppigen Dolden über dem matt dunkelgrünen Laub. Der Strauch verzweigt sich überaus üppig und wächst sehr stark in die Breite.

Diese Floribunda-Rose ist wegen ihrer tiefroten Blüten, der kontinuierlichen Blüte und des guten Wachstums immer noch im Handel, obwohl sie leider nicht duftet.

60 cm ADR

Travemünde®

Rosa Traviata®

(MEIlavio) Meilland (1998)

Die becherförmigen, stark gefüllten roten Blüten der Traviata® können 10 cm breit werden. Sie stehen gewöhnlich einzeln an den Spitzen der Triebe und duften schwach. Der aufrechte Strauch trägt glänzend dunkelgrünes Laub. Sein Züchter Meilland nahm ihn wohl wegen der klassischen Blütenform und -farbe in die Serie „Fleur Romantica®" auf.

60 cm

Traviata®

Rosa Trevor Griffiths™

(AUSold) Austin (1994)

Die halb gefüllten Blüten der Trevor Griffiths™ öffnen sich flach und unaufdringlich – wie typische Alte Rosen. Sie duften auch wie jene fast vergessene Gruppe, für die sich Rosenliebhaber neuerdings wieder begeistern (dank der Arbeit von David Austin sen.). Die Herzen der Blüten zeigen ein warmes Rosa, das zum Rand hin verblasst. Der reich verzweigte Strauch wird breiter als hoch und hat matt mittelgrünes Laub.

GB 90 cm

Trevor Griffiths™

Rosa Trier 2000®

(KORmetter) Kordes (1985)

Die zahlreichen Preise, die sie in mehreren Ländern erhielt, bezeugen die Beliebtheit dieser Floribunda-Rose. Im Sommer und Herbst überzieht sich der breite, reich verzweigte Strauch mit relativ großen hellrosa Blüten. Diese sind halb gefüllt bis gefüllt, verströmen einen lieblichen Apfelduft und zeigen im Laufe der Zeit ihre Herzen. Bei Regenwetter sollte man verblühte Blüten entfernen, da sie sich nur mäßig gut reinigen. Der niedrige Strauch trägt mittelgrüne Blätter.

70 cm TOP

Trier 2000®

Rosa Troika™ Hybrid Tea Poulsen®

(POUltroi) Poulsen (1974)

Wenn die tieforangen Knospen aufspringen, entfalten sich aprikosen- bis orangefarbene Blüten. Sie sind becherförmig und bis zu 10 cm breit. Ihre Herzen bergen rote Staubgefäße und gelbe Pollen. Sie verströmen einen typischen, lieblichen Rosenduft. Der Strauch wächst aufrecht. Das anfangs mahagonibraune Laub wird erst oliv- und dann glänzend dunkelgrün.

90 cm

Troika™

Rosa Tropicana

(TANorstar)
vgl. *Rosa* Super Star®

Rosa Trumpeter

(MACtrum) McGredy (1977)
Die eiförmigen Knospen entfalten sich zu etwa 8 cm breiten, leuchtend roten Blüten. Diese sind gefüllt und becherförmig. Ihre Pollen bleiben meist hinter den zahlreichen Blättern verborgen. Die Trumpeter ist wegen ihrer extrem üppigen und dauerhaften Blütenschübe eine hoch geschätzte Beetrose, die schon viele Preise gewann. Obwohl sie in Neuseeland gezüchtet wurde, reinigen sich die wetterbeständigen Blüten gut. Sie duften schwach.
60 cm

Trumpeter

Rosa Tryfosa

(POUltry)
vgl. *Rosa* Kronborg™ Castle®

Rosa Turbo Meidiland®

(MEIrozrug) Meilland (1994)
Der Strauch trägt das typische raue Laub der Kartoffelrose, deren Nachfahren man mit großblütigen Rosen kreuzte. Das Resultat ist ein aufrechter, buschiger Strauch mit sehr dornigen Trieben, die große, fuchsienrote Blüten tragen. Bei schlechtem Wetter vermögen sie ihre schöne Form nicht zu wahren: Sie fallen zusammen und

Turbo Meidiland®

verbergen so die schönen hellen Herzen und die gelben Pollen. Die Turbo Meidiland® eignet sich wegen ihrer hohen Resistenz auch für Naturgärten.
80 cm

Rosa Turbo Rugostar®

(MEIrozrug)
vgl. *Rosa* Turbo Meidiland®

Rosa Turbo™

(MEIrozrug)
vgl. *Rosa* Turbo Meidiland®

Rosa Twinkle®

(INTertwink) Interplant (1989)
Die gelben, gefüllten Blüten der Twinkle® sind relativ groß. Ihre Dolden stehen über dem bis zu 40 cm hohen Zwergstrauch, den man wie

Twinkle®

Strauchrosen beschneidet. Er wird oft als Hochstamm angeboten. Die fast geruchlosen Blüten erscheinen den ganzen Sommer über. Verwechseln Sie die Twinkle® nicht mit der weißblühenden Zwergrose *Rosa* Twinkles.

40 cm

Rosa Twist™ Courtyard®

(POUlstri) Poulsen (2000)

Eine weitere Variation über ein Thema, das wir schon bei einer anderen Kletterrose von Poulsen, der Calypso™, beobachteten. Bei der neuen Twist™ sind die Blüten noch farbenprächtiger: Hellrosa, Rosa, Apricot und Cremegelb vereinigen sich an einer gestreiften Blüte! Die geruchlosen Gebilde zieren in Dolden eine buschige Kletterrose mit glänzend dunkelgrünem Laub.

180 cm

Twist™

Rosa United Nations Rose

(HARbella)

vgl. *Rosa* Peacekeeper

Rosa Valeccia

(KOReklia)

vgl. *Rosa* Valencia®

Rosa Valencia 89

(KOReklia)

vgl. *Rosa* Valencia®

Rosa Valencia®

(KOReklia) Kordes (1989)

Die wohlgeformten messinggelben Blüten der Valencia® entfalten sich aus länglichen Knospen. Sie stehen fast durchweg einzeln. Obwohl sie wunderbar süß duften, verwendet man sie kaum als Schnittblumen, da sie nicht lange frisch bleiben. Der kräftig wachsende Strauch bildet dicke, holzige Triebe und verzweigt sich gut. Er trägt große, mittelgrüne Blätter. Bereits 1967 brachte Kordes eine großblütige Sorte namens Valencia auf den Markt. Sie ist nicht mehr lieferbar, doch sieht man sie noch in manchen Gärten.

70 cm

Valencia®

Rosa Valiant Heart™ Floribunda Poulsen®

(POUlcs001)Poulsen (2000)

Valiant Heart™ Floribunda Poulsen®

Die scharlachroten Blüten sind becherförmig und halb gefüllt. Sie duften nicht und zieren in Dolden einen reich verzweigten Strauch. Das Laub passt gut zur Blütenfarbe: Anfangs mahagonibraun, färbt es sich später glänzend dunkelgrün.
✲✲ 60 cm

Rosa Veilchenblau

(-) Schmidt (1909)
Diese kräftig wachsende Kletterrose hat nahezu dornenlose Triebe. Sie ist eine Multiflora-Hybride. Die Blätter sind anfangs hell, später jedoch glänzend mittelgrün. Im Juni/Juli bildet diese Kletterrose üppige Dolden nahezu geruchloser halb gefüllter Blüten von gut 2,5 cm Durchmesser. Ihre Farbe ist auffällig violett mit weißen Streifen. Diese robuste Rose eignet sich auch für schattige Standorte. Allerdings blüht sie dort weder besonders üppig noch sehr lange.
500 cm

Veilchenblau

Rosa Velveteen

(MEIsoyris)
vgl. *Rosa* Matilda

Rosa Vent d'Eté

(KORlanum)
vgl. *Rosa* Sommerwind®

Rosa Vercors

(HARvintage)
vgl. *Rosa* Savoy Hotel

Rosa Veronica

(KORflüg)
vgl. *Rosa* Flamingo®

Rosa Veronika

(KORflüg)
vgl. *Rosa* Flamingo®

Rosa Viborg™ Castle®

(POUllug) Poulsen (2000)
Eine neue Sorte aus der „Castle®"-Serie, in welcher der dänische Züchter niedrig bleibende Floribunda-Rosen zusammenfasste, die manche auch als niedrige Strauchrosen betrachten. Die gelben, gefüllten Blüten haben schön gekräuselte Blattränder. Sie duften nach Wildrosen.
✲✲ 60 cm

Viborg™ Castle®

Rosa Victor Borge™ Hybrid Tea Poulsen®

(POUlvue) Poulsen (1996)
Die aprikosenfarbenen Knospen entfalten sich zu wunderschön geformten gefüllten Blüten mit einem zarten Farbspektrum: Apricot, Zartorange und Lachsrosa. Sie duften schwach nach Wildrosen. Das anfangs mahagonibraune Laub wird später dunkelgrün.
✲ 100 cm

Victor Borge™ Hybrid Tea Poulsen®

Rosa Victor Hugo®

(MEIvestal)

vgl. *Rosa* Senator Burda®

Rosa Victorian Spice™

(HARzola)

vgl. *Rosa* L'Aimant

Rosa Viking

(TANydor)

vgl. *Rosa* Rody®

Rosa Violet Blue

(Schmidt)

vgl. *Rosa* Veilchenblau

Rosa Violet™ Hit®

(POUltin) Poulsen (1996)

Violet™ Hit®

Diese Zwergrose mit den halb gefüllten leuchtend rosa Blüten kann man auch in Töpfe oder Kästen pflanzen. Die 5 cm breiten Blüten duften nicht. Das Laub ist glänzend graugrün.

40 cm

Rosa Violette Niestlé

(HARvintage)

vgl. *Rosa* Savoy Hotel

Rosa Violina®

(TANanilov) Tantau (1997)

Die tiefroten Knospen entfalten sich zu großen, becherförmigen Blüten. Diese sind stark gefüllt, ungemein breit und wunderbar zartrosa gefärbt. Sie verströmen einen typischen milden Rosenduft. Meist stehen die Blüten einzeln. Das Laub ist mittel- bis olivgrün.

80 cm

Violina®

Rosa Viridiflora

(-) unbekannt (1843)

Diese Sorte stammt von einer der ersten ständig blühenden Chinesischen Rosen ab, der *Rosa* Old Bush. Auch die Viridiflora blüht kontinuierlich, obwohl mancher glaubt, der Strauch trage keine Blüten. Das liegt daran, dass jene grün mit subtilen rosaroten Streifen und Flecken sind. Diese Rose zeigt sehr deutlich, dass Blütenblätter tatsächlich nur Rosetten aus Hochblättern sind, die eben von den normalen Blättern abweichen-

Viridiflora

de Farben zeigen. Die Blüten der Viridiflora werden mit der Zeit zunehmend weinrot. Deshalb sind sie bei Floristen als „Füllmaterial“ für Sträuße beliebt. Die Rose ist sehr resistent gegen Krankheiten.

60 cm

Rosa Vogelpark Walsrode®

(KORlomet) Kordes (1988)

Die hellrosa Blüten dieser Strauchrose verblassen mit der Zeit, bis sie von weitem weiß wirken. Sie sind halb gefüllt, becherförmig und zeigen geöffnet ihre Staubgefäße. Ihr milder Duft ist süß und fruchtig. Vom Sommer bis in den Herbst überzieht sich der große Strauch mit Blüten. Das hellgrüne Laub bleibt schön.

150 cm ADR

Vogelpark Walsrode®

Rosa Walferdange

(-) Lens (1990)

Eine bemerkenswerte Moschata-Hybride (vgl. *Rosa moschata*) mit gefüllten Blüten. Diese sind

Walferdange

becherförmig. Ihre Blätter überlappen einander. An der Basis gelb, wirken sie insgesamt eher rosa. Sie sitzen an langen Trieben, die sich seitwärts neigen. Der Strauch wächst schnell und blüht schon relativ früh. Die großen, dunkelgrünen Blätter glänzen sehr schön.

100 cm

Rosa Waltz™ Courtyard®

(POUlkrid) Poulsen

Üppige Dolden rundlicher Knospen entfalten sich zu cremeweißen, gefüllten Blüten, die schön mit dem dunkelgrünen Laub kontrastieren. Der Strauch gehört zur „Courtyard®“-Serie des dänischen Züchters Poulsen. Diese umfasst großblütige, ständig blühende Kletterrosen.

180 cm

Waltz™ Courtyard®

Rosa Warm Wishes

(FRYxotic) Fryer (1993)

Die Warm Wishes wirkt mit ihren aufrecht wachsenden Blütentrieben, die bis zu 125 cm hoch werden, sehr imposant. Jene sind stark bedornt, aber auch dick und kräftig genug, um die Dolden aus etwa 10 cm breiten gefüllten Blüten zu tragen. Jene verströmen einen fruchtigen Duft und sind aprikosenfarben bis zartorange, doch ihre äußersten Blätter färben sich später etwas rosa. Sie reinigen sich mäßig gut. Dennoch ist dies eine dankbare Rose, die viele Preise gewann. Sie eignet sich wegen ihrer großen, dunkelgrünen Blätter für Bordüren und Beete.

110 cm

Warm Wishes

Rosa Waterloo®

(-) Lens (1996)

Diese Moschata-Hybride (vgl. auch *Rosa moschata*) ist für Floristen eine wahre Gottesgabe: Die kleinen, gefüllten weißen Blüten stehen in dichten Dolden an den Triebenden. Sie kontrastieren schön mit den rötlichen Trieben und dem graugrünen Laub. Dank der sauberen, kugelrunden Wuchsform ist der Strauch ein idealer Solitär, doch kann man ihn auch in Reihen als Hecke pflanzen. Indem man Dolden für die Vase abschneidet, begünstigt man die Bildung neuer Blüten.

130 cm

Waterloo®

Rosa Weiße Immensee®

(KORweirim) Kordes (1982)

Die kirschroten Knospen werden zu einfachen, gut 2,5 cm breiten Blüten. Diese sind weiß mit etwas Rosa. Sie duften leicht und frisch. Der Hauptschub erfolgt im Frühsommer – gefolgt von mehreren weiteren – am vorjährigen Holz (halten Sie sich also beim Schnitt zurück!). Die Triebe können gut 2 m hoch werden. Dann biegen sie sich und schlagen am Boden Wurzeln, um ihn mit einem dichten, frischgrünen Laubteppich zu überziehen. Das Laub ist resistent gegen Mehl-, aber anfällig für Rußtau. Dieser Bodendecker bleibt bis in den Herbst hinein belaubt.

↔ 50 cm

Weiße Immensee®

Rosa Weiße Max Graf®

(KORgram) Kordes (1983)

Die Form des Strauches ähnelt sehr stark der *Rosa* Rote Max Graf®: Er wird bis zu 1 m hoch, wirkt jedoch wie ein Bodendecker, da sich die circa 2 m langen Triebe unter der Last des Laubes und der Blüten biegen. Die anfangs cremeweißen Blüten verblassen mit der Zeit ein wenig. Sie sind einfach und verströmen einen fruchtigen Duft, der viele Insekten anlockt. Man kann sich den ganzen Sommer über an den Blüten erfreuen,

Weiße Max Graf®

wenn man beim Schnitt daran denkt, dass sie sich am vorjährigen Holz bilden.

↔ 90 cm ✿✿✿ ☁☁ ✚

Rosa Weiße Wolke®

(KORstacha) Kordes (1993)

Obwohl die weißen Blüten gefüllt sind, blühen sie becherförmig und zeigen deutlich die gelben Pollen der Herzen. Sie stehen in dichten Dolden über dem auffallend glänzenden und grasgrünen Laub. Der reich verzweigte Strauch wird ebenso breit wie hoch. Er eignet sich gleichermaßen als Bordüre und niedrige Hecke.

90 cm ✿✿✿ ☁☁

Weiße Wolke®

Rosa Welwyn Garden Glory

(HARzumber) Harkness (1996)

Die großen Blüten haben auffällig gekerbte Säume. Im Herzen sind sie orange. Nach außen hin verblasst dieser Farbton: Er wird erst bernsteingelb, dann aprikosenfarben, goldgelb und

Welwyn Garden Glory

schließlich manchmal lachsrosa. Die Blüten duften lieblich. Sie zieren einzeln oder in kleinen Dolden einen mehr als 1 m hohen und 50 cm breiten Strauch. Eine gute Schnittblume!

110 cm ✿✿✿ ☁☁☁

Rosa Westerland®

(KORwest)(KORlawe) Kordes (1969)

Die Blütenfarbe dieses Strauches variiert erheblich: Neben der orangen Grundfarbe zeigen sie aprikosenfarbene und lachsrosa Nuancen. Je nach Lage der Dinge können in manchen Jahren bestimmte Töne die Oberhand gewinnen. Die wundervoll duftenden, gefüllten Blüten sind locker aufgebaut. Sie zieren den ganzen Sommer und Herbst über in mäßiger Zahl einen Strauch, der manchmal auch als Kletterrose dient. Das grasgrüne Laub ist krankheitsresistent.

- 150 cm ✿✿✿ ☁☁☁ ✚ ADR

Westerland®

Rosa Whisky Mac

(TANky)

vgl. *Rosa* Whisky®

Rosa Whisky®

(TANky) Tantau (1967)

Sobald sich die bernsteingelben, gefüllten Blüten zur Becherform geöffnet haben, zeigen sie orange und lachsrosa Töne. Grundfarbe bleibt das warme Gelb von in Eichenfässern gereiftem Whisky. Die wohlgeformten, gefüllten Blüten gehen aus orangen Knospen hervor. Sie duften lieblich. Die anfangs burgunderroten Blätter färben sich später glänzend mittelgrün. Sie sind etwas anfällig für Mehltau. In strengen Wintern muss man den Strauch vor Frost schützen, da sein Holz leicht erfriert.

80 cm

Whisky®

Rosa White American Beauty

(Lambert)

vgl. *Rosa* Frau Karl Druschki

Rosa White Baby Rambler

(Lambert)

vgl. *Rosa* Katharina Zeimet

Rosa White Bells™ Towne & Country®

(POUlwhite) Poulsen (1981)

Die gefüllten Blüten haben hellgelbe Herzen, doch verblasst diese Farbe so schnell, dass die Sorte ihren Namen verdient. Dieser Bodendecker wird manchmal zu den Zwergrosen gerechnet, doch ist er dafür zu groß. Den ganzen Sommer über bilden sich Dolden kleiner Blüten. Diese kontrastieren schön mit dem dunklen Laub.

100 cm

White Bells™ Towne & Country®

Rosa White Cover™ Towne & Country®

(POUlcov) Poulsen (1991)

Eine der beliebtesten niedrigen Strauchrosen: Das verdankt sie den endlosen Blütenschüben, die bis zum Frost anhalten, aber auch ihrer Resistenz und handlichen Größe. Die halb gefüllten, ca. 5 cm breiten Blüten sind becherförmig: So kann man die goldenen Pollen ihrer Herzen sehen, die von Insekten besucht werden. Sie haben den milden Duft von Wildrosen.

60 cm TOP

White Cover™ Towne & Country®

Rosa White Decumba®

(HANwidec) Hanekamp (1997)

Dies ist das Gegenstück zur Rosa Pink Decumba®. Die duftenden, einfachen Blüten sind weiß, mit einem Büschel goldgelber Pollen im Herzen. Der in die Breite wachsende Bodendecker bildet ca. 75 cm breite, aber nur 25 cm hohe Sträucher. Die glänzend dunkelgrünen Blätter sitzen an rötlichen Trieben. Die White

White Decumba®

Decumba® gehört zur Gruppe der „Stecktii®"-Rosen und wird durch Stecklinge vermehrt.
↔ 30 cm

Rosa White Diamond®

(INTerdia) Interplant (1993)
Der schöne, kompakte Strauch mit dem glänzend dunkelgrünen Laub bildet 1 m hohe Blütentriebe. Diese tragen Dolden aus rundlichen, hellgrünen Knospen, die sich zu weißen Blüten entfalten. Sie sind anfangs becher-, später jedoch schalenförmig. Die ca. 6 cm breiten Gebilde sind sehr wetterbeständig und reinigen sich gut. Sie duften nur schwach.
50 cm

White Diamond®

Rosa White Dick Koster

(-) Grootendorst (1946)
Die gelbgrünen Knospen dieser Polyantha-Rose werden zu kugelrunden, über 2,5 cm breiten Blüten. Sie sind weiß mit ein wenig Grün und geruchlos. Der reich verzweigte Busch eignet sich

White Dick Koster

auch sehr gut als Hochstammrose. Er trägt viele glänzend hellgrüne Blätter, die mit der Zeit dunkelgrün werden.
40 cm

Rosa White Dream®

(LENblank) Lens (1983)
Die cremefarbenen Knospen entfalten sich zu halb gefüllten, becherförmigen weißen Blüten. Diese duften nicht, bewahren aber ihre schöne Form sehr lange. Zusammen mit anderen Blüten und Ziergrün eignen sie sich sehr gut für Biedermeiersträuße. Mit lediglich 40 cm Höhe ist dies eine echte Zwergrose.
35 cm

White Dream®

Rosa White Fairy

(-) Sequoia Nursery (1952)
Der Strauch bildet eine schöne, 50 cm hohe „Kuppel" mit glänzend dunkelgrünem Laub, das Dolden sehr stark gefüllter, etwa 2,5 cm breiter weißer Blüten schmücken. Diese duften nicht. Manchmal schlägt das Erbgut der unbekannten Ahnen durch und der Strauch bildet rosa Blüten. Dennoch bleibt diese Polyantha-Hybride wegen

White Fairy

der ungemein üppigen Blüten und des resistenten Laubes empfehlenswert.

⊠ 50 cm ⚘⚘⚘ ☁ ✚

Rosa White Fleurette®

(INTerflowi) Interplant (1987)

Ihren Reiz verdankt die White Fleurette® weitgehend den lockeren, schmetterlingsähnlichen, 5 cm breiten Blüten. Beim Öffnen cremegelb (manchmal mit etwas Rosa), werden sie rasch weiß. Sie duften nur schwach, doch die gelben Pollen ihrer Herzen werden sehr gern von Bienen besucht. Der Strauch wächst verzweigt und trägt kleine, matt dunkelgrüne Blätter. Er wird ebenso hoch wie breit. Obwohl diese Rose als sehr resistent gegen Rosenkrankheiten bezeichnet wird, scheint sie sehr anfällig für Rußtau (Schwarzfleckenkrankheit) zu sein.

◉ 100 cm ⚘⚘⚘ ☁ TOP

White Fleurette®

Rosa White Max Graf

(KORgram)

vgl. *Rosa* Weiße Max Graf®

Rosa White Pavement®

(UHLensch)

vgl. *Rosa rugosa* Schnee-Eule®

Rosa White Pet

(-) Henderson (1879)

Ein Reiz dieser Polyantha-Rose liegt in den unterschiedlich gefärbten Knospen bzw. Blüten, sie sind rot bzw. weiß. Das Rot der Knospen ist an den Unterseiten der 5 cm breiten Blüten noch zu erkennen. Glücklicherweise duften die Blüten nur schwach, denn ihr Geruch erinnert mich an Lysol. Der Strauch wird 50 cm hoch. Seine aufrechten Triebe tragen glänzend graugrünes Laub. Die Blüten erscheinen den ganzen Sommer über, obwohl die White Pet eine Mutante der einmal blühenden *Rosa* Félicité et Perpétue ist.

⊠ 50 cm ⚘⚘⚘ ☁☁

White Pet

Rosa White Spray®

(LENpaya) Lens (1980)

Verwechseln Sie diesen Bodendecker nicht mit der gleichnamigen Floribunda-Rose von Le Grice (1968). Die White Spray® von Louis Lens ist die weiße Variante der bekannteren *Rosa* Pink Spray® dieses Züchters. Die schlanken, hellgrünen Blätter bleiben bis weit in den Herbst hängen, in milden Wintern sogar bis zum Frühjahr. Die einfachen weißen Blüten erscheinen im Frühsommer, dann jedoch in ungewöhnlichen

White Spray®

Mengen. Das Entfernen verblühter Dolden führt zu ständiger Blüte. Andernfalls kommt es lediglich zu mehreren Schüben. Der Strauch bildet lange, seitwärts wachsende, bis zu 1,5 m lange Triebe. Bei Solitären biegen sich diese, sodass eine echte, über 50 cm hohe Bodendeckerrose entsteht. Wenn sie irgendwo Halt findet, wächst sie aber höher.
↔ 60 cm ⚘⚘

Rosa Wife of Bath

(AUSwife) Austin (1969)
Diese ältere Englische Rose verkauft sich noch gut, obwohl ihr Züchter David Austin sen. nicht mehr für sie wirbt. Für eine Englische Rose duften die gefüllten rosa Blüten recht schwach (allerdings leicht nach Lysol).
Die zahlreichen Blätter bilden stark gefüllte, becherförmige, etwa 10 cm breite Blüten, deren gelbe Pollen gut sichtbar sind. Das anfangs goldgrüne Laub färbt sich später matt mittelgrün. Der relativ niedrige Strauch verzweigt sich gut,

Wife of Bath

wächst aber nicht sehr stark und bildet daher nur mäßige Blütenschübe.
⚘GB 70 cm ⚘⚘⚘ ☁☁

Rosa William Lobb

(-) Laffay (1855)
Bei dieser Rose fallen an den Knospen und Trieben drüsenartige Gebilde auf, die wie Moos aussehen. Sie haben der ganzen Gruppe den Namen „Moosrosen" eingebracht. Die Knospen werden zu halb gefüllten, purpurroten Blüten mit viel helleren Rückseiten. Sie duften und blühen im Hochsommer. Die William Lobb wächst kräftig aufrecht und nur wenig verzweigt. Deshalb pflanzt man sie oft, mit anderen Pflanzen im Vordergrund, an Rosenpfeiler oder an Mauern. Die überaus dornigen Triebe tragen große graugrüne Blätter.
❁ 250 cm ⚘ ☁☁☁

William Lobb

Rosa William Morris

(AUSwill) Austin (1998)
An dieser recht neuen Englischen Rose lassen sich die Fortschritte der Gruppe ablesen: Die Blüten sind sehr schön, weitere Schübe treten mit Sicherheit ein und die Blätter sind resistent gegen Krankheiten. All dies trifft auch für die William Morris zu. Ihre stark gefüllten, becherförmigen Blüten zeigen eine duftige, heiß begehrte Farbe: Eine Mischung aus Apricot und Zartrosa. Außerdem duften sie lieblich. Der Strauch wächst kräftig aufrecht, bildet aber auch schön gebogene Seitentriebe. Die matt graugrünen Blätter scheinen recht resistent zu sein.

William Morris

Die Sorte eignet sich auch als Kletterrose, doch muss man die Triebe dann aufbinden. In diesem Fall wird sie als *Rosa* William Morris Climbing angeboten.

GB/ 120–220 cm

Rosa William Shakespeare 2000

(AUSromeo) Austin (2000)

1987 brachte David Austin sen. die *Rosa* William Shakespeare heraus. Dreizehn Jahre später ersetzte er sie durch die *Rosa* William Shakespeare 2000. Die Vorgängerin von 1987 sollte man schnell vergessen, da sie sehr anfällig für Rost und Mehltau ist. Ihre jüngere Schwester jedoch ist gegen alle Rosenkrankheiten resistent.

Die Shakespeare 2000 besitzt wohlgeformte,

William Shakespeare 2000

samtig karminrote Blüten, die langsam purpurn werden. Außerdem verströmen sie den lieblichen, altmodischen Duft Alter Rosen. Der kräftig aufrecht wachsende Strauch ist reich verzweigt und trägt große, mittelgrüne Blätter.

GB 110 cm

Rosa Wimi®

(TANrowisa) Tantau (1983)

Das leuchtende Rosa der sehr breiten Blüten passt gut zum silbrigen Hauch der Blätter. Dieser ist vor allem an deren Rückseiten recht stark. Je weiter sich die Blüten öffnen, desto stärker drängt er sich in den Vordergrund. Sie verströmen einen lieblichen Rosenduft.

Das starke, konstante Wachstum sorgt bis tief in den Herbst für neue Blüten. Der schöne, regelmäßig verzweigte Strauch trägt mittelgrünes Laub.

80 cm

Wimi®

Rosa Winchester Cathedral

(AUScat) Austin (1988)

Die Winchester Cathedral ist eine Mutation der in diesem Buch schon früher beschriebenen

Winchester Cathedral

Rosa Mary Rose. Während jene rosa blüht, bildet die Winchester Cathedral weiße Blüten. Der Strauch verzweigt sich gut und trägt viele matt mittelgrüne Blätter, die lange schön bleiben. Die langen Blütenstiele verzweigen sich an der Spitze und tragen rötliche Knospen, aus denen weiße, gefüllte Blüten hervorgehen. Diese haben den frischen Duft von Alten Rosen, Honig und Mandeln. Sie sind locker strukturiert und wirken so ein wenig unordentlich. Ihr Vorteil liegt darin, dass sie sich sehr gut reinigen. Die 9 cm breiten Gebilde erscheinen den Sommer und Herbst hindurch in großer Zahl. Ihre Stiele sind kräftig genug, um aufrecht zu bleiben.

GB 110 cm

Rosa Windrush®

(AUSrush) Austin (1984)

Die Windrush® bildet kräftig wachsende Sträucher, blüht aber nicht ständig und kann von den Blüten her bestenfalls als Park- oder Strauchrose gelten. Jene sind einfach bis halb gefüllt, cremeweiß mit gelben Herzen und einem großen Büschel Staubgefäße. Sie werden fast 10 cm breit, duften würzig und stehen in Dolden an den Spitzen der stark bedornten Triebe. Der Strauch verzweigt sich an der Basis sehr gut, sodass er dicht mit blaugrünen Blättern bedeckt ist. Indem man durch Entfernen verblühter Blüten dafür sorgt, dass sich keine Hagebutten bilden, lässt sich ein zweiter Blütenschub herbeiführen.

120 cm

Windrush®

Rosa Winschoten®

(MElafone) Meilland (2000)

Die Winschoten® ist eine großblütige Rose mit roten, gefüllten Blüten, die nur noch recht selten angeboten wird. Benannt wurde sie nach dem Rosarium Winschoten. Wegen des wunderbaren Duftes gehört sie zur Serie „Parfums de Provence®" des Züchters Meilland.

80 cm

Winschoten®

Rosa Wirruna White Fairy

vgl. *Rosa* White Fairy

Rosa Wisbech Rose Fragrant Delight®

vgl. *Rosa* Fragrant Delight®

Rosa Wonderland

(-) Dickson (1994)

Die goldgelben Knospen entfalten sich zu 6 cm breiten hellgelben Blüten. Ihre Farbe verblasst rasch zu einem hellen Rosa (manchmal mit kirschroten Akzenten). So bieten die zweifarbigen Blütenschübe ein auffallendes Bild. Die langen Triebe voll üppiger Dolden ragen über einen an der Basis dicht belaubten Strauch mit vielen glänzend dunkelgrünen Blättern.

90 cm

Wonderland

Rosa Xenia

(KORpinka)

vgl. *Rosa* Sommermärchen®

Rosa Yellow Button

(-) Austin (1975)

Yellow Button

Die Yellow Button war die erste gelb blühende Englische Rose. Wegen der Pomponform der Blüten passt der Name gut. Die lockere Struktur verdanken sie der Wife of Bath. Die gelbe Farbe hingegen stammt vom anderen Elternteil, der Chinatown, welcher der niedrige Strauch auch die glänzend dunkelgrünen Blätter verdankt. Die Blüten sind zu schwer für die Stiele und hängen daher. Der Strauch wird gleichmäßig hoch und breit. Er wächst nicht sehr stark und ist anfällig für Rosenkrankheiten.

GB 80 cm

Rosa Yellow Cover

(POUlgode)

vgl. *Rosa* Golden Cover™ Towne & Country®

Rosa Yellow Fairy™ Towne & Country®

(POUlfair) Poulsen (1989)

Diese niedrige Strauchrose zieren Dolden aus halb gefüllten, 5 cm breiten gelben Blüten. Sie

Yellow Fairy™ Towne & Country®

duften nur schwach, haben aber eine schöne, offene Form und passen gut zu den glänzend grasgrünen Blättern.

60 cm

Rosa Yellow Fleurette®

(INTerwell) Interplant (1992)

Dieser Strauch aus der „Fleurette®"-Serie von Interplant bleibt etwas kompakter als die Sorten Fleurette® und White Fleurette®. Seine Triebe sind kräftiger und tragen einfache, über 5 cm breite Blüten. Die olivgrünen Blätter des reich verzweigten Strauches bleiben länger gesund als jene der übrigen „Fleurette®"-Rosen, sind aber ebenfalls anfällig für Rußtau.

80 cm TOP

Yellow Fleurette®

Rosa Yellowstone

(POUlreb)

vgl. *Rosa* Marselisborg™ Castle®

Rosa Yesterday

(-) Harkness (1974)

Die Yesterday bildet einen breiten Strauch, der etwa ebenso hoch wird und manchen als Bodendecker gilt. Während der Blütezeit verschwinden die schlanken, mittelgrünen Blätter vollständig unter den Dolden aus einfachen bis halb gefüllten Blüten. Sie sind nur 2,5 cm breit, treten dafür aber in sehr großer Anzahl auf. Sie duften schwach nach Moschus. Die Blüten dieser Polyantha-Rose sind rosa mit helleren Herzen. Die Yesterday wirkt kräftig und robust. Sie hat zahl-

Yesterday

reiche Preise gewonnen. In Beeten wirkt sie attraktiv, ebenso jedoch als Hochstamm-Kaskadenrose und sogar im Topf.

90 cm ADR

Rosa Yves Piaget®

(MEIvildo) Meilland (1985)

Die großen rosa Blüten zeigen eine charakteristische Kugelform mit gekerbten Blattsäumen. Besonders beliebt ist diese Rose wegen ihres intensiven frischen Zitronenduftes. 1992 gewann sie den Bagatelle-Preis. Leider gedeiht sie nur in Gegenden mit langen, warmen Sommern – in kühlerem Klima wird sie stets enttäuschen.

90 cm

Yves Piaget®

Rosa Zambra®

(MEIalfi) Meilland (1961)

Dies ist die Vorgängerin der *Rosa* Zambra®93 (s. u.). Letztere wird heute zwar von Meilland geliefert, oft jedoch unter dem älteren Namen.

Rosa Zambra®93

(MEIcurbos) Meilland (1992)

Die Zahl 93 im Namen dieser Rose hat ihren guten Grund: Eine andere Floribunda-Rose von Meilland heißt Zambra® (MEIalfi) und entstand 1961. Die korallen- bis lachsrosa Blütefarbe ist fast gleich, doch hat die neue Zambra®93 spitzere Blüten und der Strauch ist weniger anfällig für Rußtau. Kurz: Eine willkommene Verbesserung unter einem alten Namen.

70 cm

Zambra®93

Rosa Zéphirine Drouhin

(-) Bizot (1868)

Zéphirine Drouhin

Die unbedornten Triebe dieser Kletterrose lassen sich leicht bündelweise aufbinden. Mit Unterstützung kann sie 4 m hoch werden. Ihre matt gelbgrünen Blätter sind rötlich getönt. Die Seitentriebe tragen Dolden aus kleinen Gruppen von leuchtend rosa Blüten. Diese sind halb gefüllt und becherförmig. Sie verströmen einen leichten, frischen und süßen Duft. Ihr größter Nachteil ist die hohe Anfälligkeit für Rußtau.

/ 400 cm

Rosa Zonta Rose

(HARtanna)

vgl. *Rosa* Princess Alice (HARtanna)

Rosa Zwergkönig 78®

(KORkönig) Kordes (1978)

Diese Sorte ist die Nachfolgerin der beliebten karminrot blühenden Zwergrose von 1957 mit dem Namen *Rosa* Zwergkönig. Mit der Zwergkönig 78® brachte Kordes eine neue Variante auf den Markt, die um einiges größer wird. Sie hat die Maße einer Patio-Rose und blüht dunkelrot. Der Busch verzweigt sich reich, wächst kräftig und trägt zahlreiche grüne Blätter. Die Zwergkönig 78® ist auch als Hochstammrose lieferbar.

40 cm

Zwergkönig 78®

5 Rosenkauf über das Internet

Auch wenn diese Enzyklopädie in erster Linie die beliebtesten Sorten behandelt, sind manche von ihnen nur schwer zu finden – schließlich kann kein Händler jederzeit alle Sorten auf Lager haben. Er muss eine Auswahl treffen und das macht es manchmal schwer, die gesuchte Rose zu finden. Das Internet bietet neue Möglichkeiten herauszufinden, wo man eine bestimmte Sorte kaufen kann: Hinter dem Namen jeder Sorte finden sie jeweils den Namen ihres Züchters. Viele Züchter führen eigene Unternehmen, sodass man Bestellungen direkt bei ihnen aufgeben oder sich dort erkundigen kann, welcher Händler die betreffende Sorte vertreibt.

Nachstehend finden Sie eine Übersicht der Websites von diversen Rosenzüchtern. Häufig bieten diese lediglich die genaue Anschrift und allgemeine Firmeninformationen. Oft enthalten sie aber auch E-Mail-Adressen, die eine Kontaktaufnahme ermöglichen. Manchmal kann man die Rosen sogar online bestellen. In diesem Fall findet sich in Klammern der Vermerk „Online-Shop". Wo es keine Website gibt, führen wir lediglich die Telefonnummer an.

Beales: www.classicroses.co.uk (Information/Kontaktanschrift)
Cocker: www.roses.uk.com (Online-Shop/Information/Kontaktanschrift)
Delbard: www.delbard.com (Online-Shop/Information/Kontaktanschrift)
Fryer: www.fryers-roses.co.uk (Online-Shop/Information/Kontaktanschrift)
Harkness: www.roses.co.uk (Online-Shop/Information/Kontaktanschrift)
Kordes: www.kordes-rosen.com (Online-Shop/Information/Kontaktanschrift)
LeGrice: www.netl00.co.uk/pages/legrice.html (Online-Shop/Information/Kontaktanschrift)
Lens: Belgien (+32) (59) 26 78 30
Meilland: www.meilland.com (Information/Kontaktanschrift)
Poulsen: www.poulsenroser.dk (Information/Kontaktanschrift)
Tantau: www.rosen-tantau.com (Online-Shop/Information/Kontaktanschrift)
Verschuren: Niederlande (+31) (4 85) 31 33 50

Register

Bildnachweis

l = links; lo = l. oben; lu= l. unten; r = rechts; ro = r. oben; ru = r. unten

David Austin Roses (Wolverhampton, England): 39l 40lo 46lo 49l 58lo 61l 67ru 74lo 75ro 85lu 85ro 86lu 89lu 97lu 98lu 100lu 102l 110lo 113lu 118ru 127r 134ru 135lu 137ru 145ro 146l 163ru 165lo 166ru 169ro 173ru 197lu 198ro 199l 200ro 205ro 206ru 210l 215lo 223lo 226ro 239ru 247lu 265ru 269ro 278lo 281r 285lu 290ru 292lo 293l 293ro 294l 294ru 295ru 300lo 312l 313l

Georges Delbard Pépinières et Roseraies (Malicorne, Frankreich): 44l 53lu 70lu 70r 71lo 71ru 76r 80lu 81ro 82ru 87lo 87ru 92ro 93 95ro 98ru 147lo 148ru 155lo 155ru 161l 164lu 174ro 177r 181l 189r 211r 221l 222r 257l 267ro 283l

Piet Hanekamp B.V. (Scheerwolde, Niederlande): 56ru 83l 95l 139lo 225ro 232ru 233ru 235lu 247ru 248ru 263ru 268l 269ru 309lu

R. Harkness & Co. Ltd. (Hitchin, England): 43ro 48ro 52ro 63ru 72ru 73lu 73r 90lo 92ru 94ro 96r 98ro 103lu 107lo 113l 118lu 120r 132ru 136ru 139lu 149lu 157l 158ro 159lu 162ru 165ro 170l 174l 184ro 187lu 190lu 192lo 192r 193ru 194ro 197ro 208ru 209l 224lo 225l 227ru 228lu 228r 229lu 231l 235lo 241 252lu 258lo 262lo 266ru 268 276ro 278r 282ro 284r 286l 288r 290ro 301l 307ru 315ru

Interplant B.V. (Leersum, Niederlande): 105lo 117l 213ru 229lo 247ro 285ru

W. Kordes Söhne (Klein Offenseth – Sparrieshoop, BRD): 42ro 51ro 57ru 59ru 62ro 64ru 65lo 66l 67lo 68ro 72ro 75ru 83ru 84l 86lo 99ru 106lu 106r 108ru 112lo 113ro 120lu 121r 123 124ro 126l 129r 131lu 131r 133ru 134ro 143ru 144ro 148ro 151r 152lu 152r 153lu 153ro 154lu 157ro 158lu 160lo 171l 172lu 172r 173lo 179l 183lo 185r 186lu 190ro 191l 193lu 193ro 197lo 198l 202lo 207ro 208l 221ro 222l 226ru 231ro 239ro 244lu 246lo 252ru 257l 256r 259l 260lo 261lu 261r 263lo 266ro 270lo 271lo 273ro 274ru 275ro 280lu 284l 287ru 291l 291ro 299lo 299r 302ru 305lo 307lo

Boomkwekerijen Louis Lens N.V. (Oudenburg, Belgien): 43l 46lu 50lu 50r 53lo 67lu 71ro 74r 75lo 103lo 103r 119l 119ro 122lo 128lo 130r 156lo 186r 188lu 212lo 217ru 232ro 235ru 236l 238lu 242ro 256lu 265l 273ru 275ru 276ru 283r 305ru 306lo 309ro 311lu

Moerheim Roses & Trading B.V. (Leimuiderbrug, Niederlande): 39r 45ru 50lo 52l 52ru 56lu 68lo 69ro 78r 80r 83ro 85ru 89lo 92l 94lu 94ru 109ro 112lu 116r 121lu 122ro 125ru 132ro 134l 136l 145l 157ru 158ru 163ro 170ru 177lu 194ru 199ro 203l 203ru 218ru 219lu 220ro 224lu 230l 234r 239l 240ro 242lu 250lo 252lo 254r 255lo 274ro 281lu 282lu 288l 299ru 300lu 313ro 315ro

Baum- und Rosenschule Werner Noack (Gütersloh, BRD): 42ru 152lo 154lo 201ru

Poulsen Roser ApS (Fredensborg, Dänemark): 55lu 60ro 61ru 61ro 68ru 69l 72lo 74lu 76lo 86r 88ru 97lo 98lo 100lo 104r 109l 110lu 122lu 125l 129lo 133ro 140lu 141l 147r 150r 155lu 161r 164lo 166l 166ro 167r 173lu 179ru 198ru 214lu 215r 223lu 237lu 242lo 245l 249r 258ru 269lo 270lu 278lu 279

282lo 285ro 287ro 289r 293ru 296r 298lo 298ru 300ro 302l 302ro 303r 304l 305ro 308ru 314r
Jan Spek Rozen B.V. (Boskoop, Niederlande): 65lu 95ru 101ro 117r 149ru 169lo 190lo 202ru 294ro 307ro
Rosen Tantau (Uetersen, BRD): 17r 40lu 40r 48lo 53r 55r 57ro 58r 59l 59ro 62ru 65r 77lu 79r 80lo 82ro 88l 91ro 105ru 107r 108l 111l 114l 131lo 140lo 142r 143lo 144l 154r 156r 162l 165lu 172lo 175l 178lu 178r 180ro 188ru 191ro 200ru 205l 207l 207ru 217ro 219lo 220ru 221ru 229ro 231ru 236ro 237lo 242l 246lu 249lo 254l 255lu 255ru 264 265ro 267ru 272 273lo 276l 280lo 281lo 285lo 286ru 289lo 292lu 304r 308l 312r
Alle anderen: Nico Vermeulen

Danksagungen

Autor und Verleger möchten sich hiermit bei den nachstehenden Personen und Verbänden für ihre Mitarbeit an diesem Buch bedanken:

David Austin Roses, Wolverhampton (England)
Belle Epoque, Aalsmeer (Niederlande)
Boomkwekerij Dedemsvaart, Dedemsvaart (Niederlande)
Georges Delbard Pepinières et Roseraies, Malicome (Frankreich)
Mariëtte Edelman, The Hague (Niederlande)
Groenrijk Vroom, Groningen (Niederlande)
Piet Hanekamp B.V., Scheerwolde (Niederlande)
R. Harkness & CO. Ltd., Hitchin (England)
Heikie Hoeksma, Harkema (Niederlande)
Interplant B.V., Leersum (Niederlande)
Kasteeltuinen Arcen (Niederlande)
W. Kordes' Söhne, Klein Offenseth-Sparrieshoop (BRD)
Boomkwekerijen Louis Lens N.V., Oudenburg (Belgien)
Meilland, Le Luc-en-Provence (Frankreich)
Moerheim Plantenwinkel, Dedemsvaart (Niederlande)
Moerheim Roses & Trading B.V., Leimuiderbrug (Niederlande)
Baum- und Rosenschule Werner Noack, Gütersloh (BRD)
Klaas Noordhuis, Leens (Niederlande)
Poulsen Roser ApS, Fredensborg (Dänemark)
Sächsische Landesanstalt für Landwirtschaft, Dresden-Pillnitz (BRD)
Mr. A. van Schaik, Winschoten (Niederlande)
Jan Spek Rozen B.V., Boskoop (Niederlande)
Dr. Burkhard Spellerberg, ADR, Hannover (BRD)
Rosen Tantau, Uetersen (BRD)
Tuincentrum Lottum, Lottum (Niederlande)
Rozenkwekerij Van der Woning, Wagenberg (Niederlande)
Vaste Keurings Commissie (VKC) Aalsmeer (Niederlande)
Jac Verschuren-Pechtold B.V., Haps (Niederlande)
Ted Verschuren, Haps (Niederlande)
Rozenkwekerij De Wilde, Bussum (Niederlande)